中國史學名著

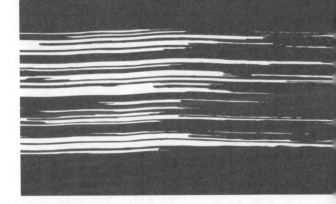

錢穆作品精華

錢穆

三民書局

錢穆作品精萃序

錢穆先生身處中國近代的動盪時局，於西風東漸之際，毅然承擔起宣揚中華文化的重任，冀望喚醒民族之靈魂。他以史為軸，廣涉群經子學，開闢以史入經的嶄新思路，其學術成就直接反映了中國近代學術史之變遷，展現出中華傳統文化的輝煌與不朽，並撐起了中華學術與思想文化的一方天地，成就斐然。

三民書局與先生以書結緣，不遺餘力地保存先生珍貴的學術思想，希冀能為傳揚先生著作，以及承續傳統文化略盡綿薄。

自一九六九年十一月迄於一九九一年十二月，二十多年間，三民書局總共出版了錢穆先生長達六十餘年（一九二三～一九八九）之經典著作——三十九種四十冊。茲序列書目及本局初版日期如下：

中國文化叢談……（一九六九年十一月）
中國史學名著……（一九七三年二月）

中國歷史研究法……（一九八八年一月）
論語新解……（一九八八年四月）
中國史學發微……（一九八九年三月）
新亞遺鐸……（一九八九年九月）
民族與文化……（一九八九年十二月）
中國思想通俗講話……（一九九〇年一月）
莊老通辨……（一九九一年十二月）

二〇二二年，三民書局以全新設計，將先生作品以高品質裝幀，隆重推出珍藏精裝版，沉穩厚實的木質色調書封，搭配燙金書名，彰顯國學大家的學術風範，並附贈精美藏書票，期能帶領讀者重回復古藏書年代，品味大師思想精髓。

謹以此篇略記出版錢穆先生作品緣由與梗概，是為序。

三民書局
東大圖書 謹識

自序

我在民國五十八至五十九、五十九至六十這兩年間，曾為文化學院歷史研究所博士班學生開設「中國史學名著」一課程。第一年由聽講者隨堂筆記，意欲彙集各本成一講義，乃其事甚難。一則所記詳略互異，並有共同所缺，欲為補入，亦復追憶無從。第二年仍開此課，戴生景賢來旁聽，攜一錄音機，堂下照收錄寫出，由我刪潤，遂成此稿。故此稿乃一年之講堂實錄。每堂必標一講題，然亦有前講未畢，後講補述，此稿皆一仍其舊。亦有前後所講重複，並有一意反復申明，辭繁不殺，此稿均不刪削。亦多題外發揮，語多誡勸，此稿皆保留原語。雖非著述之體，然亦使讀者誦其辭，如相與謦欬於一堂之上。最先本有通論讀書為學方法一堂，戴生未加錄音，今亦不為補入。然各講時申此意，讀者可自參之。

錢　穆

中華民國六十一年孫中山先生誕辰後一日識於臺北外雙溪之素書樓

尚書

今天第一講是《尚書》。《尚書》可說是中國最早的一部史學名著，而且也可說是中國第一部古書，中國還沒有比《尚書》更古的書留到現在。中國古代，有兩部古書，有韻的稱《詩》，沒有韻的稱《書》。「尚」者，遠古、上古之意，《尚書》就是一部上古的散文集。孔子以《詩》、《書》教弟子。孔子以前，春秋時代，賢大夫多讀《詩》、《書》，在《左傳》上可看到。孔子以後，像墨子、孟、荀，也都讀《詩》、《書》。故可說《尚書》是中國古代一部大家都讀的書。但在今天來講，《尚書》是一部很難讀的書。《尚書》分虞、夏、商、周四代。後人把夏、商、周稱三代，唐虞屬於五帝，因此《尚書》也可說是一部五帝三代之書。從唐虞到現在，該已四千多年；從西周以來，也有三千年以上，《尚書》真該說是一部中國的遠古書。漢代太學設立五經博士中有《尚書》，照現代話來講，《尚書》是那時一部國立大學規定的教科書。可是經過西漢到東漢四百年，實在這部《尚書》也並不能字字都講通。我們說漢代「去古未遠」，但這部《尚書》已沒有能完全講通，當然以後會更講不通。唐代韓昌黎說過，周誥殷盤，佶屈聱牙，他亦說是難讀了。直到清代，講經學最為有成績，訓詁、考據，工夫下得特別深，但清代兩百幾十年，這部《尚書》還是沒有能一字字的講通了。民國初年的王國維，是當時同輩行中對經學最有工夫的人，但也就說《尚書》不能盡通。可見我們今天來讀《尚書》，只求得其大義便好，不可能逐字逐句都要講得通。我有一位朋友顧頡剛，同在大陸的時候，他就想為《尚書》做一番現代白話文的解註和翻譯。我想這工作會是徒勞無功的。據說此刻他翻譯的《尚書》已經出版，但我沒有看過。無論如何，他不能把《尚書》裡難解的問題都解決了，是必然的。古書不易通，並不是說拿白話一翻就可通了。註解已難，拿白話文來翻譯古文，其事更難，並不是幾千年前人說的話都能用今天的白話就能恰好翻得出。這些都是做學問走錯了路的，暫不講這一問題。

第二、我們要知《尚書》是一部多問題的書。文字問題外，便是本子問題，即是《尚書》的真偽問題。《尚書》有兩種本子，一種叫今文《尚書》，一種叫古文《尚書》。今天我們只說今文《尚書》是真的，而古文《尚書》則是假的，我今天且先把此問題簡單一講。《尚書》究有多少篇？舊說有一百篇，此說不可靠。當秦始皇焚書時，有一博士伏生，他就收藏著一部《尚書》，回到家，裝進壁裡邊，偷偷地保留下來。秦亡漢興，重覓《尚書》，只知道有伏生的一部。那時伏生還在，快一百歲，老了。他是山東人，不能叫他從山東到長安去，因此政府特地派了一位有學問根柢的晁錯到他家去求此書。但伏生已經不大能講話，他和晁錯雙方口音有講不明白處，由伏生一女兒在旁作翻譯。這樣幾個月，晁錯就帶著這部《尚書》回到政府。這一部《尚書》此下稱做伏生《尚書》——因是從伏生家裡得到的。那時中國文字也不斷地在變。古代是寫篆體，秦代、漢代，普通都寫隸體。篆體寫的叫古文，拿那時通行的隸書寫的叫今文。伏生《尚書》本是一部篆體、古文的，不易認識，伏生就告訴晁錯改寫成隸書，因此伏生《尚書》同時又稱今文《尚書》。漢廷把來設立博士，傳授學生，所以這部《尚書》我們也可為它定名稱做博士官《尚書》。此是當時《尚書》的第一種本子。

後來武帝時有魯共王為蓋造房子，弄壞了孔子舊居的牆壁，在壁中發現了許多古書。大概也是因秦代焚書，孔家後人就把很多書藏在壁裡，此刻發現了，當然為孔子後人所有，此人便是孔安國，在武帝朝作官。剛才講的晁錯到伏生家中求《尚書》，那是漢景帝時的事，此刻又出現這一部《尚書》，則稱做孔壁《尚書》，亦稱孔安國《尚書》，亦可名為古文《尚書》，因它都用戰國以前所用的篆體書寫，不像伏生《尚書》已經改寫成今文，所以這一部則稱做古文《尚書》。此書未立博士，即是當時朝廷博士官不用來教學生。

孔安國《尚書》和伏生《尚書》有什麼不同呢？伏生《尚書》只有二十八篇，而孔安國《尚書》多了十六篇，共四十四篇。其二十八篇中，文字亦略有不同。到了西漢末劉歆移書上太常博士，曾請求把好幾部古書增列博士，其中就有古文《尚書》，當時沒有通過。直到東漢，這部《尚書》始終沒有列為學官，只在社會學術界私下流行，並未在國立大學內成為一份正式的教科書。漢末大亂，一切書籍多散失，此書也不見了。到了東晉，忽然有人獻上《尚書》，稱是孔安國本，大家說是古文《尚書》失而復得。以後便把《尚書》兩個本子今文古文合而為一。如唐代初年孔穎達編《五經正義》中的《尚書》，就是今文古文合而為一了。再以後直到南宋朱子，對此《尚書》發生了疑問。他說：為何這部《尚書》中間伏生《尚書》都難懂，而孔安國《尚書》卻又都是容易明白的？此中理由不可講，朱子遂發生了懷疑，不過朱子也沒有深進一步作研究。待到朱子學生蔡沈，寫了一部《書集傳》，和朱子自己寫的《詩集傳》，到了元代，成為科舉考試所必治之書。蔡沈《書集傳》裡面在《尚書》每一篇題目之下都注明了「今文古文皆有」，或「今文無古文有」字樣。「今文古文皆有」這就是今文《尚書》。「今文無古文有」的，這就是古文《尚書》。蔡沈乃承朱子意，把一部《尚書》重新分別開來，使人知道《尚書》裡有這今、古文的問題。於是下到元代吳澄、明代梅鷟，開始出來懷疑古文《尚書》是假的，靠不住。這一問題要到清代初年，閻若璩（百詩）才開始十足證明了從東晉以後的所謂古文《尚書》是一部假書，不是真的孔安國《尚書》。他寫了一書名《古文尚書疏證》，「疏證」就是辨偽之義，此事纔得成為定論。在他稍後有惠棟，也寫了一部《古文尚書考》，同辨古文《尚書》之偽。這是在近代學術史上所謂辨偽問題上一個極大的發現。這是中國學術史上一個驚天動地的大功績。諸位不要認為自己學歷史，可以不學經學。或說學近代史，可以不學古代。或說學社會史、政治史，可以不治學術史。當知做學問人，大家該知道的我們總該知道。學術上驚天動地的大事件，大家都知，我獨不知，孤陋寡聞，總對自己研究有妨害。我們該知，《尚書》字句不能全通，此並無害。但前人辨今古文真偽，已得結論，其大綱節所在，若亦全不理會，此大不可。諸位莫誤認為學問必待創闢，須能承續前人成績，此亦至要。今天諸位做學問，都知看重材料考據。但一堆材料在這裡，怎樣去考，總該懂得一些艱苦門道的。如像古文《尚書》，諸位若把閻、惠的書拿來細翻一遍，便知牽涉太多，儘有麻煩。我們把前人已有定論的來潛心研求，自可長自己見識，訓練自己工夫。即如閻百詩寫此一書，同時便有毛奇齡寫了一本《古文尚書冤詞》來作駁議。毛氏著述極多，博學善辯，那究誰是誰非呢？此須把閻、毛兩家書合來細看。當然我們現在都信閻百詩是對了，但仍有許多話講錯。毛西河的話，當然不為後人所信，但此書至今尚存，仍可一讀。這裡面還有較複雜的問題存在，我所著《近三百年學術史》，曾對此事講了很多清儒所未講到的話。可見學問實是無窮，已成定論的大問題之內，仍可有小問題。

現在我們對這問題暫停不論，只要知《尚書》有兩種本子，古文《尚書》是假的便夠。諸位若讀《尚書》，讀蔡沈《集傳》最容易了。《史記》上說伏生《尚書》二十八篇，古文比今文多十六篇，十六加二十八只有四十四篇，而現在的《尚書》是五十八篇，這裡又有問題。以後我每次講一題目，只講一大概，但諸位不能聽了便算。如此不僅記不得，絕對要忘，而且記得了也沒有用。當知做學問本來是要工夫的，沒有不花工夫的學問。諸位每做學問，好問方法，做學問最大第一個方法就是肯花工夫。一學者花十年、二十年、一輩子工夫來解決一問題，本是尋常本分之事。或許諸位現在沒有工夫，不妨留待完成碩士博士論文，職位解決了，再來讀書，再用工夫。

現在再回頭來講，《尚書》有今文古文，古文《尚書》是假的，只有二十八篇今文《尚書》伏生傳下的是真的。孔安國所傳本也是真《尚書》，可是後來掉了。孔安國《尚書》並不假，只因為不立博士官，流傳不多，就亡失了。到東晉由梅賾所獻本才是假《尚書》。但我此刻要講另一問題，那今文《尚書》二十八篇也不完全是真的。講到此，就要講到所謂辨古書之真偽這一問題上去。古書有真有偽，我們該懂得分辨。這不是今天的新問題，從來學者都注意此一問題。依照我們現在眼光來看，我們該進一步說，今文《尚書》也未必全是真，也多假的。可惜當前沒有人能進一步來研究此問題。這因民初以來，一輩講學問的講過了頭，即如辨偽，像顧頡剛的《古史辨》，他認為夏禹也無此人，這太講過頭去了。其實也不該專怪顧頡剛，在前清末年早有講過了頭的，像康有為，著《新學偽經考》以及《孔子改制考》。照康有為講法，所謂經學漢學，其實只是新莽之學。「新」是王莽的朝代名。清儒都講漢學，康有為卻說是新學，經則都是偽經，由劉歆替王莽偽造。此書出版後，經清政府禁了，把書銷毀，不准發行。但民國以來，大家喜歡講新，就看重了這部書。顧頡剛《古史辨》就是承此而來。後來康有為從事復辟，失敗了。但這只是康有為政治上的失敗。他在學術上並未失敗。他跑進北平東交民巷荷蘭公使館，就在裡面叫人再翻印他的《新學偽經考》，果然在北平市上還有很多人買他這書。他在學術思想上還是領導著一個新的方向，然而辨偽過了頭，其實是荒唐的。《孔子改制考》更荒唐，說孔子所說的以前，只是孔子託古改制，孔子自要創造一番新制度，而把來假託之於古代。這樣一講，全部中國歷史，第一個是孔子，第二個便是劉歆，卻都是造謠作假的。這樣的講下去，講到夏禹是一條蟲，纔引起人家討厭。辨偽之學，便不再講了。實際上，辨偽不該過分，但有許多真偽還是該辨。如說《尚書》，我覺得即在今文二十八篇裡還有很多不可信。如《尚書》第一篇——〈堯典〉。近代有人寫文章，辯護〈堯典〉裡所講天文如「日中星鳥，日永星火，宵中星虛，日短星昴」等類，這些二十八宿中的鳥星、火星、虛星、昴星，它們在天上的位置是要轉移的。據現在天文學考據〈堯典〉所云，卻是中國古代堯舜時代的天文；至戰國時候，則並不然。據此證明〈堯典〉不假。大概這一套學問，在日本比中國研究的人多，因一般的科學知識，日本比中國發達，中國學者在此方面還是根據日本人講法。可是在我認為，科學知識比較專門，中國古人稱之為疇人之學，譬如種田，父親種的田兒子繼續種下去。古人研究天文學曆法，此種學問，大概都是世襲的專家之學，父親傳給兒子，故又稱為疇人之學。疇人之學也許可以是先生傳學生。堯舜時的天文，也可以是從古傳下，或在文字上，或在口傳上。我們不能只根據這一點知識便認〈堯典〉全篇可信，只能說〈堯典〉中這些話有來源。其他的話，並不一定全可信。如堯傳天下於舜，舜命禹作司空，同時兼百揆（就是兼宰相之職）；命棄作后稷，這就是農業大臣；命契掌五教，這是教育大臣；命皋陶作士，是司法大臣，也兼掌了兵；命垂作共工，是工業部大臣；命益作虞，是畜牧部大臣；命伯夷典禮；命夔典樂；命龍叫他作納言，掌皇帝命令。共凡九官，這一點便大大靠不住。首先是年代問題。禹是夏代之祖，契是商代之祖，棄是周代之祖，此刻都在舜下面變成同時的同僚。這且不講。特別重要的，舜時已有一個宰相，又有管土地、管農業、管教育、管司法、管工業、管畜牧、管樂、管納言的，共九職，此是中國古代一個極像樣、極有組織、有規模的行政院。倘使在堯時中國的中央政府已有那麼九部大臣，為何下面夏、商、周三代，乃至於春秋、戰國下及秦、漢都沒有？這不是歷史上一大退步嗎？舜時大臣分九職，為什麼下面從來沒有？單據這一點，從舜到秦兩千年的歷史，變成無法講、講不通。所以我只能說〈堯典〉是戰國人偽造，舜官九職，是戰國末年人一個理想政府。他們懂得政府裡該有管教育、管農業、管司法、管音樂的等等官，那是一番很高的理想，這正如康有為所說的託古改制。不過康有為不能拿這話來講孔子，說孔子以前，根本沒有堯舜，沒有《尚書》，沒有周公。但託古改制確是有的，先秦諸子中多有，儒家中間也有，但不能說過了頭。諸位當知，讀史不能辨偽，便會有許多說不通處。但辨偽工夫中寓有甚深義理，不能輕易妄肆疑辨。如康有為、顧頡剛辨偽疑古過了頭，又更多說不通。上面是說堯舜時代不能有這樣一個政府，像〈堯典〉中所說，這些材料不可信，只有說到中國古代的天文或可信。

我試再舉一小例，如〈堯典〉篇首有「玄德升聞」四字，舜之德被堯所知，但為什麼稱「玄德」呢？「玄德」兩字連用，在古書中極少有，只在《老子》書裡才說：「同出而異名，同謂之玄。玄之又玄，眾妙之門。」這「玄德」二字，只可用《老子》書來講，不能用孔孟書來講。下面魏晉時代講老莊之學的就叫做「玄學」，為何在〈堯典〉裡用此玄德兩字，這便可疑是戰國末年人看過《老子》書，來偽撰〈堯典〉，才用了「玄德」二字。我們可憑文字使用來衡定年代，如我們此刻好說中國文化字樣，但前清末年人斷不會用此四字。

〈堯典〉以外，再講到〈禹貢〉，這是講中國古代地理一部最重要的書，其實也決不是夏禹時代的書，而應是戰國時代的書。如〈禹貢〉裡劃分荊州、兗州、豫州等九州，如何此「九州」字樣不見於夏代、商代、周代，直到春秋時代也沒有，到了戰國初期還沒有。什麼人把此禹分九州的制度廢掉的呢？為何有此九州而什麼書上從來沒有用這「九州」的字樣呢？那就又講不通。只舉此一例，便見〈禹貢〉不是一篇可靠的書，它是一篇晚出書，我此刻不能詳講。在我只認為《尚書》中最可靠的便是〈西周書〉，〈虞〉、〈夏〉、〈商書〉都有問題，只有〈西周書〉或許才是中國《尚書》的原始材料、原始成分。下到東周也有書，但也恐是後人添進。主要真可信的是〈西周書〉。若使我們把一部《尚書》即今文二十八篇再分析到只剩一部〈西周書〉了，那麼我們也須對此十幾篇文章有一個簡單而明晰的瞭解。我曾寫過一篇文章，題名〈西周書文體辨〉，便是要把此來看中國最古歷史文體是怎樣寫出的。現在此一問題，我也不想同諸位詳講。但到此另有一重要問題，便是要講到書背後的人。既然講到〈西周書〉，那麼〈西周書〉中顯見有一重要人物躍然欲出，那便是周公。〈西周書〉中有很多文章便是周公所作，或是周公同時人或其手下人所作。要之，在當時，周公在此集團中，並傳至此後，有大影響。孔子一生崇拜周公。而我們要來研究周公的思想理論及其政治設施，當然這十幾篇〈西周書〉成為了主要材料。我在上一堂已告訴諸位，做學問當從一項項的材料，進而研究到一部部的書，而在每一部書的背後，必然當注意到作者其人。倘使這部書真有價值，不專是些材料的話，則書的背後一定會有一個人。此刻我們說中國第一部最早的史學名著就是〈西周書〉，而〈西周書〉的重要作者，即發明此體裁來寫出這東西的就是周公。當然可以有幾個人，不專是周公一人。那諸位試拿此意見去讀〈西周書〉，看此許多篇書之內容是否一篇一篇的分裂著，各有不同的體裁、不同的意見，和不同的言論，抑或可以看待是一套。讓我姑舉〈西周書〉中〈召誥〉一段話來說，這顯然是召公說的，不是周公說的。它篇中說：「皇天上帝，改厥元子茲大國殷之命。惟王受命，無疆惟休，亦無疆惟恤。嗚呼！曷其奈何弗敬。」此是說皇天上帝把它元子改了一個，從前大國殷之命，現在給你成王的手了，商代變成了周代，好的固是沒有完，可憂的也同樣沒有完，你要當心呀。下文又云：「古先民有夏，……今時既墜厥命。今相有殷，……今時既墜厥命。……我不可不監于有夏，亦不可不監于有殷。……今王嗣受厥命，我亦惟茲二國命。」這是說古代中國有一夏朝，上帝不喜歡它了，它不能再做王朝共主；接著又有殷，現在也不能做這王朝共主。下面才接到我們了。我們獲得此天命，也正如夏殷一般。那些話，在〈西周書〉裡屢見不已。首先可知中國古時有夏商周三代，那是真歷史。現在我們雖因地下發掘得了商代的龜甲文，而沒有見到夏代的，卻不該說有沒有夏代成了問題。只能說我們沒見到夏代的文字，不能因此說沒有了夏代。西周初年，周公、召公就講過。我們固然承認龜甲文，但我們也須承認〈西周書〉。至於把王朝共主稱為「天子」，認為是上帝命他來作天下共主，這個天命不給一族一人，給了夏，夏不好，又給商。商不好，又給周。周再不好，當又另給別人。故說無疆惟休，亦是無疆惟恤。當知我上引一段話，固是召公所說，其實乃是周公所說。在當時，周公可以涵攝召公，召公也有時可以代表周公。周公是當時一位名世的聖人。讀〈西周書〉，便該領略到西周精神，同時便該領略到周公精神。一段歷史的背後，必有一番精神，這一番精神，可以表現在一人或某幾人身上，由此一人或幾人提出而發皇，而又直傳到下代後世。

孔子一生崇拜周公，主要應該在此等處認取。若我們只把十幾篇〈西周書〉當一堆材料看，不能看到整部書之結集和其背後之時代精神與人物精神，即是失卻了其意義和價值。

周公的天命論，周公的共主論，影響後世甚大。周公首先提出天命無常的觀點，從前天命在夏，夏人不要了，天命又在商，後來又給周，但天命給周是為文王，不為武王。天命所與，只在文德，不在武功。這一層在〈西周書〉裡也可看得明白。明明是周武王打了天下，但周公不那樣說，定說是上帝為周有了個文王，才給周以大命。可是周公這番思想和理論，其實也並沒有說錯，而且可以說在中國後代歷史上也一向發生了大影響。因此可知我們研究歷史，更重要的在應懂得歷史裡邊的人。沒有人，不會有歷史。從前歷史留下一堆材料，都成為死歷史。今天諸位只看重歷史上一堆堆材料或一件件事，卻不看重歷史上一個個人，這將只看見了歷史遺骸，卻不見了歷史靈魂。

現在總結說，中國第一部大的史學名著應該是《尚書》；準確言之，應該是〈西周書〉。〈西周書〉的主要中心人物是周公，在中國歷史上影響著幾千年。我今天所講，將到此為止。下面第二部史學名著我將講到孔子的《春秋》，孔子《春秋》精神便從周公與〈西周書〉中來。如此而下，周公、孔子，不僅為中國史學主要的創始人，也為中國文化主要的創始人。我不認為中國從唐虞時代就有了歷史書；下至商代，可能有，但如今文《尚書》中〈盤庚〉篇之類，還只能當史料看。若論中國像樣的史書，則應從西周開始，而且又是從周公開始。其餘有關《尚書》的，尚有些話，來不及講，應在下一堂補講。

春秋

上次講《尚書》，今天還有些話該補充。我曾告訴諸位，書須懂得一部一部的讀。譬如《書經》，若能辨其真偽，除去〈虞〉、〈夏〉、〈商書〉，特別注重〈西周書〉，這樣，便易讀，對此書內容更易清楚。其次，讀一部書，該要進一步瞭解此書的作者。從事學問，不能只看重材料。若只看重材料，便可不要一部一部地去讀書。書不要讀，只須繙便是。若要一部書一部書的讀，便該瞭解這一作書之人。每一部書應作一全體看，不專是零碎材料的拼湊，不專為得些零碎知識而讀書。我們必須瞭解到每一書的作者，才懂得這一書中所涵蘊的一種活的精神。即如我此刻講《尚書》，或許會和別人講法不同。此因講的人不同，所講內容及其精神便會不同。諸位不要認為學問則必是客觀的，其中也有做學問人之主觀存在。即科學，亦復如是，文史之學更然。應知學問背後必然有一個人；自然科學背後也要一個人，只是其人之個性較不透現。如做一杯子，只是一杯子，此是兩手或機械所成。人性表現較少。文史之學背後，則每有一種藝術存在，或說精神存在，所以我們讀文史方面每一書，必定要讀到此書背後之人。

〈西周書〉並不是一人所寫，它是零碎許多篇文章之結合。但我們可以說這部〈西周書〉背後有一重要人物，就是周公。在《孟子》書裡有所謂「名世者」，在一個時代出這樣一個人，這個人就可用來代表此一時代，所以稱之為「名世者」。「名世」不是說在這個時代有名，乃是他可以代表這一時代。周公可以代表西周時代，代表此一時代之精神，代表此一時代的種種特殊點，或說是此時代之個性的，故周公可說是當時之名世者。也可說從西周直到春秋末年孔子起來，周公就是一代表。孔子以後是新時代了，應稱為孔子時代，已不是周公時代了。因周公在此時代中已成過去。今試問周公的思想，和其理論，和其對於他當時這一人類社會所有的抱負，即周公這一個人和其精神，我們應從那裡去看？我想，也便可在〈西周書〉裡去看。我上一堂特別舉出幾句話，所舉並不是周公的話，然而同樣可以代表周公這一時代人的觀點和理想，也可說在大體上則是受了周公的影響。所以我們讀〈西周書〉，就該在書背後讀到周公這個人。

我上一堂講辨真偽，不僅古文《尚書》是偽，今文《尚書》也有偽，但我今天要補充上一堂講法，偽書並不是說就沒有了價值。東晉時人偽造了一部古文《尚書》，為何直到南宋朱子、下及清代諸儒，才能判定其偽？他用了什麼方法來欺騙一千年以上的讀書人？因《尚書》裡本有很多話為古代人所常稱引，但後代是逸失了，東晉偽造《尚書》的人把此許多逸失的話來做他作偽的材料，他都用來裝進他的偽古文《尚書》裡去，因此古文《尚書》雖偽，中間有很多材料並不偽。諸位若把閻百詩、惠定宇的辨偽的話拿來看，便知偽古文《尚書》裡有許多話見於先秦古籍。在此許多話裡，正有許多重要思想、重要觀念，有不少古代留下來的重要材料保留著，或許這些材料還比我們現在所見的今文《尚書》裡的材料更重要。可見辨真偽是一件事，甄別使用材料又是一件事。如我們講中國古代天文，儘可使用今文《尚書》之〈堯典〉，但我們並不信〈堯典〉是真書。我們不細讀古人書，便有很多材料不會用。如胡適之、馮友蘭寫《中國哲學史》，就只根據《老子》、《論語》以下，但在此前中國還有很多思想理論應該講，都不講了。倘使我們今天再要來編一部《中國古代思想史》，至少該從周公講起。周公以下很多人的思想，周公就是他們一個代表人。在孔子以前中國古人的一般觀點、學術思想上的一些大綱節目，至少可以從周公身上做一個扼要的敘述。

我在上次已說過，中國人在那時已經有一個世界一統的大觀念，「普天之下」有一「共主」，此一個共主，當時稱之為「天子」，即是上帝的兒子。亦稱王，王者往也，大家都嚮往他。中國古代有夏，夏王便是上帝的兒子，天下統一於夏王室之下。後來商周迭起，可知周亦不能永此統治，將來還要有新王朝代之而起。中國古人此種觀念之偉大，實是歷久彌新。今天我們人類已經可以上月球，世界交通形成了一個。然而在我們人的腦子裡，這世界究是支離破碎的，有耶教、有回教、有共產主義、有資本主義，四分五裂。若和中國古代人的世界觀來相比，這裡顯有不同。若使科學再發達，而終於沒有一個天下一家的觀念，那豈不更危險？縱使宗教復興，但以往各宗教信仰上對內對外各項鬥爭，也沒有統一過。只有中國，唐、虞、夏、商、周一路下來，是一個大一統的國家，地廣人多，四千年到現在，推溯到我們古人早有此一種政治觀點，確是了不得。說來似平常。但從政治觀可推廣到整個人生觀，乃至整個宇宙觀，中國此下思想學術俱從此發端。今試問為何只有中國人很早便來講這一套？而這一套則正講在《尚書》裡，我們豈可把它忽略了！

中國人必稱周公、孔子，那是有理由的。我們撇開周公來講中國思想，把戰國先秦來比擬希臘，真所謂從何說起。我們講中國史，斷不該只從戰國講起。講中國思想，也斷不該只從老子、孔子講起。至少要追溯到西周，從〈西周書〉，從周公、召公講起，而這樣講的話，偽古文《尚書》裡也就有很多材料可用。

諸位不要說我不學思想史，這些和我無關。做學問的先把自己關在一小圈子裡，坐井觀天，所見自小。若說此刻沒有工夫，這卻不要緊，可慢慢來，此事不爭遲早。又如諸位認為我此刻講了題外之言，但題外或許更重要。我的講題是歷代史學名著，因此只在歷史系的人來聽，中文系、哲學系的人都不會來聽。在學問大範圍內，重重築關築牆，但關外牆外，自有天地，別要把我們的興趣、理想、抱負，都被關死。或許我這番話可幫諸位另開一條路，通到關牆以外去。

此刻接下講第二部書，孔子的《春秋》。

《春秋》可說是中國第二部歷史書。實際上說，《春秋》乃是中國正式第一部歷史書。《尚書》各自分篇，只如保留著一些文件，或檔案。試作一淺譬，如我們眼前有一個少年棒球七虎隊到美國去打了敗仗回來，各方歡迎講話，應有盡有，報紙上連篇累牘，剪報的貼在一起，標題歡迎七虎隊回國，卻只有打敗仗之詳情，不在這許多文件中。《尚書》有些處是如此。孔子《春秋》則不然，它是歷史書中之編年體，前後兩百四十二年，從魯隱公元年開始，照著年月日一年一年地順序編下，以後中國便不斷有編年體的史書，直到今天。只有《春秋》以下，《通鑑》開始，中間有七、八十年時間未編上。這事顧亭林《日知錄》裡曾說過。此下《資治通鑑》開始至今，一年也沒有斷。這樣沒有一年中斷的編年史，全世界怕也只有中國有。至於從《春秋》到《通鑑》，中間斷的八十年，在我的《先秦諸子繫年》裡，也逐年來把它審訂了。諸位或許又要認為只學歷史，不學諸子，看我書名便不想看。遇到學諸子學的，也只想在我那書裡找尋些對諸子有關材料，那我對此一方面的貢獻，也就全無可說了。

孔子《春秋》因是一部編年史，故其書取名「春秋」。每一年必有春、夏、秋、冬四季，標舉「春秋」兩字，便代表了每一年。又每年四季共十二月，每月三十日，逐年逐月逐日，有事即載，無事即闕，亦有一事而連續分載在幾天幾月幾年幾十年的。如是般的歷史記載，實在該當得我們把偉大二字來批評它。我們說孔子《春秋》是中國一部極偉大的歷史書，實也一些不過獎。但《春秋》實非孔子首創，孔子以前已有。《左傳》昭公二年載：韓起聘魯，「見《易》象與《魯春秋》，曰：周禮盡在魯矣。」可見孔子以前，魯國早有《春秋》。《墨子》書裡也說：「吾見百國《春秋》。」則《春秋》各國皆有。但為何韓起到魯國始見《春秋》呢？《孟子》書裡說：「晉之《乘》、楚之《檮杌》、魯之《春秋》，一也。」可見當時各國都有歷史記載，而史書的名字不同，更應是史書的體裁也不同，《魯春秋》之體裁或許更接近周王室之所規定，所以韓起見之，要說周禮在魯了。

《孟子》書裡又說：「王者之迹熄而《詩》亡，《詩》亡然後《春秋》作。」這裡另有問題該作一交代。上次講過：中國古代有《詩》、《書》兩種書，孔子教人也常《詩》、《書》並舉。我們此刻講中國第一部古史是《尚書》，第二部是《春秋》，如何《孟子》卻說：「王者之迹熄而《詩》亡，《詩》亡然後《春秋》作。」把《詩》和《春秋》合在一塊講，這是什麼意義呢？其實古人之史也不完全在《書》裡，而有在《詩》裡的。古詩三百首，其中歷史事蹟特別多。遠溯周代開始，后稷、公劉一路到文王，在《詩經》的〈大雅〉裡整整十篇、十篇地詳細描述，反復歌誦，這些都是歷史。從另一個角度看，這些歷史，或許比〈西周書〉裡的更重要。〈西周書〉裡僅是幾批檔案與文件，而《詩經・大雅》把西周開國前後歷史原原本本，從頭訴說。今若說，那時更接近歷史記載的是《詩》不是《書》，此話也不為過。周王室是天下之共主，周王是一位天子，一位王者，每到冬天，他所封出的四方諸侯都得跑到中央來共朝周天子，而周天子在那時祭其祖先，更主要的是祭文王，許多諸侯一同助祭，就在這廟裡舉行祭禮時唱詩、舞蹈，唱的便是周文王一生的歷史功績，所謂雅頌，便是如此般的用來作政治表揚。又如周天子有事派軍出征，在臨出以前有宴享，宴享時有歌舞，打了勝仗回來，歡迎凱旋，同樣再有宴享歌舞，此等歌詞或是策勵，或是慰勞，皆收在《詩經》裡。那時遇禮必有樂，而禮樂中亦必寓有史，這些都是周公制禮作樂精意所在。所以我們讀《詩經》，固然可說它是一部文學書，但同時也可說它是一部歷史記載，不僅「雅頌」是史，即諷刺亦何嘗不是史。到後來，王者之迹熄了，諸侯不常到朝廷來，朝廷也沒有許多新的功德可以歌唱，專是些諷刺，那究不可為訓，所以說王者之迹熄而《詩》亡。但究亡在什麼時候呢？照一般說法，這應在宣王以後，至於平王東遷的一段時期中。

但說「《詩》亡而後《春秋》作」，此語又該有一交代。《春秋》是正式的歷史記載。那時四方諸侯來中央朝王的是少了，而周王室卻分派很多史官到諸侯各國去，這些證據，在先秦古籍裡尚可找。即如太史公《史記》，記他祖先也就由周王室轉到外面的。那時周王室派出的很多史官，他們雖在各國，而其身分則仍屬王室，不屬諸侯。如《春秋》載「晉趙盾弒其君」，「齊崔杼弒其君」，那時晉國、齊國的史官，下一個「其」字來稱齊君、晉君，可見趙盾、崔杼所弒，照名義上講，並不是晉史官、齊史官之君。史官由周天子派來，義不臣於諸侯。崔杼可以把當時齊史官殺了，但不能另派一人來做，於是齊史之弟便接其兄職再來照寫「崔杼弒其君」，崔杼再把他殺了，又有第三弟繼續照樣寫，崔杼沒奈何，只得不殺了。而在齊國南部尚有一位「南史氏」，聽了齊國史官記載「崔杼弒其君」，兄弟連被殺害，他捧著筆趕來齊國，預備續書此事，及聞齊史已定書其事，崔杼不再殺害而止。那真在中國歷史上可以表示出中國人重視歷史精神一項可歌可泣的偉大故事。我們此刻在談中國史學名著，我想連帶應該知道些中國歷來的史官制度，以及歷來中國人那一番重視歷史的傳統精神纔是。此下歷代史官制度，均有史籍可考，此處不提，只講《孟子》這兩句話。大概在宣王時，或許周王室便早正式分派史官到各國去，其時周之王政一時中興，尚未到崩潰階段，此後王者之迹熄而《詩》亡，而以前那些分派出外的史官卻大見功效，即是所謂《詩》亡而後《春秋》作了。

其時各地史官，各以其所在地發生事變呈報中央王室，並亦分別報之各地史官，此之謂赴告。大概魯國守此制度未壞，各地史官赴告材料均尚保持完整，因此韓起見了《魯春秋》而說周禮在魯。孔子則是根據此項材料來作《春秋》。當然並不是全部抄撮，在孔子自有一個編纂的體例，和取捨的標準，及其特殊的寫法。所以說「筆則筆、削則削，游夏之徒不能贊一辭」。當知史官分布，乃是周代一制度，而孔子作《春秋》，則是私家一著述。由政治轉歸了學術，遂開此下中國之史學。所以《孟子》說：其文則史，其事則齊桓、晉文，其義則丘竊取之矣。這是說：《春秋》一書的底材，還是魯史舊文。但從孔子筆削以後，則此《春秋》既不是一部魯國史，也不是一部東周王室史，而成為一部諸夏的國際史，亦可稱為乃是那時的一部天下史或稱世界史。用那時的話來說，主要則是一部諸夏霸政興衰史。孔子為何要如此般來編寫此《春秋》，在孔子自有其中道理，故曰：「其義則丘竊取之矣。」由此一轉手，政府的官史，遂變成了民間的私史。所以孔子又說：「《春秋》，天子之事也，知我者，其惟《春秋》乎，罪我者，其惟《春秋》乎。」在當時，周王室分派史官到各國，隨時報告所在各國之事變，此項制度，自有其意義與作用。但到平王東遷，此項制度作用已失，意義全非。孔子把來脫胎換骨，化臭腐為神奇，他的《春秋》所載遂成為整個全中國，整個全天下的歷史。時代儘管雜亂，他所寫出的歷史，則是一個統一體。而且在此歷史之內，更寓有一番特殊精神之存在。所以《孟子》又說：「孔子作《春秋》而亂臣賊子懼。」亂臣賊子則只是時代性的，而孔子《春秋》則成為歷史性的。春秋時代轉瞬即過，而中國歷史則屹然到今。時代的雜亂，一經歷史嚴肅之裁判，試問又那得不懼？孔子以前的亂臣賊子早已死了，那會有懼？但《春秋》已成，孔子以下歷史上的亂臣賊子，則自將由孔子之作《春秋》而知懼。

《春秋》在當時，已嶄然成為一新史。既不是王朝之官史，也不是諸侯間各自的國別史，而成為一部當時的大「通史」，亦可說是「當時的世界史」。有此人類，有此世界，即逃不掉歷史批判。所謂歷史批判，一部分是自然的，如此則得，如此則失，如此則是，如此則非，誰也逃不出歷史大自然之批判。而另一部分則是道義的，由自然中產生道義。自然勢力在外，道義覺醒則在內。孔子《春秋》則建立出此一大道義，明白教人如此則得，如此則失，如此則是，如此則非。此項道義，論其極致，乃與歷史自然合一，此亦可謂是天人合一。孔子《春秋》大義，應該著眼在此一點上去認識。

但今天我們中國的學者，怕不容易接受此觀點。今天的中國學者們，好像認為中國歷史就無資格放進人類世界史中去，世界史之大條貫則只有西洋歷史。只可惜西洋人寫世界史太晚了，直到最近代才有，孔子《春秋》則確然是在他當時的一部世界史。所謂其事則齊桓、晉文，乃是說在其書中所表現的乃是其時諸夏一部大整體的大全史。自然亦可說是人類當時文化一部大整體的大全史了。遠在兩千五百年前，孔子早已有此眼光，早已有此見解，正在全世界人類文化史史學史上有它卓然無比的價值。

此刻另講一問題，孔子《春秋》既不是完全照著魯國史官舊史沒有更動，則試問他又如何般來改動舊史？此刻我們找不到魯國《春秋》之存本，此問題就無法講。《孟子》說「其文則史」，只是說大體上孔子《春秋》是依據魯國舊史的。但如在魯莊公七年《公羊春秋》說：「不修《春秋》曰：『雨星不及地尺而復。』君子修之曰：『星隕如雨。』」此一條雖偶然提及，但可知孔子對《春秋》舊文必有修正無疑。但所修者主要是其辭，非其事，由事來定辭，由辭來見事，辭與事本該合一不可分，所以說：「屬事比辭，《春秋》教也。」但若說僅把舊史修改幾個字和幾句辭，如此寫下，此其價值究何在，此問題則成為自來治《春秋》者一大問題。上一堂講過，《尚書》難讀，可是《春秋》更難讀。《尚書》難讀僅是字句不易通，而《春秋》難讀則並不在字句上。後人要在字句上來讀《春秋》，那是一條大錯的路。《春秋》須講大義。如《孟子》說：「孔子作《春秋》而亂臣賊子懼。」所以孔子《春秋》誅亂臣，討賊子，這便是大義。又如說：孔子《春秋》「內中國而外夷狄」，這在《論語》裡已有「微管仲，吾其被髮左衽矣」之語，夷夏之辨，這亦是大義。但所謂大義，亦不該求之過深，尊之過高。講大義若講過了頭，反會落入小節中去。中國古人尊經過甚，孔子《春秋》是一部經，於是有許多不必講的把來講得過了分。亦如今日我們尊洋過甚，西方比中國富了，強了，那都對，但月亮不會比我們的更圓，此雖笑話，卻寓真理。

又如《春秋》「趙盾弒其君」，孔子本是依舊史原文，但《左傳》所載事實則晉靈公非趙盾所殺，又添上一節說孔子惋惜趙盾，說他逃出了晉疆便可免弒君之名。不知正據《左傳》之事，即可見趙盾弒君之罪。《左傳》作者乃為趙盾求解脫，其稱孔子語，苟非偽造，即是道聽途說，不足為據。又如《春秋》記：「許世子止弒其君。」此事《左傳》、《公羊》、《穀梁》三書所記各異。《左傳》說：飲太子藥，這當然已很清楚是兒子弒君了。而《公羊傳》記得更明白，說：止進藥而藥殺其父。這顯然不成問題了。但《穀梁傳》卻說：父病，子當嘗藥，許世子沒有懂得這禮，所以孔子責他弒君。「不嘗藥」與「飲太子藥」或說「進藥而殺其父」這中間顯然有不同。《穀梁傳》無端加上一個不嘗藥之罪來講孔子《春秋》，這顯然是大錯。如此之類的問題，不知有多少。大家儘在此等處去講《春秋》，講得愈詳密，《春秋》大義便會愈失落，愈暗昧而不明。

最難講的便是《春秋》褒貶。若說孔子《春秋》沒有褒貶，此決不然。如「崔杼弒其君」、「趙盾弒其君」、「許世子止弒其君」不就是貶嗎？然而褒貶只在他們的事情上，而孔子《春秋》又頗於事不詳，於是讀者遂來求孔子《春秋》之「書法」，又從「書法」中定出「凡例」，杜預注《左傳》，便定出孔子《春秋》五十「凡例」，這便愈講愈遠了。如《春秋》書王正月共九十二處，《春秋》不書王一百零八處，試問如何一次一次地來講求？當知《春秋》大問題，並不在這些上。現在我們脫離了經學窠臼，此等處皆可不理會。尤其如晚清末年的公羊學派，所謂「今文經學家」，他們講孔子《春秋》，真講得天花亂墜，像是大義微言，幾千年來被埋沒，由他們發現了，其實都是講不通。即如王正月、王二月、王三月，以此來符會夏統、商統、周統，便是不通之一例。其實很簡單，正月有事，就書王正月。正月沒事，便書王二月。二月沒事，就書王三月。若整個春天全沒事，便只寫春王正月下接夏四月五月云云。因若更不寫一個王正月，恐人疑是史書有忘脫。故正月無事書二月，二月無事書三月，三月無事空寫一個王正月，下面再接上夏四月，全部《春秋》皆如此。這一體例在宋代的理學家已講正了，但清代的考據學家又糊塗再來重講，反講到大錯特錯。

我們今天只且講一個結論：孔子《春秋》只是中國一部編年史的開始，又是在當時是創闢的一部民間的私家著作，而又是把天下一家的大一統觀點來寫的一部世界通史。我想只就這樣講就夠了。直到此刻，全世界還沒有第二部這樣的書。中國人只為看慣了，把此大義迷失了。至少是忽略了。或許諸位又會說，講史學又如何只講周公、孔子？今天該講一番新史學纔是。但史學有新舊，歷史則只是歷史，在中國歷史上有過周公、孔子，周公、孔子又各有過他們的一套歷史著作直傳到今天，那我們不能不講。而且周公、孔子都講的是大一統，而中國從秦漢以來便是一統到今天，那亦是千真萬確的歷史。諸位不要儘想望西洋的新史學，而忽忘了中國的舊歷史。歷史亡了，史學又在何處栽根？

春秋三傳

上一堂講的孔子《春秋》，今天講《春秋》的三傳——《公羊傳》、《穀梁傳》、《左傳》。在今天，我們是講中國史學名著，但在古人當時，不僅從周公到孔子，即下至戰國、秦、漢，在當時中國人腦子裡，還無所謂「史學」一觀念。當時學術大分野，只有經學和子學。班固《漢書・藝文志》根據劉向、劉歆的《七略》，稱之曰「王官學」與「百家言」。可見在西漢末年時，大學者如劉向、劉歆父子，他們便把中國古代學術分成為「王官學」與「百家言」之兩大別。何謂王官學，因其職掌在政府衙門裡。何以謂「百家言」，就因其只在民間私家傳述。用今天的話來講，也可說王官學就是一種貴族學，百家言則是一種平民學。孔子以《詩》、《書》教其弟子，《尚書》掌於政府中的史官，《詩經》掌於樂官，這本都是政府衙門裡的學問，所以稱之謂「王官之學」。中國那時是封建政體，卻和西洋歷史上他們中古時期的所謂封建社會有不同。西方的封建社會，上面沒有一個共同擁戴的最高機構，因此他們想要來一個神聖羅馬帝國，但亦沒有能做成。他們乃因蠻族入侵，羅馬帝國崩潰，一個統一的政治消失了，四分五裂，遂有封建社會之出現。中國古代的封建則是一種政治組織，由一個王室，如西周，來分封魯、齊、晉、衛諸國出去，上面有一個中央政府，有一個周天子，至少這點顯然與西方中古時期有不同。西方的封建，是一個四分五裂的社會形態，中國的封建，是一個大一統的政治體系。由天子分封公、侯、伯、子、男各等爵到外面去，回向中心共戴天子，成一政治組織。所以稱為「王官」者，王便是一個統一政府，此之謂「一王」。至於平民私人之學則不相統屬，故稱之曰「百家」。又怎樣說王官之學流而為百家呢？這是說古代衙門裡的貴族學流傳到社會變成了平民私家言。如此般的流變，第一個最著的例就在孔子身上。在《漢書．藝文志》裡第一部分叫做〈六藝略〉，那就是王官之學。第二部〈諸子略〉，那就是百家言。在古代第一個平民學者起來，便是孔子。孔子作《春秋》，他說：「《春秋》，天子之事也。」這因《春秋》記載掌於史官，史官分遣自中央周天子，所以說《春秋》是王官之學。那麼作《春秋》應該是史官之事，而孔子曰：其義則某竊取之矣，孔子私下採取了周天子分遣史官的意義來寫《春秋》，所以說：「知我者其惟《春秋》乎？罪我者其惟《春秋》乎？」將來有人責備他，就因為他寫此一部《春秋》，以一平民身分而來做天子王官之事，豈不僭越可責？但若瞭解他，知道他的，也將在這一部《春秋》上。孔子不得已而寫這一部《春秋》。這一部《春秋》正在王官學與百家言的過渡中間。後人推尊這部書，以之和從前周公傳下來的王官之學同等看重，乃有所謂五經，《春秋》亦列入其內。於是孔子《春秋》在《漢書・藝文志》裡也被認為是王官之學，也在〈六藝略〉之內，成為五經之一，和周公時代的《詩》、《書》同樣都看成經。經書是為人看重的，便有人專來發揮它，於是有傳、有記、有說。孔子《春秋》則共有三部傳，這是我今天要講的。

現在我且先講幾句題外的話。如《莊子》一書是百家言，固由莊子自己撰寫，但莊子的學生與後學，也可寫幾篇，加幾句進去，不加分別，共稱《莊子》。今傳的《莊子》，已不復是莊子一人著作，儘有其學生乃至後來講莊子學問的人的文章添進去。《孟子》七篇，不像有別人的添進去，但此七篇，也是孟子和幾個學生如萬章、公孫丑等共同合作而成。又如荀子，他書中就可有很多他學生寫的文章，也總稱為《荀子》。如《墨子》，更見是很多墨學後人所作集在一起，而稱《墨子》。此等體裁，與後人著作不同。我們讀古書，對此層不可不知。清代章學誠《文史通義》的〈言公〉篇，便是發明此義。章氏所寫《文史通義》和《校讎通義》兩書，對古代學術頗多發明，根據《漢書・藝文志》所謂王官學與百家言來講明古人著作多是集眾合成。王官學在一個衙門內，如〈西周書〉並不是一人所成，《詩經》三百首，更不是一人乃至一個時代所成，平民社會上的百家言亦是如此。古人認為立言是公事，不像後來看重私家的著作。這些雖是題外話，但在今天該當作是一種很重要的常識，不可不知。前人所創，後人應奉為常識的，舉不勝舉。如講古代學術史而不看《漢書・藝文志》，不讀《文史通義》，那總是不對。

我先交代了此幾句，再來講孔子《春秋》的三傳。因孔子《春秋》成了經，所以可以有傳。但一經為何有三傳？三傳異同又在那裡？宋代葉夢得講過：《左氏》傳事不傳義，《公》、《穀》傳義不傳事。孔子自已說：《春秋》，其文則史，其事則齊桓、晉文，其義則某竊取之。《春秋》既是一部歷史記載，當然有事，《左氏傳》即是傳它的事，即是把《春秋》裡的事，更詳備地傳下了。但孔子作《春秋》尚有一番大義，《左氏傳》不講，而《公羊》、《穀梁》則就是講這個義，所謂其義則某竊取之的「義」，但《公》、《穀》又並沒有詳細講述《春秋》書中的事。後來朱子又說：《左氏》史學，事詳而理差，《公》、《穀》經學，理精而事誤。此與葉說大致相同。但此已是宋代人的話，可以把它作為三傳異同的一個大概分別，但古人則並不如此。因古人並無史學經學之分。如班固《漢書・藝文志》，把太史公《史記》附在〈六藝略・春秋略〉之內，可見其時人觀念，只有經學，無史學。故宋代人講的話，並不能代表漢代人的意見。

漢人講經學，如《尚書》，有今文古文之辨。我已講過。今文列為博士，也就是當時的官學。古文不立博士，則是當時的私家學。實際上只是一部《尚書》，只伏生傳下來的列為博士了，而孔安國傳下來的則未立博士。此刻講《春秋》三傳，同樣有今古文之分。漢武初年《春秋》立為博士，那時就照《公羊》家一家講法，所以《公羊春秋》立為博士，即所謂今文學。後來到了漢宣帝，他在未做皇帝前，就喜歡《穀梁春秋》，待做了皇帝，在朝廷上開了幾次學術會議，把《穀梁春秋》也立做博士，所以《公》、《穀》同為今文。其實講來，此兩書在先本亦是古文，如伏生《尚書》其先亦是古文一般。漢成帝時，劉歆移書讓太常博士，他要爭立其他幾部古文書，也立為博士，中間就有孔安國《尚書》，有《左氏春秋》，而這事沒有成。所以下到東漢，只有《公羊》、《穀梁》立為博士，而《左氏傳》則僅是一種民間私學，稱之曰古文。當時人的爭論，便說《左氏》不傳《春秋》，傳孔子《春秋》的，大家公認只有《公羊》、《穀梁》二傳。《左氏》不得認為傳，因它並不是傳《春秋》的，這是漢代人的講法，和我剛纔所舉兩個宋代人講法大不同。宋代人說傳事不傳義，傳義不傳事，那即是同傳《春秋》而所傳不同。此一問題很複雜，諸位可看清末皮錫瑞的《經學通論》和《經學史》。在我所著《秦漢史》裡，也詳述此事。我又有一書為《兩漢經學今古文平議》，中間也講到此問題。做學問，便該求一個通。不能說我學史學，不問經學，那麼古代史學經學不分，只知有經不知有史，不通當時的經學，便不能講那時的史學。現在我們講《春秋》，就要兼講到三傳，而其間有經學問題，不能說我不歡喜經學，把此問題棄置不講。

孔子自己說過，《春秋》天子之事也，這句話便是說《春秋》在以前只是王官學，孔子纔把它來變成百家言。孔子乃是把古代貴族學傳布到民間而開創出後代的私家自由思想，百家言與平民學的，這是一件特別重要的事。到了漢代，董仲舒建議漢武帝，表彰六經罷黜百家。表彰六經，便是表彰古代的王官學。罷黜百家，便是罷黜後起的平民學。漢武帝為何聽他話如此做？諸位或許會說，當然因為孔子儒家言便於帝王專制，漢武帝纔採用了董仲舒之言。此說似乎已成為近代我們的常識，大家都這樣講了，但我要問，此說出在何書？有何根據？如講王官學百家言，那是根據《漢書．藝文志》，又經章學誠《文史通義》詳細發揮，我只根據章學誠的話，稍換講法，說王官學就是貴族學，百家言就是平民學，如今漢武帝要復興古代的貴族學，罷黜後代的平民學，是否為便於專制，誰能猜測到漢武帝的內心？又是根據何書，何人所說，總要有一個來歷。我從年輕時即注意到此，幾十年來就沒有找到這句話的來源。問之大家，大家都不管，像是已成定論。此刻我想另作一番推論。據我所想，漢武帝十七歲便做了皇帝，他幼年宮中老師就是一儒生，他對儒家言有濡染，所以易聽董仲舒說。我對此事的詳細看法，在我的《秦漢史》中講到很多。當然以前的《國學概論》、《國史大綱》也講到，而《秦漢史》裡講得比較更多些。我的話都是根據《史記》、《漢書》，明白有來歷。時代變了，社會變了，問題也變了，我們學術上的要求也變了，讀書人該可抱些新鮮想法，講些新鮮話。但究竟要有根據，不能廢書不看，信口開河。由我推測，或許漢武帝表彰五經為要便於專制，此話乃從日本人那裡傳過來，但我也沒有為此去細找證據。諸位倘使高興學看日本書，便知在那時有許多話從日本人那裡抄來，這也是值得研究的。至於董仲舒勸漢武帝表彰五經罷黜百家的話，在董仲舒的〈天人三策〉裡說得很詳細。此三策收在《漢書》裡，儘可一讀，董仲舒勸武帝改制，是要改秦代的制度，又勸武帝復古，是要復秦代以前的古，那就是三代夏、商、周的古。當時一般人意見，認為秦不可學，二十幾年就亡了，我們該學周，緜延著八百年。董仲舒同時人抱此意見的也不少。因此他們要改革秦代的博士制度來罷黜百家專講五經，但並不說是要便於專制。但究竟周公距離漢代遠了，漢代人要講五經，其實更側重的是講孔子、講《春秋》。他們說孔子《春秋》是一王大法，《春秋》有大法，乃是又是一個新王來了。古代的王就是夏商周三代，孔子那時，周之王業已經跡近衰亡。我們又要講到《孟子》的話：王者之迹熄而《詩》亡，《詩》亡然後《春秋》作，孔子《春秋》正是要來一個新王。孔子也自己說：我其為東周乎？若孔子出來行道於天下，已不能像周公那時的西周了，只得要來一個東周。因此說《春秋》是一部一王大法。在《史記》裡有這樣一句話，說撥亂世，反之正，莫近於《春秋》。又說：有國家者，不可不知《春秋》。《春秋》既是一王大法，要興一王之治，怎麼可以不懂《春秋》？漢代人再把這話變了，說孔子為漢制法，現在要改制，不能再照秦代。秦始皇專制，大家都能講，漢武帝正要一反秦始皇之所為，怎麼又說漢武帝表彰五經為要便專制呢？漢武帝正要改正秦始皇之所為，而董仲舒首先提出此意見。我不是要為漢武帝、董仲舒辯護，只是要講歷史真相。講歷史則該有根據。大家又罵孔子《春秋》，認為書中都是誅心之論，但又說漢武帝表彰六經為要便專制，豈不亦是一種誅心之論嗎？我們最好不要隨便批評古人，因古人已死久了，我們批評他，他也無奈何。我們該要懂得批評現代人。如我所寫《秦漢史》涉及此事的，中間那一句話講錯了，這儘可批評。不要認為近代人便不值批評，只去批評死了的。

漢代人要表彰六經，就說孔子《春秋》是為漢制法，幫漢代人定了一個新王之法，要治天下，便該照孔子《春秋》，但孔子又那裡知道將來會有一個漢代要他老人家來替它立法呢？但漢代人既都如此講，因此漢代人表彰五經，而其中所特別注重的則應是孔子《春秋》，董仲舒自己就是一個學《春秋》的。以後漢代朝廷上逢到大政大事，頗多根據《春秋》來作裁判的。如雋不疑，如蕭望之，都是極顯著極有味的例。他們碰到困難案子，根據《春秋》來判斷，別人也無法反對。若根據法律，有些事法律上沒有。而且法律是近代人定的，《春秋》則是古代聖人傳下大義。漢人不根據王法而來根據《春秋》，這就見王法不能專制。如漢武帝要打匈奴，有人反對，漢武帝卻說：《公羊春秋》裡就有九世復讎之義，可見孔子也贊成我們要復讎。當知漢代人所謂「通經致用」，派最大用場的正在政治上，而最有用的一部經便是孔子《春秋》。講孔子《春秋》大義的便是《公羊傳》。諸位這樣一想，就知《公羊傳》在當時的重大地位。但我們要問《公羊傳》裡所講的是否就是孔子意思？是否我們要講《春秋》，便該一路照《公羊傳》講法？這裡就大有問題。諸位且先看皮錫瑞《經學歷史》、《經學通論》，我又另有一篇文章講到此問題的，〈孔子與春秋〉，此文亦收在《兩漢經學今古文平議》裡。諸位要讀我此文，便該先知道一些經學史，此問題暫置不講，此刻再來講《春秋》三傳。

漢廷立博士的，《公羊》以外還有《穀梁》，究竟兩家說法有何異同？這在當時曾成一爭論，這裡便牽涉到齊學與魯學之辨。所謂齊學、魯學，漢代第一個講《公羊春秋》的胡母生是齊國人，第一個講《穀梁春秋》的魯申公是魯國人，所以說《公羊》是齊學，《穀梁》是魯學。齊學、魯學之異同，此刻暫不講。總之《公羊》、《穀梁》都是傳義不傳事。後來大家又逐漸看重了《左氏傳》，劉歆就正式提出要立《左氏》博士，這不是說從前沒有人見過《左傳》。清末康有為的《新學偽經考》，卻說《左傳》是劉歆假造。但如太史公作《史記》，他即看見過《左氏傳》，根據《史記．十二諸侯年表》便可證明。其實這問題，不需詳講，太史公以前看見《左傳》的人還多，戰國時代便有人明明引到《左傳》。劉歆以後，下到東漢，重視《左傳》的更多。一時經學大師如鄭眾、賈逵，他們都認為《公羊》義短，《左傳》義長。到了三國時代，鍾繇曾說《左氏》為太官家，《公羊傳》為賣餅家。賈逵〈春秋序〉曾說：孔子立素王之法，素王是一個無冕王；我們已經講過，《春秋》是一王大法，孔子是為漢制法，從前《公羊》家如此說，現在是治《左傳》的也如此說。下到晉代杜預注《左傳》，乃把左丘明稱為素臣，等於是孔子建立這新王朝中一大臣。下到東晉偽古文《尚書》出現，那時人已不爭漢人所謂的今古文分辨，所以唐初人作《五經正義》，偽古文《尚書》也在裡邊。唐太宗貞觀，高宗永徽時，奉周公為先聖，孔子為先師，而配享先師的只有兩人：一是顏淵，一是左丘明，可見《左傳》之被重視。循此以下，諸位就可以想到宋代人意見，認為《公羊》傳義不傳事，《左氏》傳事不傳義，一是經學，一是史學，較之漢儒，可說是公平之見了。

下到清代，尤其在晚清道光以後，今文家獨盛，從龔定庵一路到康有為，遂拚命來捧何休，何休就是東漢人作《公羊傳》注的。其實何休所講，並不即是董仲舒所講，其間乃大有區別。但晚清以下大家都講今文家言，都講康有為的這一套，說劉歆偽造古學，這只是最近一百年來錯講了的。諸位要知道這事情，我的《近三百年學術史》和《兩漢經學今古文平議》兩書可以參讀。

現在要問：這部《左傳》是不是左丘明所作？這裡也有問題。因為左丘明應該姓左丘，名明，如太史公說左丘失明乃著《春秋》。這個「明」字是不是他的名，已不詳曉，可是他不能名「丘明」，則他的書應稱《左丘傳》，不該稱《左氏傳》。今明稱《左氏傳》，這裡便有了問題。《論語》上孔子說過：「左丘明恥之，丘亦恥之。」此左丘明不像是孔子學生，或許是孔子一位朋友，而今這部《左傳》所記事情，直到孔子死後，左丘明似乎不像比孔子更年輕，這裡便又有了問題。這就是《左氏》真偽的問題。從前人只說《左氏》不傳《春秋》，並不曾說《左傳》是一部偽書，但其中實有問題，並已有很多人討論過，也不是到今天纔產生的問題。我的《先秦諸子繫年》中，也曾集合了各家講法來討論這《左氏》的作者。漢代人講《左氏》，有一個源流，由什麼人傳給什麼人，再傳給什麼人，和《公羊》、《穀梁》相似，同有源流。而在《左氏》源流中有個吳起，此人大值注意，怕這部《左傳》總該與吳起有關。吳起曾把《左傳》傳給他兒子，如此再傳下去。至少我們可信《左傳》作者一定看見當時各國的歷史，尤其是晉國、楚國，此兩國事，《左傳》裡講得很詳細。公羊、穀梁皆不曾見各國史，所以他們書中所記事情很簡單，因他們沒有看到很多史料，而《左傳》則不同。要論同時看到晉楚兩國雙方史料的，吳起是一個最適合的人。吳起先在魏，後去楚，而《左傳》裡特別對晉三家中之魏總是講好話。又《左傳》裡很多講軍事，講得特別好，吳起是一個懂得軍事學的人。《左傳》裡又有很多預言，直講到魯哀公以後去，大體在秦孝公以前的都對，秦孝公以後便不對了，恰恰這年代也和吳起的年代差不遠。吳起本是一儒家傳統中人，所以這部書雖不能說是吳起一人所寫，或許起於吳起以前直到吳起以後，總之這部書與吳起有關。倘使沒有關係，後來講《左傳》源流的人不會拉出吳起來。因吳起在後人觀念中已遭看不起，因此我說《左傳》可能與吳起有關。

我今插述一故事，胡適之先生寫了一部《中國哲學史大綱》，有一天，我們兩人閒談，提到這部書。當然胡先生這部書開始便講老子，而我認為老子還在孔子之後，但此問題且不提。我問此書提出一個主張，即講思想定要講到這思想的時代背景，在那一時代背景之下纔有這一套思想。

我說：老子尚在春秋時代，要分析當時的時代背景，便該根據《左傳》，為何卻據《詩經》？《詩經》裡當然也有歷史，可是和老子時代隔遠了。此書在《詩經》裡舉出當時有人是樂天派，有人是悲觀派，有人是懷疑派等，我說這不算是時代背景。拿一本《唐詩三百首》，中間也有樂天派、悲觀派、懷疑派，今天我們好幾人談天，便一定也有人是樂天派，有人是悲觀派，這不便是老子思想的時代背景。而且任何一個思想都該講其時代背景。孔子時代和孟子時代又不同，不能只在老子下面放個時代背景，此下便是思想接思想，更沒有時代了。胡先生沒有回覆我第二個問題，卻回覆了我第一個問題。他說：當然，因你的《劉向歆父子年譜》還沒有發表，我不敢大膽引用《左傳》，因認《左傳》是一部偽書，所以避而不談。我今天特地提出此番話告訴諸位，做學問應做通學，即所謂通人之學。講哲學也不能不稍曉得歷史。不知《左傳》真偽，講那時人思想，也易有誤。後來梁任公先生在南京中央大學有過一段長期講演，講中國政治思想史，他是康有為學生，但他講春秋時代中國政治思想便多根據《左傳》，這就比較切實。那時有人翻譯了一本瑞典漢學家的著作《左傳真偽考》，一時極為流行。但講《左傳》真偽的，如我《先秦諸子繫年》中所舉許多講法，一個外國人如何能知道？今天我們該多讀中國書纔是。好多年前，有一美國學生要研究康有為思想，來和我討論，我說：你不通中國經學，不知《公羊春秋》，如何講康有為？

我們此刻是要學歷史，講中國古代，至少該從《左傳》讀起，這一段兩百四十年事記載得詳細，為何放棄不讀啊？諸位學中國古代史，好像不通龜甲文便覺不好，但龜甲文究只是一些零碎史料，很完整很詳細的一部兩百四十年的編年史就是《左傳》。只就歷史眼光來講，《左傳》的價值還應在《春秋》之上，這話近人章太炎講過。他只要反對康有為，因此他只要講古文學，甚至說劉歆賢於孔子，這個也有些過分，劉歆怎能比孔子都賢了呢？從前人只推左丘明是素臣，那能比得素王？但至少《左傳》是一部史學上更進一步的編年史。孔子《春秋》只是開拓者，《左傳》纔算是編年史的正式完成，接下來最著名的是《資治通鑑》。《資治通鑑》和《左傳》間缺了不到一百年，也有不少人補過，但都補得不好。若現在再要補，應看我《先秦諸子繫年》裡新的〈六國年表〉。我這《先秦諸子繫年》，也可說最大貢獻在對古代歷史上，尤其在從《左傳》接上戰國史中間這一段。但因我書名叫《先秦諸子繫年》，講思想史的人嫌我不在那裡詳細講思想，講史學的人說：這是有關諸子的，和我不相干，簡直便不看。但我的書不看還可，《左傳》總該讀。唐代劉知幾《史通》，他把古史舉出兩體：一是《尚書》，一是《左傳》。可見此書為中國史學家所重視。下次我想再把《左傳》詳細多講一點，因此問題要講到《春秋》，講到經學，講到從漢到清的種種爭論。其實讀《左傳》也不要花很多時間，諸位不能只講現代史，限的時代太近，便講不準。如講一個人，最好定要從他小孩生下進幼稚園、小學、中學，到大學，從頭講起，大體應有個來源，若把前面的都忘了，如何講現在的。現代史當然非講不可，孔子《春秋》就是孔子那時的現代史，〈西周書〉就是周公那時的現代史，我們此刻所講，主要也該是講我們的現代史啊。我所講都針對著現代，哪一句不是根據現代而講？我不是只根據康有為來講，更不是只根據朱子來講，或根據董仲舒來講，乃是根據我們現代來講，這是一般學術上的現代史。諸位生在現代，不能不懂現代，但要從現代中往上推。當然也不是要諸位多來研究古代史，但古代史總要知道一點，那麼此下講話不致不通。古代到現代，如一條大水流切不斷的。至少我要告訴諸位，治學要求通，學史學不能不稍通經學，治近代史不能不稍懂古代史，這也只要大概知道一些便好，我今天且只講到這裡。

左傳（附國語、國策）

《左傳》在古代當它是一部經書，因《春秋》是六經之一，《春秋》有三傳，便也算是經。所以在九經、十三經之內都有《左傳》。從前人對《左傳》所討論的問題：

㈠《左傳》是不是傳《春秋》？這是個大問題。漢代今文學家說《左氏》不傳《春秋》，因此它不立學官。

㈡《左傳》是不是左丘明所作？左丘明是孔子同時人，若是左丘明作《左傳》，便是傳孔子的《春秋》。既說《左氏》不傳《春秋》，那便未必就是左丘明作。

這兩個問題，我們在上一堂都已講過。此刻我們認為《左傳》並不是左丘明作，《左傳》成書應在戰國，要到秦孝公時，距離孔子、左丘明已經很遠，而《左傳》或許和吳起有關係，這些都在上一堂講過。但我們也可照宋代人意見：認為《左傳》傳的是《春秋》之事，並不是傳《春秋》

之義。中間如魯、齊、宋、鄭、晉、衛、楚、秦，各國的事都有，都包括在這部《左傳》裡。所以古代人乃至在民國以前人，只爭《左傳》是不是傳《春秋》，所謂《左傳》真偽問題，僅是這一個問題，卻沒有懷疑到《左傳》裡所載的事，即《左傳》的內容，即是它的歷史價值，這個從來沒有人懷疑過。只爭《左傳》不是經學，並沒有爭《左傳》所載二百四十年的事是不是歷史。如講天文曆法，《左傳》裡所記日蝕、月蝕種種，都是正確的。特別如《左傳》裡晉國的曆法同周王朝的曆法以及《春秋》裡魯國的曆法錯了兩個月。在《孟子》書裡已說過。周代曆法是把現在的十一月當正月，夏曆是把現在的正月當正月。晉用夏曆，因此《左傳》裡講到晉國的事情同《春秋》錯了兩個月。有的《春秋》在下一年，而《左傳》還在上一年。晉國人的十一月，那已是周代和魯國的新年了。即此一點，就可證明《左傳》史料有來源，也可證明我們以前所講夏商周三代曆法不同，《左傳》裡便有明據。到秦代把十月當正月，更早了一個月。漢代以後才改過來，沿用夏曆。我們只就《左傳》，便知古代山西人的曆法，就是夏曆，因此我們在《左傳》裡可以研究很多古代的天文學。

第二，我們講到地理。中國歷史悠久，疆土廣大，「沿革地理」是一門特別重要的學問。普通認為〈禹貢〉是第一部講中國地理沿革的書，第二部是《漢書‧地理志》。可是〈禹貢〉實在是戰國時人所寫，而《春秋左傳》裡的地理，因那時有一兩百個諸侯，《史記‧十二諸侯年表》便舉了特別大的十二個，這些叫做「國」。國以外還有「邑」，這些邑，就像後來《水滸傳》裡的史家莊、扈家莊、祝家莊之類。雖不是一個城，卻是一個邑。《左傳》裡所記邑更多。大的稱都，小的稱邑，若我們把《左傳》裡的諸侯和都邑各個地名都考究，那工作便很繁重。杜預注便成為後人講沿革地理一項重要的參考材料。此是一項專門學問，清代人寫「《左傳》地名考」的就有好幾家。那麼我們可以說，要講中國的沿革地理，第一部書實是《左傳》。地理是歷史的舞臺，歷史上一切活動都分布在地面上。我們只要看春秋時代的地名，就可想像到古代的中國已經相當的大，差不多黃河流域直到淮水流域乃至大江以北，中國大部分區域都已包括在內。

第三，我們要講到歷史裡的氏族。大家知道，春秋時代是中國貴族封建的時代。每一個國家，都由一氏族組成。魯、衛、齊、晉、宋、鄭各國，他們的氏族各不同。昔人有《春秋氏族譜》，我們要研究春秋時代的大家族，及當時的貴族生活，《左傳》裡講得很詳細。

第四，講到政治制度，《左傳》裡各國制度亦各不同。譬如官制（政府組織）、兵制（軍隊組織）、田制（賦稅制度）等。將來歷史裡一應制度、官制、兵制、田制等，都有淵源，特別重要而且可考的則在春秋時代。

第五，從西周周公一路傳下來的所謂朝聘盟會之制，這是列國與周天子乃至列國相互間的一種「禮」。現在我們也可稱之為「制度」。在清代末年曾有一本書，那是中國人到了外國去，研究了歐洲人的所謂國際公法，回頭來把《左傳》裡講的朝聘盟會種種不成文法，也當是當時的國際公法，寫了一本書稱《春秋時代的國際公法》。我在北平時曾看過這書，可惜現在丟了，那書的作者我也忘了。而那書流傳不多，也無從再覓。十年前我到美國，去舊金山，那裡有一位華僑，他特地同我談起，他正在要寫一本春秋時代的國際公法，我當時曾極力鼓勵他努力寫，至今已過十年，沒有同他通過信，不知他此書寫成沒有。可是這個題目卻極值得寫。就這一點，也可想像我們中國文化之偉大，在兩千五百多年前，中國已有一套很像樣的國際公法了。雖和後來歐洲人的國際公法不同，然而至少是各有長短，各有特色。下面我們講到《左傳》裡的人物。

《左傳》裡的「人」，稱呼極不同，有的稱名，有的稱號，有的稱官名，還有其他不同的稱呼。實際上不僅古代如此，如我們讀宋代的理學，每一理學家有幾個名字的，如程顥，字伯淳，號明道，至少有三個稱呼。又如朱熹，字晦庵，號考亭；陸九淵，字子靜，號象山，每個人都有好幾個名稱。而中國人的名號，又都在訓詁上配合起來，如三國時諸葛亮，字孔明；魯肅，字子敬，名字相配，這習慣就從春秋時代起了。清代就有人專門研究春秋時代人的名號，從這裡有很多的訓詁問題可以發現。尤其是當時各國的賢卿大夫，他們的言論、行事，都值得我們研究。

下面再講大家知道的春秋時代《左傳》裡所記載的軍事。如晉楚兩國三次大戰爭、城濮之戰、邲之戰、鄢陵之戰，又如晉和齊的鞍之戰，還有其他各種的大小戰爭，《左傳》裡記載戰爭的文章都寫得好，在軍事學上也有極大考究。又如講到當時各國的外交辭令，《左傳》裡記下的也都是了不得，常為後人傳誦。

再講到當時的各種禮俗、信仰，有關社會史方面的，也都重要。清代有一學者汪中（容甫），他有一本文集《述學》，裡面有一篇講到春秋時代種種禮俗，如他們講的天道、鬼神、災祥（災異同祥瑞）、卜筮、夢、其他，都是極有趣而且亦有參考之用。汪容甫根據《左傳》，說這些都是當時的實際情形，可見當時的社會風氣。到了戰國以後，中國社會大變，這許多所謂天道、鬼神、災祥、卜筮、夢等大批在《左傳》裡很多的記載，而戰國以後便慢慢少了，也可說是中國歷史文化上一大變遷，大進步。也可說是春秋當時中國社會的一個特殊形態，中國人心理上一些特殊信仰。

此外，我們還可以講到春秋時代的一切食貨經濟、工商業情形。

其次，《左傳》裡又講到許多蠻夷戎狄，後人所謂的四裔。諸位當知，研究任何一代的歷史，都有這幾個項目，如天文，如地理，如家族氏姓，如制度，如人物，如軍事，如外交，如食貨經濟、社會禮俗，又如中國和四裔的關係等，這是歷史的一個大體段，而《左傳》都有了。所以《左傳》已經是中國一部很像樣的歷史。諸位倘使要研究這許多問題，清初有顧棟高寫一書，名《春秋大事表》，這是指的春秋時代，所根據的就是《左傳》的內容，他分門別類地各為製成一張一張的表，而加以敘述。這書極偉大，我們正可根據他的方法，來寫《宋代大事表》、《明代大事表》等。顧棟高是花了一輩子工夫在這兩百四十年的事情上的。

我今試問諸位，哪個人可能隨便來偽造一部《左傳》？他將如何般來憑空偽造？又偽造了有什麼作用？所以我說：《左傳》是中國最先第一部最詳密的編年史。專講歷史價值，孔子《春秋》，可說還遠在《左傳》之下。若我們要研究春秋時代的歷史，而我們專來研究孔子《春秋》，將使我們根本不清楚，所能曉得的將很簡單，所以我們一定要讀《左傳》。但如此講來，孔子《春秋》又有什麼價值啊？這已在上一堂講過。但上一堂所講，和此一堂所講，並不相衝突。我們此刻說，除非是一大史學家，將不能編出一部《左傳》，而《左傳》也確實是一部偉大的史學書。我認為我們要研究古代的中國史，我們便該拿這部《左傳》做我們研究的一個基準。即由此上來建立我們一個基本的標準的看法。

我們研究歷史，要懂得一個看法。我們研究中國古代史，五帝、堯舜、夏商周三代一路下來，我們該怎樣去看？我說：我們該先研究《左傳》。因《左傳》講的詳細。如諸位研究〈西周書〉，這裡周公講幾句，那裡召公講幾句，太簡單了，再往上去更簡單，我們把握不住，無法研究。而《左傳》是一部極精詳極完備的記載，我們能把這兩百四十年認識了，根據這認識往上推，我們便可研究中國古代史。

如我講今文《尚書》也有假的，〈堯典〉是假的，〈禹貢〉是假的，為何如此判斷？只要讀《左傳》，把《左傳》裡各國的政府組織，官制等都弄清楚，那麼怎能在兩千年前的中國早有了這樣進步的舜的時代的政府組織呢？為什麼四千年前中國政府高明到這樣，在什麼時候又退步墮落下來，到春秋時代又是這個樣子的呢？我們應有一講法，即是說這〈堯典〉裡講的靠不住，〈堯典〉是戰國人的偽書。又如講〈禹貢〉，我們看過全部《左傳》裡的地理，怎麼那時人沒有〈禹貢〉九州觀念呢？我們便可判〈禹貢〉是偽書。

又如我們今天講，春秋時代是一個封建社會，這話便有些不通。諸位讀西洋史，他們的中古時期封建社會有沒有國家組織呢？那時還沒有像法國、英國等現代國家，但我們春秋時代有晉、齊、秦、楚，許多國家了。西洋史上要封建社會過了才有現代國家興起，然而西洋的現代國家，直到今天，英國還是英國，法國還是法國，沒有更在其上的一個統一政府。西洋史上的統一政府，乃在封建社會以前的羅馬帝國。可是中國便不同。春秋時代已經有了很高明的國際公法，又有一個周天子在上面，那麼我們怎可說春秋時代是個封建社會呢？所以我只講中國古代是有封建政治，而並非封建社會。西方人的封建社會，是在無政府狀態下的東西，和我們完全不同。我此刻這樣講，諸位不要認為很簡單，在此六十年來，似乎只我一人這樣講，在我認為講得很清楚明白，只為我讀了一部《左傳》，《左傳》是我討論古史一個基準的觀點。

我再舉一書，諸位都知有郭沫若，他寫一書名《中國古代社會研究》，他根據《易經》，根據龜甲文，說中國那時還是一個漁獵社會，正從漁獵社會漸進到畜牧社會去。在龜甲文裡，一次打獵捉到多少豬或多少羊，所以說那時主要生活還是在漁獵時代。但這話也有些講不通。社會從漁獵進化到畜牧，再從畜牧進化到耕稼，進化到有大貴族，有許多像樣的諸侯，有中央統一政府，那不是簡單一回事。請問中國人什麼時候纔一下子一跳，而進步到《左傳》這個時代的呢？我們一方面要講中國人不進步，一方面卻把中國人的進步又看得太易太快，出乎這個世界人類歷史演進的常軌之外了。諸位儘看他引了許多龜甲文，許多《易經》上的話，看他有證有據，但拿一部《左傳》來一看，就知雙方不能相通。因此我們要研究中國古史，應該把《左傳》做一個我們對歷史的基本知識，即一個標準的看法。從此推到上邊去，可以不會大錯。

再講到下面，我可以告訴諸位，諸位定該研究一下古代史，才能懂得下面的歷史。古代史也可把來作研究下面歷史的一個基準觀點。我們此刻研究秦漢以後，也多有看錯的，毛病在哪裡？因為在上面沒有弄清楚。要弄清楚上面，最好還是讀《左傳》。我們要研究古史，研究西周，研究商和夏，先要有個準備工作，有一個靠得住的基礎和標準，那麼一定要看《左傳》。諸位要讀二十四史，通常我們說，先讀《史記》、《漢書》，或者再加上《後漢書》、《三國志》，合稱四史，先把四史熟了，下邊有辦法。但《左傳》又是讀四史之基準。諸位莫說我要研究宋史，先去讀《左傳》

有什麼用？但研究宋史也要有個基準，從上向下。如諸位要進我這個客廳來聽課，定要從大門進來，不能說這和我不相干。我們今天的錯誤，在我們先沒有一個做學問的基準或說立腳點。

此下我繼續提出兩書，一是《國語》，一是《國策》。前人多謂《國語》和《左傳》同出左丘明，故《左傳》稱「內傳」，《國語》稱「外傳」，此說殊不可信。《國語》分國記載，如後代《十六國春秋》之類，和《左傳》編年體裁不同，故讀《國語》亦應分國來讀。如〈魯語〉和〈齊語〉不同，大抵鄒魯儒生多拘謹保守，故多經生儒家言。而〈齊語〉則如《孟子》所說：「子誠齊人也，知管仲、晏子而已矣。」今〈齊語〉只講管仲，與《管子》書裡材料相通。〈晉語〉則出三晉之士，韓、趙、魏三家，比較上重功利法制與縱橫思想。最早當淵源於子夏，後來演變出吳起。當然不能說子夏便是法家縱橫家之祖，可是三晉雖則多產法家縱橫家，而論其最先原始，則起於儒家。那裡的儒家所講，則比較更近於史學。亦可說孔子的七十弟子後學在鄒魯本鄉的，還都是儒家傳統，而他們慢慢的傳到三晉，就漸變為功利法制，乃至縱橫這幾派。其時如宋國，又和其他國家不同。宋是商代之後，春秋時有一個宋襄公，想把講仁義來霸諸侯，被楚國打敗。後來又有一個向戌，召開弭兵大會，來求當時的全世界大和平。那些都是宋國人攪的花樣。更後來有墨子，他亦應是商代之後，他思想亦較特別。古人說：商尚鬼，商代人是帶有一種宗教迷信的。《墨子》書裡便有〈天志〉、〈明鬼〉諸篇，不脫商代人色彩。孔子之偉大，正因他是商代之後而到了魯國，周尚文，孔子崇拜周公，遂集古代商周兩代大成而又上通之於虞夏。還有楚國，和北方諸夏又稍不同。天文學在楚國很盛，中國古代天文學上用的名詞都很特別，我懷疑它和楚國有關係。特別如《楚辭》，其中如屈原的〈離騷〉、〈天問〉，那裡講的中國古史非常多，他們又是一套。恰如我們講現代歐洲，義大利人同英國人不同，英國人同法國人不同，法國人同德國、奧國人又不同。地域不同，傳統不同。中國在春秋時代也有很多的不同。諸位讀《國語》，讀〈魯語〉就多儒家言，〈齊語〉就只講管仲，多法家言，〈晉語〉更較近讀歷史，〈楚語〉又是另外一種。在《國語》裡有一篇〈鄭語〉，其實這一篇〈鄭語〉只就是從〈楚語〉中分出來。又如〈吳語〉、〈越語〉，〈吳語〉也只是從〈越語〉中分出，只講范蠡、文種，講的是權謀權術，這些在春秋時代還沒有，是後來新興的，而把來假託在范蠡身上。倘使我們這樣來看《國語》，便知《國語》材料也並非不可靠，但決不是說編《左傳》餘下來的材料便成《國語》。《國語》應是由另一人來編集，這些材料也是從各國來，但未能像《左傳》這樣彙在一塊而把來融鑄了。而且這些材料，時代先後各有不同，像〈魯語〉，便多是後起儒家藉著古代某人某事，添油添醬，潤飾成篇。如此之例，《左傳》中也有。在《左傳》中的記事部分，決非偽造，但《左傳》中記言部分，便有些不可靠。若我們要取材《左傳》來寫一部春秋時代人之思想史，那在運用材料上，便得小心。〈齊語〉中的管子，則決非春秋時代之真管子。而〈晉語〉則比較是記事部分多，或許會有更早於《左傳》中的材料也不可知。

我們隨著講到《國策》，《國策》裡有大部分材料盡是縱橫家之言，都出三晉之士。然而《國策》中如〈魏策〉、〈趙策〉等，有一部分材料卻很近《國語》中的〈晉語〉。可見當時歷史材料三晉為多，有很可信的，也有很不可信的，那便是縱橫家言了。

我在《先秦諸子繫年》裡講《左傳》，就連帶講到《國語》，主要把《國語》分國看，認為《國語》這書是雜拼的，只把很多材料拼在一起。有的材料早，有的材料遲。齊國人的話，魯國人的話，晉國人的話，楚國人的話，越國人的話，都不相同。再把這看法來看《國策》，近乎《國語》的是一部分，三晉縱橫之士的說話又是一部分。講到這裡，我要提出一個極大的問題，就是中國古代人對歷史記載有一個很特別的地方，就是所謂「記言」、「記事」之分。諸位都說歷史是記事的，但中國古人看重歷史，不僅看重其事，還更看重講話。從前人認為《尚書》是記言的，如誓、誥、謨、訓，不都是講話嗎？我第一次講《尚書》，提出〈召誥〉篇，那就是召公同人講話。《國語》、《國策》裡很多只是講話，一段一段保留在那裡，就是歷史。而《左傳》中主要的，乃是兩百四十年的事情放在那裡，便顯然見得一是記言，一是記事了。

我們再進一步講，固沒有在事情中沒有講話，也沒有講話而不牽涉到事情的，這裡我們不能太嚴格的分。我在〈西周書文體辨〉裡，就說講話裡必兼記事，而《左傳》亦在記事裡就連帶記著很多的「言」。我們只能說中國古代言與事並重，說話同行事一樣看重，但並不能說中國古代人把講話同行事分別開，如說「左史記言，右史記事」，這話恐有些靠不住。又如說：「動則左史書之，言則右史書之。」一個天子的行動，由左史寫下來，他的講話，由右史寫下來，此和說左史記言，右史記事，恰相反對。又且在古書裡可找到許多史官名，而並無所謂左史與右史的分別。所以我疑心這些話靠不住。可是中國古代人對於歷史既看重事情又看重講話，那是一定的。

現在我們再講到記言，這個「言」字也和我們現在人所講「思想」有一些不同。當然講話都由思想來，可是說中國歷史裡看重講話，不能便說是看重思想。思想二字乃是我們的現代觀念，而且我們今天所講的思想，也和西方人講「哲學」有不同。我曾寫了一本《中國思想史》，但並沒有稱它為「中國哲學史」。言和思想和哲學，這三者均是稍有不同。言和事緊密相連，但並不即是思想。思想可和事分開，但並不即是哲學。哲學乃是思想之有特殊結構的。如縱橫家言，我們最多只能說那時有一套縱橫思想，但並不能說那時有一套縱橫家的哲學。

從另一方面講，言一定是思想，哲學也一定是思想。我們可以這樣說，隨便的說話就是言，這些說話用特殊的某一種的說法來說，就變成了哲學。這不是說話不同，而是思想方法之不同。思想一定要成一個體系，非如胡思亂想。但這個體系，又可分兩種。一種是生命體，一種是機械體。怎叫生命體呢？如盆裡這一枝花，這是有生命的。怎叫機械體呢？如這張桌子，它是一個機械體。我們思想的發展，都應有一個生命。思想發展就有許多話，話多了，遂成為一個結構，而那結構太固定性了，便好像機械似的，那就成為了一套哲學。中國人思想偏近生命性的，它的發展仍只應稱之曰「言」。如孔子講話，自然從他的思想來，但我們今天每有人說孔子的思想沒有組織，不成為一套哲學。組織也只是一套結構，但結構得太嚴密，或說是太形式化了，便成為機械化，便會減少或損失了它的生命性。孔子以前有一位叔孫豹，他講人有立德、立功、立言三不朽。暫不講立德。立功、立言不就是言與事並重嗎？叔孫豹那句話，兩千五百年到今天，我們中國人還在這樣講，這不是他的立言不朽嗎？但這只是一句話，並不成一套哲學。西方一位哲學家講話，他往往不是在講一句話，而往往是在寫一本書。有組織，有結構，講到最後，自成一套理論。中國人的理論，往往脫口而出，只是說話。沒有系統，沒有組織，一個人在那裡平白出口講，不成哲學，可是它確是一番思想啊！雖然由他一個人隨口講，竟可跑到我們全世界人的心裡，大家認為對，那就是立言。

又如說馬克斯，他著的《資本論》，若說資本家怎樣賺錢，論到資本的利潤，說這是剝削勞工階級，這是馬克斯住在倫敦天天看報與訪問調查各個新興廠家，有根有據，才提出這些話，這些話確是對，但在中國人簡單一句話就講明白了，這稱做「為富不仁」。要賺錢發財，總是有點不很仁道。在我們只是一句話，在馬克斯則成了一套哲學。若馬克斯這套哲學只講到這裡，那麼今天就會有人駁他，說今天如美國人工資這樣高，而且一個大資本家的廠公開發賣股票，工人也可買，賺來的錢還要抽很高的所得稅，所以美國人今天已不能叫做資本主義的社會，已經是共產主義的社會了，可是這句話最多只能駁馬克斯，不能駁中國人為富不仁的話，資本主義還是為富不仁。這且不講。馬克斯因要講經濟利潤，慢慢講到階級鬥爭，再講上去，講歷史哲學，講唯物史觀，講存在決定意識，這就成了一套哲學，這一套哲學可就害人不淺。但他的《資本論》，千門萬戶有一個大的結構，急切要駁倒它，便不易。他的一套哲學，已成了一套機械。中國人一句話脫口而出就是一句話，可是這句話也可顛撲不破，此所謂立言。故我們中國人的思想是生命性的，這句話就是一個思想之菁華，像一棵樹從根慢慢長出枝，開花結果，有生命。西方人的一句話，往往成為思想的一塊化石。如馬克斯說：「存在決定意識。」你要問這句話怎麼來，他便原原本本有一套哲學慢慢兒地同你講，可是這句話實際上是死的！而中國人一句話，總要求其是活的。如孔子講仁，今天我們都要學西洋人講哲學的方法，來講孔子的「仁」。那麼如《論語》裡孔子說「剛毅木訥近仁」，這話意義無窮，可是當下則只是一句話。又如說「仁者其言也訒」，或者說「仁者先難而後獲」，如此之類，若我們把《論語》裡孔子論仁，依照西洋人的哲學來重作一篇文章，加以組織，成為結構，這些話怕會一句都用不上，或者說這些話都變成不重要的了。我們要知中國人所謂的「言」，不能以看西方人哲學的眼光來看。我們今天要把西方人的哲學來發揮中國人的

「言」，而不悟這裡有一個不同。如叔孫豹立德、立功、立言三不朽，這話就不朽了。但若講哲學，這話便成無頭無尾，沒有結構，沒有系統，沒有組織。照西方人的哲學著作，也有許多是多餘的，講了一本書，最後也只是一句話。你說「存在決定意識」，我說不對，也就完了。讀中國史，不便要兼通哲學，但中國史裡言事並重，如縱橫家言，也是一套話，卻又不能說它是立言不朽。可見治中國學問，還是有中國的一套，不能不另有講究。

現在說中國史學有記言、記事兩條大路。像《國語》、《國策》都是記言的，遠從《尚書》一路下來。但到孔子時代，記言又走了另外一條路，那就是百家言。孔子、孟子、荀子是儒家，老子、莊子是道家，各自著書。如《論語》、《老子》等書，發展成另一條大路，中國人叫它做「子書」。中國人從經學裡發展出史學，我們已經講過，《尚書》、《春秋》便都在經學裡的。但史學又發展出了一套子學，子學則只是記「言」的，從其所言，可來研究他們的思想。我們要研究中國思想，從周公開始，周公以前則難講了。近則從春秋開始，如看一部《左傳》，它裡面所載賢卿大夫種種講話，不曉得有多少，但此許多講話，有可信，有不可信。有價值的，有無價值的。要講史學，便又該講到《孟子》所謂的知言之學。又當知一書有一書之體制，中國書有中國書的體制。

今天諸位讀書，主要在找材料。但如諸位講中國思想，儘向《論語》、《孟子》、《老子》、《莊子》書中找材料，卻不找到《左傳》，認為《左傳》是一部歷史書。不知《左傳》裡就有很多偉大思想在其內。我寫《中國思想史》，從《左傳》裡就舉出兩人，一是子產，一是叔孫豹。叔孫豹講三不朽，這時孔子已經三歲。子產在《左傳》裡有一段話講鬼神，講得非常有意義，那時孔子已經十七歲。又過了十四年，子產又講「天道遠，人道邇」，這一句話只六個字，似乎不成一套哲學，可是孔子《論語》就是講人道不講天道，根據子產這句話的思想發展而來。我講中國思想，在春秋時代舉出兩人，都在孔子已生以後，孔子怎會不受他們影響？可是今天，把這部《左傳》擱在一旁不理了，便會使古代史無法講，而下邊歷史也都無法講。講中國思想，講來講去，從老子開始呢？還是從孔子開始？只講諸子、講經史，把中國史從腰切斷了。若我們把此兩百四十年春秋時代人的思想，見在《左傳》裡的，再接上《尚書》裡的思想，便如偽古文《尚書》裡也還有很多材料。這些中國古代思想，怕會花去諸位一輩子工夫去研究。所以我說《左傳》是一部研究中國古史的基準觀點所在。我前面講《左傳》舉了十項大事，而思想一項沒有舉在裡面。

現在我再講一件，如孔子說：「必也正名乎！……名不正，則言不順；言不順，則事不成；……君子名之必可言也，言之必可行也。」這可見中國人看重講話看得非常重要。近人都看不起孔子的正名主義，罵孔子「君君、臣臣、父父、子子」是一套封建思想，但孔子所謂必也正名，是說每一句話中總有一個名，名不正了，就言不順，言不順的該無法做成事。中國史學，言與事並重，這是中國人的一套歷史哲學，所謂「君子名之必可言，言之必可行」，如近人好言和平，而不重正義，這便是言之不可行了。

中國人看重《左傳》，不看重《國語》、《國策》，正因為《左傳》裡有許多賢卿大夫之言，不能和《國語．晉語》裡所載有許多後代迂儒之偽言，乃至如《國策》裡的許多縱橫家言，儘有要不得，乃至不值重視的。若諸位沒有知言工夫，只把中國歷史當作記事一邊去看，便失掉了中國史學中重要的一部分。

史　記（上）

我們講過了《尚書》、《春秋》、三傳，附帶提到《國語》、《國策》，差不多秦以前主要史籍，都簡單地講了。秦以後，漢代有司馬遷的《史記》，為中國第一部「正史」，一路下來，就有二十五史，直到清末。以後我們是不知，但這秦漢以來二千年就是一部《史記》作標準。此刻我們講歷史，每把秦以前和秦以後分成兩個很顯然的段落。秦以前唐虞夏商周三代，可以稱作「上古史」。秦以後，倘使我們學西方名稱亦可叫作「中古史」。現在我們上古段落已經講完，接下要講中古。我想我們該再回頭來重看一下，此是做學問一很重要方法。像走路，不能兩眼只看著腳下一步步往前，走到某一階段，該要抬起頭看看四面。又像爬山，不能一路往上爬，總要爬一段回頭來四面望一下。特別跑到山頂，當然不看腳下，要看四面。上了一峰又一峰，每上一峰必該一望，這是必然的。諸位讀一部書，不能一條條盡作材料看，要懂得綜看此一部書，又該懂得合看此諸部書，有一番登高遠矚的景象。

從〈西周書〉到《戰國策》，古代史籍，我們都該通讀一下。現在要講漢代，該回頭來淩空一望，我們該望到那沒有書沒有字的地方去。諸位不要認為〈西周書〉、《春秋》、三傳、《國語》、《國策》都講過，此外便是不很重要，該聽漢代了。等於跑上一峰，又跑一峰，兩眼儘在腳下，這等於沒有上。現在古代已完，可說是中國上古的史學、或說是中國上古的幾部史學名著，都在眼了！我們該要自己放開眼睛來一看。看些什麼呢？此諸書是都看完了，正如兩腳著地跑，已上了巔峰，現在該要一番掩卷、深思，這是做學問千萬要記得的一個習慣，或說一番工夫。能學到這一點，做學問一項很大法門已開在這裡了。

如何深思呢？這該我們自己發問，所以叫「學問」。讀書就是學，到了發問，是第二階段。無師可問，則且各自問自己。故說做學問要「會疑」。「會」者「能」疑，我們要能疑、懂得疑。現在只說「懷疑」，要你不信，常懷著疑，如此又哪肯拼命讀書呀！讀了書要會疑，不是要不信，光懷疑了，又何必去讀？「會疑」是要懂得疑。疑了自會發問。

我今告訴諸位，中國有一部司馬遷的《史記》，到現在已兩千年，但在司馬遷《史記》以前，從《尚書》、《春秋》、三傳、《國語》、《國策》到司馬遷也有一千年，西周到現在已有三千年的歷史，〈西周書〉以前還有唐、虞、夏、商，還有上面的，最少說也該兩千年，或還不止。諸位聽了這幾次講，自己心裡該來一問題，為什麼中國文化和中國歷史要到西周初年才有史學，才有《尚書》？這問題沒有書本詳講過，可是我們心裡應該有疑。好像我們到了這山望前山，前山那面又是什麼？我們應該問：為何有了《尚書》，隔了五百年又有孔子的《春秋》？為何又隔了五百年有司馬遷太史公的《史記》呢？這裡至少是一番中國史學之演進。中國歷史到了西周初年才有〈西周書〉，到春秋末年才有孔子《春秋》，要到漢初七十年代才有司馬遷之《史記》。

倘使照我上面講，〈西周書〉重要的在周公，《春秋》背後當然是孔子，中國人尊經，但為什麼後起的史學，不尊《尚書》，不尊《春秋》，不尊周公、孔子，而尊司馬遷的《史記》呢？為什麼《尚書》、《春秋》都不為正史，此下的正史只是跟著司馬遷《史記》這個系統呢？這問題值得研究。但實不是一個很重要的問題。

諸位都說中國人只懂得尊孔子、尊六經，但寫史便尊司馬遷，寫文章又有屈原〈離騷〉一路到漢賦、《文選》，這些都不關孔子，這些也都是問題。而這些問題則在書本之外，是憑空的，要得讀書的人自己懂得發問，卻不一定能找到答案。問題不能不有，答案不一定能有。

諸位且莫要急功近利，有了一個疑問便立刻要一個答案，這是一種功利主義，急著要成果。今且不要著急，問題不能立刻就解決，倘使拿不到結果，那些問題就不發生，如此一來，則成為「淺見薄識」，便是不會疑，更不會深一層疑，就沒有大見解。見識則必求深厚，深厚始成重要，要在自己能問。好學深思，使此問題「存在」，存在於自己腦子裡。

諸位倘學科學，科學上很多大發現，便都從一個小問題上慢慢地花了一輩子乃至幾輩子工夫來解答這一個問題。如蘋果為什麼不往天上掉，往地下落？當然立刻無法回答，書本上也沒有回答，而此問題發生了，亦終於解答了。到今天，在很多科學家的腦子裡，總存有很多很多問題，無答案，慢慢兒在那裡研究。大答案研究不出，先研究小答案。大問題擱在一旁，在大問題中再舉出幾個小問題。如說：我們人為什麼要老？這在醫學上也是一大問題，不曉得有多少科學家在從各方面研究，但至今沒有確切答案。諸位做學問，要有像此一般的精神，或者可說這即是做學問者之生命所在。要有問題而不急求答案，書能一本本一部部地讀，埋頭讀。有《尚書》、讀《尚書》，有《春秋》、讀《春秋》，有《左傳》、讀《左傳》，現下又有《史記》，我便讀《史記》。埋著頭跑向前，但跑到一地方，該要放開眼睛四邊看，學了要懂得問。所謂的「高瞻遠矚」，又說是「博覽綜觀」，要綜合起來，向高遠處看。如我剛才所講，中國人有了歷史文化兩千年，才有周公的《西周書》。再進五百年，才有孔子《春秋》。再進五百年，才有司馬遷《史記》。再進兩千年到今天，當然下面的問題不再是《史記》了！但又是怎麼呢？

這問題我曾問過章太炎先生，我說：現在是二十五史，下邊該怎樣？他沒有能回答我。此一問題，我仍留在腦子裡。諸位千萬不要當我是在空談，諸位要學史學，便該學到這個地方去。我不教諸位做學問的方法要憑空瞎想，或胡思亂想，只是講過了這幾堂課，便該總結起來說，中國有歷史以來兩千年有周公的《尚書》，中間又經過五百年而有孔子《春秋》，又經過一千年而有太史公《史記》，太史公《史記》到今兩千年，這些話千真萬確，沒有一個字落虛，但「為什麼？」那是一大問題。下邊我們該怎樣？又是一大問題。諸位做學問能到這地方，諸位胸襟自寬，抱負自大，但包袱也就重了。雖有個遠大前途在你前面，但也不一定達得到。這樣一來，至少使你做學問可以不厭不倦。

我且說《尚書》、《春秋》（《左傳》也在裡邊）、《史記》，這是中國史書中三個階段，也是三種體裁。如做一件袍子，或條褲子，怎麼裁？諸位現在只知要材料，要的是布，但有了布應要懂得剪裁。這便是創造，或說是製作。袍子、馬褂、短衫、褲子，各從其便。《尚書》、《春秋》、《左傳》和《史記》，雖然都是寫的歷史，而其體裁各不同，此層前人都講過。《尚書》是記事的，《左傳》是編年的，而《史記》是傳人的，中國歷史體裁不外此三種：事情、年代、人物分別為主。一切歷史總逃不過此三項。《尚書》是一件一件事的寫，寫出就是一篇篇的《尚書》。《春秋》與《左傳》是一年年地記載，而太史公《史記》，就一人一人地寫下。這裡卻有一個要特別提出的，我已在上一堂講過，即是中國人事中兼有話，講話也看在事之中。其實講話當然也是一件事，如我今天上課，即是一件事。但此事特別重要的在講，講這一堂課，就是一件事。在中國古人有記言記事之分，但不能拘泥看。如我今天講這句話，諸位回去記下，某月某日某先生講此，這是記言，同時亦即是記事。《尚書》中詔、誥、命、謨，言中均有事，事中均有言。如《左傳》記叔孫豹講三不朽，鄭子產講鬼神，何時向何人所講，是事。然而像此兩番講話，實與事無關。既不是外交，也不是軍事，更不是法律，又不是政治和經濟，什麼都不是。那只是記言，記他講過了這樣一番話。而在中國歷史裡，記言的地位和份量很重，可能超於記事份量之上。

為何中國人更看重記言？那得重新討論。諸位當知，事有輕重大小，寫歷史者不能拿一切事都記下，便只有選擇。如新聞記者訪問一事，十位記者訪問同一件事記下，可能十篇文字各不同，此因選擇不同。如我今天這番話，諸位每人寫一篇報告，也可寫來都不同。或你看重在此，他看重在彼，仍是選擇不同。如擴大寫一篇聽某人講中國上古史學名著，諸位把今天以前聽過的各記一篇，這將是不同更大。你所聽經你選擇，此外的忘了。有的沒有忘，認為不重要也不記下。可見本領在挑選。如寫《中國開國六十年紀》，各人一篇，限五萬到十萬字，寫來還是各不同。亦有人根本不能寫歷史。寫史須有見識、有選擇、有組織，不能老是要參考材料。六十年的大事，只把許多材料湊配，寫史者自己卻變成了工具。做學問該以自己為主，做那使用材料的人，不是為材料所用的一個工具。

我們要問，周公當時為何會有一部〈西周書〉？諸位把〈西周書〉十幾篇文章都看過，便見那裡記言重於記事，這至少有周公的選擇。諸位當知，在周公時，中國古人本沒有所謂歷史、史學的觀點，連周公腦子裡也還沒有。直到司馬遷時，還沒有所謂史學。不僅如此，在周公時也沒有所謂經學。孔子作《春秋》，孔子腦子裡也何嘗有所謂經學，更不論史學。後來人崇重他的《春秋》，奉之為六經之一，但孔子《春秋》卻是中國第一部編年史，變成史學了，但在孔子腦子裡也沒有如我們所謂「編年史」三字。但又為何寫出了一部編年史，寫出了在他腦子裡所沒有的東西來？在周公腦子裡，也沒有所謂記言、記事的分別，但卻編出一部〈西周書〉。諸位當知，學貴創作，如是才是真創作。我們強說要學創作卻只是假創作。要別人給我一題來找材料，這怎麼能創作？創作既有真假，也有高級與低級。講到這裡，我們就該懂得做學問用心之所在，來怎樣用我們自己的心。書大家會看，文章大家會寫，材料大家會用，但這裡有一甚深妙義，則在各人的心。當時周公如何般用心？周公久已死了，也更沒有人來講這些，我今提出此問題，說周公當時心裡怎麼樣？其實完全為的是政治，全是一套政治措施。古人謂之制禮作樂，這「制禮作樂」四字，諸位都知道，這是舊話，我們該以新義來翻譯舊話。諸位不能儘查書說禮是什麼，樂是什麼，禮樂只是當時周公拿來治國平天下的一套政治措施。在這一套政治措施的背後，便有周公的一套政治思想和理論。

講到此處，諸位當知，中國歷史演進和西方有不同。諸位讀希臘史，柏拉圖、亞里斯多德都有他們一套政治思想寫在書上，但他們沒有在政治上做事。周公是中國一位大政治家，難道他沒有一套政治思想嗎？然而沒有著作，沒有一部周公的政治理論的書。諸位假使能看〈西周書〉來寫一篇周公的政治思想和理論，這不是個大題目嗎？要講中國政治思想史，先從周公寫起，把〈西周書〉做材料。如我上一堂所舉，周公只講文王不講武王，武王明是用兵得了天下，為什麼周公反而不講他？這裡便見周公在政治上看重「文治」，不看重「武功」，重「德」更重過「事」。周公制禮，主要在祭文王。因文王有功德，而文王這些功德，則寫在《詩經・大雅・文王》之什裡，這就又接上了歷史。周公講了文王，還要講上去，講后稷、公劉，那麼周代一路下來的歷史在《詩經》裡全有了。孔子懂得周公，《論語》中稱文王也比武王偉大。中國人此一套精神直傳到今天，為西方人所不懂。經濟、武力，群相講究，像周文王便打不進近代人心裡去。

今再問：周公為何把此許多事都寫在《詩》裡，而不寫在《書》裡呢？我上面已講過，周代的歷史不僅在《書》，還在《詩》。這裡卻有一個比較小的新問題，即是文學與史學的問題。而且在古代，似乎運用韻文還比運用散文來得較省力，《詩經》比《尚書》反易讀。「關關雎鳩，在河之洲。窈窕淑女，君子好逑」，大家會讀。只十幾個字，一講通便能讀，而《尚書》就難。為何韻文易讀，散文難讀，只是散文運用難，韻文運用易。

這裡我試牽涉出去講得遠一點。正因中國是象形文字，西方是拼音文字，拼音文字只就拿字拼出他們的講話來。本來西方如埃及，文字開始也是象形，但後來這條路走不通，只能改成拼音了。在地中海周圍做生意人，相互講話，只用文字拼音，而中國人能從象形文字跳出，有象意、象事、象聲、轉注、假借共六書。這樣一來，中國文字就變成全世界唯一的一種文字，可同口語脫離。把文字上的話同口裡的話脫離，好讓兩條路進行。當然這兩條路還是有關係，還是時常糾合在一起，但我們還可以說它分著兩路進行。若單就一面講，在同一時代裡，《詩經》中韻文流利反而勝過了《書經》中之散文艱澀。中國古代散文，直從龜甲文到鐘鼎文，《尚書》裡的字法句法，一路而下，要到孔子《春秋》，才是中國散文字法句法上一個大進步，試舉一諸位易懂之例：如《春秋》用「崩」、「薨」、「卒」、「死」這四字，其實只一「死」字就得，但天子死稱「崩」，諸侯死稱「薨」，卿大夫死稱「卒」，而庶人之死才稱「死」，孔子《春秋》裡便把這「崩」、「薨」、「卒」、「死」四字分清楚。因此《春秋》不書死，因庶人死了跑不進歷史。孔子之死也稱「卒」，因孔子也是魯國的大夫。今試問孔子為何牢守此分別？我們便稱之為封建頭腦，這是今人對古人硬下批評，這中間本無學問可講，至少做學問不該先罵人。《孟子》明明說：「其文則史。」孔子《春秋》裡的文字，大體根據周史官，則天子稱「崩」，諸侯稱「薨」，那是遠有來歷的，我想周宣王派出史官就有這一套，而這一套也就是周公制禮作樂裡的一番禮。它自有階級觀，這是當時政治上的東西。而這「崩」、「薨」、「卒」、「死」四字，便成為當時的一種「官用話」。至於死了就叫「死」，這是民間話。如孔子在《論語》裡說：「予死於道路乎？」用的是「死」字，並沒有用「卒」字。又如說：「顏淵死，子哭之慟。」也沒有叫「顏淵卒」。《莊子》說：「老聃死。」也只用「死」字。文字流用到民間，此在孔子以後事，而後「崩」、「薨」、「卒」這些字眼再不需用。又如《尚書・堯典》稱「涉方乃死」，只這一字，我便覺得《尚書・堯典》是後人作品，想必到了《論語》、《孟子》以後，大家只用一「死」字也用慣了，所以偽造〈堯典〉的作者也隨手用了死字，而孔子《春秋》則依然用了崩、薨、卒諸字，孟子似乎早知道我們今天會群起詬罵孔子，故早為之解釋曰：「其文則史。」但試問：只用崩、薨、卒諸字，又於事何補？所以又繼之曰：「其事則齊桓、晉文。」有些處，我們且莫先罵古人無知，該自責備自己讀書不細心纔是。

我再推想到一部《說文》中間有很多花樣還值得研究。如馬，可因顏色不同，而造字不同。有黑馬、有黃馬，便有各別的字。此可見中國古人把文字和語言分開。如說「驪」，諸位要問這是什麼顏色？驪馬和黃馬不同何在？我們只有查字典，查《說文》了。但到今可謂此驪字已廢不再用，這是一匹黃黑色的馬，拿口語來寫下便是。如此之類，《說文》裡有極多字現在都廢，用口語代替了。在沒有廢這些字以前，可知古人看了這字就懂得，可用一字來代替這一話，這樣的文字運用實還不夠進步，後來才又進步到多用口語而省去了異字。

今試再舉一例，此是《春秋》中最出名的例。有「隕石于宋五」與「六鷁退飛過宋都」這兩條。「石」同「鷁」是名詞，「隕」是動詞，「飛」是動詞，可是「隕」放在石前，「飛」放在鷁後。「五」、「六」是形容詞，但又稱石五六鷁，豈不很複雜？《公羊春秋》講此極好，它說：「隕石記聞，視之則石，察之則五。……六鷁退飛，記見也，視之則六，察之則鷁，徐而察之則退飛。」《穀梁》說：「先隕而後石，何也？隕而後石也。……後數，散辭也，耳治也。……六鷁退飛過宋都，先數，聚辭也，目治也。」這裡就顯見是《穀梁》後起，知道了《公羊》說法而改變其辭。簡單說，這只是文法問題。後代顧亭林《日知錄》據此取笑《公》、《穀》，認為行文造句自當如此，不值大驚小怪。但在後代散文文法進步以後固極簡單。在古代，孔子《春秋》以前，如此簡潔明淨的句法，實也少見。韓昌黎所謂文從字順各識職，《春秋》此兩條正可為例。《公》、《穀》縱是村學究，對此兩條用力發揮，說君子於物無所苟，石鷁猶且盡其辭，而況於人。正見當時人對文字文法上之欣賞，實足證明孔子《春秋》時代，散文有新的開始，文字的運用，文法的組織，都大見進步。西周時代這五百年中，正是中國散文文學一大進步的時代。若使周公當時早有孔子《春秋》時代般的文字文法，便也不會有像〈西周書〉艱澀文體之出現。

這些都是隨便講，我們是在講史學，但諸位若有人對文學有興趣，這也是個大題目，裡邊有很多東西可以研究。我不過舉一個例。若論材料，則很簡單，不多幾部書，一翻便完，但這裡大有文章。我們研究《說文》，研究龜甲，只跟前人走一條路，不開新路，總嫌太狹。如做菜，最先只懂放鹽，後來才懂放醬油、放油、放糖、放醋，還要放點辣，或許還要放牛奶，放別的，菜愈做愈好了，總不能單純一味。做學問也千萬不該做一味一色的學問。諸位儘說是專門，但一味總是太單調了，先把自己聰明阻塞了。我們定該把自己聰明活潑而廣大化，不要死限在一區域，一格局。

現在我再進一步講孔子《春秋》為什麼來一個編年史？剛才講的是為什麼周公來個〈西周書〉，我話並不曾講完，也不能儘在這上講，且由諸位慢慢去想。今要講孔子《春秋》為什麼來編年？今天諸位讀西洋史僅是記事，而記言在記事裡的份量又來得少，〈西周書〉專重記言已可異，《春秋》編年更值得當一個問題。近代科學大部分主要的方法在能觀察，觀察所得，要懂記錄，如天文氣象報告，雨量啊，風向啊，溫度啊，一切都得經過觀察與記錄。中國人對於人事上的觀察與記錄，從古就注意到，那就是「歷史」。中國人對於人事特別看重「本末常變」四個字。人事有本有末，又有常有變。能把一件事分著年記載下，一年中又分著時月日記載下，這才可以記載出這件事情演變的真象。前人如何做學問，也不易知，但有個簡單方法，便是讀他的年譜。他怎樣開始做學問？怎麼想到著作？又怎樣寫出？後來怎樣寫成的？一年一年看下，便可懂得。又如研究一人思想，也該讀年譜。如王陽明怎會發明良知之學？讀《陽明年譜》較易見。寫歷史能寫到編年史，那麼本末常變都在裡面。

如中國人八年抗戰，日本人打進中國，而止於無條件投降，此事並不簡單。要從蘆溝橋事變起一路看下，這八年中國人打得真辛苦，一路失敗到最後，始獲得了勝利。所以我們要懂一件事，定該把這事分開看。一人幾十年做學問，我們也要把它分成一段一段看。如我們來臺灣二十年了，下邊怎樣，我們不知。前面呢，該懂得講究。不能待我們反攻勝利了，再來寫臺灣二十年歷史，那多半將成假歷史，靠不住，最好是從初到臺灣就有人寫，直到最後，年年寫下，才是真歷史。我們今天不曉得明天事，且先把今天事寫下，不要到了明天再來追記今天，這裡就易出問題。事情的複雜性、變化性，定要從編年裡去看，才懂得這事之本末與常變。何況孔子《春秋》已經是列國紛爭的時代，所以這時的歷史有晉國的、有齊國的、有楚國的、有魯國的，更非編年不行。回顧周公時代只隔五百年，但變化相距已很遠。在周公時代寫史還不需要編年，而孔子時代寫史，則正貴有編年。

但為何又從孔子《春秋》變成了《史記》？太史公也不是忽發奇想心裡來一個直覺。他不照孔子編年，而分為一個一個人來寫，他這一套，正又是從孔子以下五百年中間慢慢兒造成出。這是時代演進，不是太史公的私心創造。在太史公以前，已經有一個來源遠遠在那裡。諸位且先想一想，怎麼從孔子編年到太史公列傳？有沒有些痕跡機緣，我們可以拿來講太史公《史記》的來歷？列傳體怎麼來？如此般的講，固然是講周公、講孔子、講司馬遷，然而也即是在講時代、講演進，看重它的一層又一層般地演進。

我雖極崇拜孔子，但並不是說今天我們只要學孔子。縱是學孔子，而我們此下儘不妨有一個新天地、新創造。我們的史學也不必定要學司馬遷，我們下邊的新歷史，也還有新創造。只要我們把上邊弄清楚，下邊就能來。上邊的弄不清楚，諸位說：這二十五史全已過了，現在該要新歷史了，但新歷史究在那裡呢？讓我說穿一句，諸位只想一意學西洋，但西洋這一套還比中國落後得多，而且西洋也有西洋的來歷，這非一言可盡，我今天且只講到這裡。

史記（中）

今天講司馬遷《史記》。《史記》是中國第一部所謂的「正史」，此下接著還有二十四史。在司馬遷當時，大家只知有經學、子學、文學這些觀念，而沒有史學的獨立觀念。所以《漢書・藝文志》裡，只有〈六藝略〉、〈諸子略〉、〈辭賦略〉，而司馬遷的《史記》則附在〈六藝略・春秋門〉。可見當時學術分類，史學還是包括在經學中，並未獨立成一門學問。但司馬遷卻能創造出第一部「正史」，為以後幾乎兩千年所沿用，這不是一個極值得注意討論的問題嗎？依照現在人講法，司馬遷《史記》可說是一個大創造。司馬遷如何能完成這創造，這是一個大問題。

上一堂講，中國歷史有三種體裁。一是重事的，一件一件事分別記下，像〈西周書〉。第二是注重年代的，每一事都按著年代先後來編排，這是孔子《春秋》。第三注重人物，歷史上一切動力發生在人，人是歷史的中心，歷史的主腦，這一觀念應說是從太史公《史記》開始。所以《史記》

是一種「列傳體」，一人一人分著立傳，就是以人物為中心。我那年在美國耶魯講中國史，曾說歷史應把人物作中心，沒有人怎麼會有歷史？歷史記載的是人事，人的事應以人為主，事為副，事情只是由人所表演出來的。有一位史學教授特地和我討論，他說：歷史應該以人物為中心，為主腦，這層很有意思。但這人沒有事情表現，便跑不上歷史。我說：在這上，乃是東西方學術上一很大不同之點。在中國歷史上，有很多並無事情上的表現而成為歷史上重要人物的。諸位試把此觀點去讀二十四史，這樣的人不知有多少。譬如《左傳》兩百四十二年，裡面就沒有顏淵，豈不因他沒有事情表現，就不上歷史。但顏淵這一人在歷史上有他不可磨滅的地位，東漢以下人就特別看重顏淵。宋明時代人講理學，也特別看重顏淵。怎能說顏淵不是一歷史人物呢？既是一歷史人物，就該上歷史。所以司馬遷以人物來作歷史中心，創為列傳體，那是中國史學上一極大創見。直到今天，西方人寫歷史，仍都像中國《尚書》的體裁，以事為主，忽略了人。今天我們寫歷史，也跟著西方化，如我寫的《國史大綱》，也就分年分事，而又以事為主。但此為求簡便則可。若進一層講，也可說西洋史學還停留在我們周公〈西周書〉的階段，還沒有一個大的著作能像孔子《春秋》，乃至於如《左傳》般一年一月這樣分著的，當然更沒有像《史記》之列傳體，這是史學上一極大問題。清代乾嘉時章實齋著《文史通義》，他講中國史學上盛行的是《左傳》與《史記》，分年分人，將來該發展《尚書》體，把事情作主要單位。那時西方新學還沒有來中國。道光以後，慢慢地來了，中國人讀他們的歷史，就覺得章學誠已先見到了，西方的史學就是這樣，所以特別在清末民初，大家認章學誠是中國史學一大師。但我們還得進一步講，這問題並不這樣簡單。在我看法，中國人從《尚書》演進到《春秋》、《左傳》，又演進到《史記》，這是中國史學上的大進步。並不能說中國的《春秋》、《左傳》到《史記》都不如西方把事情作中心的歷史體裁。這問題我雖今天只提起這樣一句話，不擬詳細講，但這話殊值諸位注意。

今天我要講的是司馬遷怎樣會創造出這一種新的歷史體裁，就是列傳體來？他怎樣會提出一個新觀點、新主張，把人物為歷史中心？諸位今天不是大家做學問總喜歡要能創造，能開新嗎？那麼太史公《史記》在史學著作上，他是一個極大的創造，開了一條極新的路，使得人都跟他這條路跑，繼續有二十五史到今天，請問司馬遷怎麼樣走上這條路？我們能不能在這裡用心研究一下呢？

諸位要知道，我已經講過，做學問要懂得發生問題，這就是所謂「會疑」。有了問題才要求解決。諸位不願意摹倣，要創造，那應先懂得別人怎樣創造的。這問題不是一凌空的問題。司馬遷怎會能創造出史學上的新體裁？我們上面已講過，〈西周書〉和周公有關係，《春秋》則是孔子所作，即是孔子的創造。孔子最佩服周公，然而他來寫歷史，卻是一個新創造。孔子為什麼來寫這部《春秋》？為什麼要來一個新創造？我亦曾根據《孟子》書裡的幾句話來發揮孔子作《春秋》

的大義。現在到了司馬遷，他作《史記》，他自己曾有一番詳細講法，在他《史記》的〈自序〉裡。諸位要懂得，讀一部書，先該注意讀這書的作者自序。這也就是一個新體。孔子《春秋》沒有序，序是後來新興的。如《莊子・天下》篇，敘述莊子為什麼要講這樣一套思想，作這樣一套學術，也就是《莊子》書的自序。但此序不是莊子自己所寫。又如《孟子》七篇，最後一段就等於是孟子的自序。所以〈太史公自序〉這一體例，在《孟子》、《莊子》書中已經有了。以後人寫序，不放在最後，而放到最前來，這不是一重要問題。那麼我們要讀一人的著作，最好應該注意先讀他的「序」，他自己說怎樣又為什麼來寫這一部書，應有一講法，這部書的價值就在這地方。有的序只短短幾句。如顧亭林《日知錄》、黃梨洲《明儒學案》開頭都有一篇序，都很重要。至於我們寫了書請人家來寫序，這又另當別論了。

今天我就根據《史記・太史公自序》來講《史記》，或許諸位已經讀過這序，但此文不易讀。最好是讀了〈太史公自序〉，便去讀《史記》，待讀了《史記》，再來讀〈自序〉，庶乎易於明白。當知讀一篇文章大不易。但只要能讀一篇，就能讀一切篇。這一篇不能讀，別篇也一樣不能讀。今天大家讀白話文，在學術上夠標準的著作不多，大家只是隨便翻，不懂得用心，都是一目十行地看過去，我們稱之曰「翻書」，又或說「查書」，所查又稱是參考書，沒有說「讀」書，這樣總不行。照〈太史公自序〉講，他們這個司馬氏家是「世典周史」的，他的祖宗就掌管周史，做歷史官。到了春秋時代，周惠王、襄王時，司馬氏跑到晉國，那時周朝已衰。到了晉國後，司馬氏一家又分散到魏國、趙國，又到秦國。司馬遷就生在黃河的西岸，陝西的龍門。他父親司馬談「學天官於唐都，受易於楊何，習道論於黃子」，他雖是一史官，也學天文、曆法、學《易》、學老莊。曾寫有一篇〈論六家要旨〉，討論戰國諸子各家大義，這文章寫得極好。他分別著戰國時六大家思想，各自長處在哪裡？短處在哪裡？他自然寫到儒家，當時的《易經》就算儒家了，但實際上《易經》就近於道家，所以司馬談的最後結論是佩服道家的。他在漢朝是做的太史令，但他不僅通經學，又通百家言，而推尊的是黃老。漢武帝去封禪泰山，司馬談同其他一般方士講封禪的意見不同，漢武帝就不要司馬談跟著去，司馬談就留在洛陽。他兒子司馬遷到外邊去遊歷，那時還很年輕，回來時，他父親在洛陽病了，就對司馬遷說：若使我死後你再做史官，不要忘了我所要討論的很多事，你須把它寫出來。所以我們說太史公寫《史記》是承他父親遺命，這些或許諸位都知道。而〈太史公自序〉裡講他父親的話，更重要的在下面，讀〈太史公自序〉的人或許會不注意。〈太史公自序〉又記他父親說：「天下稱頌周公，言其能論歌文武之德，宣周召之風，達太王王季之思慮，爰及公劉，以尊后稷。」他說：我們到現在為什麼大家推尊周公？這因周公作了《詩經》之〈雅〉、〈頌〉、二〈南〉，而〈雅〉、〈頌〉、二〈南〉就是周人的歷史，從后稷下來，一路到文、武、周、召。周朝人的歷史，由周公寫出。我也根據《孟子》說：「《詩》亡而後《春秋》

作。」來證明《詩經》跟歷史有關係，一部周代的開國史盡在《詩經》。不過我們今天來講中國史學名著，照一般講法，只講《尚書》，不講《詩經》。其實司馬談就以史學眼光來看重周公的《詩經》，而周公《詩經》的貢獻依照這話講，便在它能宣揚周代的歷史。所以又有一句話：「湯武之隆，詩人歌之。」這是說詩人所歌的便是歷史了。後來直到唐代，韓昌黎〈平淮西碑〉，李義山詩極稱之，謂其：點竄〈堯典〉、〈舜典〉字，塗改〈清廟〉、〈生民〉詩。這就是把《尚書》和《詩經》並提。當然我們不能根據李義山來講〈堯典〉、〈舜典〉是真《尚書》，但可講《詩經》也就是歷史。這裡便見各人讀書，可以有見識不同。諸位不要認為一句書只有一條路講。我此所說，從古代直到唐時人，像李義山是一個詩人，他也懂得《詩》、《書》兩經都同史學有關係。周公為什麼被人稱重？由司馬談講，是因他在宣揚史學上有了貢獻。周代到了幽厲之後，「王道缺，禮樂衰，孔子修舊起廢，論《詩》、《書》，作《春秋》，學者至今則之」，這就是《孟子》所說「《詩》亡而後《春秋》作」了。諸位至此應知，我此刻講中國史學名著，從周公〈西周書〉講到孔子《春秋》，接著講太史公《史記》，其實太史公父親就已這樣講。他又說：「漢興，天下一統，明主賢君忠臣死義之士，余為太史，而弗論載，廢天下之史文，余甚懼焉！」他是說：我做漢朝的太史官，我沒有能把漢代這些事情好好兒記下，那麼這個天下的史文不是在我手裡廢了嗎？這幾句話，就是我上面所引：「無忘吾所欲論著」的話。而後來讀〈太史公自序〉的人，只注意了上一段，不注意到下一段。甚至於說：司馬談因漢武帝沒有要他跟著上泰山，他氣出病來，對他兒子說：等我死了，你做太史官，你該把許多事情寫出來，於是遂說太史公《史記》是一部「謗書」，來謗毀漢武帝這個朝廷的。他父親一口怨氣死了，所以司馬遷《史記》就是要寫〈封禪書〉。請問這樣，一部《史記》尚有何價值可言？太史公父親司馬談就因做了漢朝太史官，而沒有為漢朝寫下一部歷史，所以遺命司馬遷要完成父志。今試問寫歷史從哪裡來？豈不是從周公、孔子來，那豈不是歷史應以人物為中心，也就躍然紙上了嗎？

諸位聽著我前面幾堂講，便知讀書不易。讀了《孟子》「《詩》亡而後《春秋》作」，不是不懂這句話怎講麼？讀了〈太史公自序〉，恰恰有如《孟子》「《詩》亡而後《春秋》作」的注腳。你能說司馬談沒有讀過《孟子》嗎？諸位只有翻書的習慣，《史記・太史公自序》是翻得到的，《孟子》這句話便不易翻到。讀到太史公這裡，《孟子》這句話便有用了。此是書之不易讀。而〈太史公自序〉記他父親司馬談講話，大家又只讀了上一截不再讀下一截，不是不曾讀，乃是讀了仍如不曾讀，此是讀書不易之又一例。

司馬談死了三年，果然司馬遷接他父親做太史官了。司馬遷接著說：「先人有言曰：周公卒五百歲而有孔子，孔子卒後至於今五百歲，有能紹明世、正《易傳》、繼《春秋》、本《詩》、《書》、《禮》、《樂》之際，意在斯乎？意在斯乎？」他說他父親講過，周公卒後五百歲而有孔子，孔子卒後至於今五百歲。這個作史責任，便在我的身上了。所以他來寫《史記》，是跟著周公、孔子而寫的。五百年前有周公，五百年後有孔子，再後五百年有他。諸位試把此一番話去讀《孟子》最後一章，孟子也就是這麼講。堯舜後多少年有湯武，湯武後多少年有孔子，孔子後多少年該有人出來才是。可見司馬談、司馬遷父子都曾讀過《孟子》，都有他們的學術傳統。司馬遷又說：有人能紹續這明世，出來正《易傳》、繼《春秋》、本《詩》、《書》、《禮》、《樂》之際，而此《易傳》、《春秋》、《詩》、《書》、《禮》、《樂》，在他那時都是經，還沒有史學。不過他是個歷史官，該要寫歷史，而所寫出來的則還是經學。我們也可說，這是太史公司馬遷理想中的新經學。諸位今天認為中國舊史學全可不要，要學西洋新的，這也不錯。但西洋史學也應有本有原，從頭直下，怎麼來而到今天。你須先知道，才能繼續得下。做學問不能只叫自己做一個跑龍套，不做主角，也得做一個配角，有些表演，即做一個跑龍套，也須約略知得全本戲了纔去做。要講西洋史學，也須知道有一整套西洋的史學史，然後回頭來寫中國歷史，可以周公、孔子、司馬遷、班固都不要。我們說：我要寫的是中國的新歷史呀！諸位，這責任又是何等般的大！

現在有個大問題。今天以後寫歷史，固是再不會二十六史了，那麼下邊該怎麼辦？這不是個大問題嗎？原來講了半天，要講太史公的創作，但他仍是繼續的舊傳統，周公、孔子一路而來，他自己講得很明白。而太史公《史記》所特別用心的，乃是要學孔子，〈自序〉下面有一段太史公講孔子《春秋》的話。我們上面都依照《孟子》來講《春秋》，現在要講司馬遷講《春秋》是如何般講。諸位且不要自己講《春秋》，且聽從前人講《春秋》。孔子說「述而不作」、「信而好古」，從前人這麼講，我且也這麼講。當然孟子、太史公以下，還有別人講《春秋》，但我們總得有個挑選。如下面我們將講到劉知幾怎樣講《春秋》，譬如近代康有為、章太炎怎樣講《春秋》，但這是在我們不要講的範圍之內了。諸位莫說康有為、章太炎是近代大人物，孟子、太史公是太古代了。但當知再過五百年、一千年，孟子、太史公還存在，還是個大人物，至於章太炎、康有為是否還是個大人物，便有問題。如康有為的《孔子改制考》、《新學偽經考》，是否都能存在，或是只存在於圖書館，給人家繙查批駁，只當一份材料就是，那就在未可知之列。

有一位太史公的朋友問太史公：孔子為什麼寫《春秋》？太史公說：「余聞之董生曰」以下云云。董生便是董先生董仲舒，學《公羊春秋》，主張表彰六經排黜百家的便是他。太史公說：「余聞之董生曰：周道衰微……孔子是非二百四十二年之中，以為天下儀表，貶天子、退諸侯、討大夫，以達王事而已。」周道衰微，正是王者之迹熄而《春秋》作。孔子就在這二百四十二年中間，來講它的是是非非，要為天下立下一個標準，所以他「貶天子」、「退諸侯」、「討大夫」，這樣可把理想上的王者之事表達出來。這是司馬遷引述董仲舒講孔子《春秋》的話。太史公《史記》是學孔子《春秋》，那麼在《史記》裡偶然講到漢高祖、漢武帝，有些處近似《春秋》「貶天子」，而後人偏認他為父親洩冤氣作謗書，那怎麼能來講太史公的《史記》？《史記》不僅是要寫下漢代初年很多事情，還要在這很多事情中有一個是非標準。他說：「孔子曰：我欲載之空言，不如見之行事之深切著明也。」空講幾句話，不如在實際的事上來講，可以很深切、很著明。所以說「《春秋》，王道之大者也」。孔子要講天下之道，孔子說：我若空講一番話，不如在過去的事上把我的意見來表現出這樣不對，這樣才對。所以曰：「《春秋》以道義」，孔子《春秋》只講個義不義，而在以往二百四十年的事情背後來表達。故又說：「撥亂世，反之正，莫近於《春秋》。」一部《春秋》裡，「弒君三十六，亡國五十二」，至於其他許多諸侯跑來跑去不能保其社稷的，不曉得多少。為什麼弄到這樣？所以說：「有國者不可不知《春秋》。」又說：《春秋》「禮義之大宗」。這些話，太史公都是引董仲舒的。可是在董仲舒的《春秋繁露》裡，沒有這樣的話（其實《春秋繁露》也不一定是董仲舒自己的書）。連董仲舒的〈天人三策〉裡，也不見這些話。〈太史公自序〉中說這幾句話，是他親聞之於董仲舒講孔子何為而作《春秋》，這一段話非常重要。至於太史公自己講，卻說我的《史記》不能同《春秋》相比，我只是把故事稍加整理，記下就是。這是太史公之自謙。而且他並不能自己說，我也要來貶天子，退諸侯。既然不敢，何以又在〈自序〉裡把董仲舒的話詳細寫下？這篇〈自序〉實在是一篇極好的大文章。此刻我來講《史記》，其實只抄此一篇〈太史公自序〉，直從周公、孔子到太史公，都已講在裡面了。現在我們接到剛才所講，太史公怎麼來創造出他的一部《史記》，他的大創作，諸位不是大家要創作，不要守舊，不要摹做，不要跟著別人嗎？但太史公卻只是跟著周公、孔子，他的創作，就從摹倣中來，不然又怎麼叫所謂學問呢？

第二點我們要講的，太史公《史記》創作，特別重要的是在體裁方面。我已講過，〈西周書〉以事為主，《春秋》、《左傳》是分著年講的，而太史公《史記》則分著人講。太史公為何在這分事、分年之外，特別重視人呢？其實這些我們已不用講，〈太史公自序〉裡已詳細交代過，他就是要學周公、孔子，那不就是以人為重嗎？今天我們學西方人講法，史學該講事，而中國古人則從頭下來重在人。我們也可說，至少從孔子《春秋》以下，早都是以人為主了。如說：「貶天子、退諸侯、討大夫」，不是在事情背後一定講到人的嗎？太史公又說：「余嘗掌其官，廢明聖盛德不載，滅功臣世家賢大夫之業不述，墮先人所言，罪莫大焉。」他寫這文章時，已經不做太史官了。但他曾經做過漢朝的太史官，那麼這些明聖盛德，我不能廢而不載。這些功臣世家賢大夫之業，我不能廢而不述。那是他父親告訴他要講的，他若不論著，那是「罪莫大焉」。所以他寫《史記》，乃求勿「墮先人所言」，又曰「無忘吾所欲論著」。自從那時起到今天，寫歷史已經莫不以人物為中心。事情背後有一個「禮義」，我剛才說過，「《春秋》，禮義之大宗也」，而禮義則在人不在事。若使我們今天立下一個題目要來研究中國史學觀點中何以要特重人物的一個來源，這可以從中國古書一路寫下，直到太史公《史記》，遠有淵源。我想這是我們中國傳統文化中一大觀點，也可說是中國一番絕大的歷史哲學，而且亦是中國傳統學問中一絕大精神。即照〈太史公自序〉，他就是看重一個周公、一個孔子，一千五百年直到他當時，這不就是歷史應以人物為重的一番最大精神已經表現無遺了嗎？

我今天講太史公《史記》，主要就講到這裡，下邊還有關於太史公《史記》裡很多問題，暫可按下不講。我再重複一遍，今天講的，接著上一堂講中國史學演進之三階段。第一階段是記事，第二是分年，第三是分人立傳。至於這三大階段中有很多問題，諸位可以自用思想，自用智慧，自具見識來發揮。但諸位千萬不能隨便空想，一定要有書本，有證據。如我講中國古代，只講周公、孔子，講《尚書》，既然古文《尚書》是假的，今文《尚書》也不可靠，可靠的只是〈西周書〉，而〈西周書〉一定與周公有關。我講孔子《春秋》，下面接著是《左傳》、《公羊》、《穀梁》，而講到《史記》。我這一大段講法，至少〈太史公自序〉中的話，句句可做我講演的證據。我們只要把那些有證有據的四面會通起來，直覺得我讀到古人書，卻如先得我心之所同然般，這在我們是學問上的一種快樂。至於從前人講話有不對的，我們也該能下判斷。如說《史記》是一部謗書，因《史記》中如〈封禪書〉，乃是特別為他父親遺命而寫下，這些都是讀了上文，不讀下文，這即是不通。諸位只要能把〈太史公自序〉讀一遍，兩千年來講《史記》的很多話，有真有不真，有對有不對，自能批評。所以讀書貴能熟，且莫多看，莫亂繙，更不要急速自己發揮意見。近人做學問便不然。不仔細讀書，卻急欲找材料，發意見。要講《史記》，凡屬講《史記》的先抄，所抄材料愈多，自己的聰明反而模糊阻塞，而《史記》一書之真相，也終於捉摸不到。若先只讀〈太史公自序〉，愈讀愈會有興趣，有了興趣自會有聰明有見解。其他的話，我們也自會批評。這是今天我藉此機會來告訴諸位一個讀書做學問的方法。

我此一堂課，只如上國文課，只在講〈太史公自序〉，把太史公自己的話來講他作《史記》的緣起，那我也只是來講歷史，並無自己主張。若諸位說：我是讀通了〈太史公自序〉那一篇文章，我已經感到很滿意。諸位且不要先把自己看到比司馬遷要高，看得自己太重要，便不肯再來向古人學問。諸位說：人類是進化的，但進化有一段長遠的過程，一兩百年往往不見有很大的進步，而且更不能說我們比周公、孔子、司馬遷都進步了。今天雲太多，光明不出來，若我們能坐架飛機跑到上空，雲都在下面，上面是很乾淨的一片天空。諸位能讀一部《春秋》、一部《史記》，讀通了的話，就如坐飛機到了雲的上層去，那時自能重見光明。若講材料，一年一年的積下，孔子《春秋》中材料，就不如《左傳》多。《左傳》裡材料是記載得多，但《左傳》比不上孔子《春秋》。諸位讀《史記》，先該懂得這道理，不能拿著一部《史記》從頭到尾把事情記得一清二楚，這是你不會讀《史記》。太史公《史記》明明是學孔子《春秋》，我之很欣賞《史記》的，在其記載事情之上，還有他一套。諸位更不要說：我學近代史，學唐宋史，《史記》和我無關。讀《史記》可長一套聰明，一套見識。實際上，我並不是要學《史記》，乃是要學司馬遷。你有了這一套聰明和見識，隨便學哪一段時代的歷史，總是有辦法。所以我告訴諸位，做學問該要讀一部書，至幾部書。讀此幾部書，該要讀到此幾部書背後的人。《史記》背後有司馬遷其人，他一輩子就只寫一部《史記》。他自父親死了，隔三年，他就做歷史官。此下花他二十年精力寫一部《史記》。又如司馬溫公花了十九年寫一部《資治通鑑》，歐陽脩修《新唐書》花了十七年，李延壽寫《南北史》也寫了十七年，班固《漢書》不知他花了幾十年，又是父子相傳下那工夫。我們只要懂得前人這番功力，也就好了！我今天只講到這裡。

史記（下）

今天再接講《史記》。我們講過中國歷史分成三種體裁：一是記事，二是編年，三是傳人。在記事中又兼帶著記言，《尚書》是第一種體裁，以記事記言為主。《春秋》、《左傳》是第二種體裁，以編年為主，但是在編年中又包括了記事和記言，即在記言記事之上再添上了編年。太史公《史記》以人為主，把人物作中心，但在傳人的體裁之內，同樣包括著記事和編年。即是說：記事和編年這兩體，已在太史公《史記》以人物為中心的列傳體之內包融了。所以我們可說：中國史書有了此三層的大進步。今天我們有一個欠正確的觀念，認為進步便是不要舊的了。不曉得進步是增有了新的，而在此新的中間還是包容著舊的。這才是進步，而不是改造。改造未必是進步。進步必是由舊的中間再增加上新的，新的中間依然保留著舊的，那麼這個新的當然比舊的是進步了。

太史公《史記》共一百三十篇，五十二萬六千五百字。在此一百三十篇中，有十二篇〈本紀〉、三十〈世家〉、七十〈列傳〉、十〈表〉、八〈書〉，共五類。〈本紀〉就是全書之大綱，是編年的。如〈五帝本紀〉、〈夏〉、〈商〉、〈周本紀〉、〈秦本紀〉、〈秦始皇本紀〉，一路下來到漢朝，一個皇帝一篇〈本紀〉，如漢高祖、漢惠帝，拿他個人做皇帝時從頭到尾的大事都是提綱挈領寫在裡面，所以〈本紀〉是編年的，就如《史記》裡的《春秋》。

〈世家〉是分國的，春秋時代就有十二諸侯，一路到戰國，如〈魯世家〉、〈齊世家〉、〈晉世家〉、〈楚世家〉，這些分國史當然也照年代排下，但和《國語》、《國策》不同。《國語》、《國策》是一種國別史，而且以記言為主，而《史記．世家》則主要還是記事。

此下是七十篇〈列傳〉，為太史公《史記》中最主要部分，是太史公獨創的一個體例。但在《史記》以前，人物的重要地位，已經一天天地表現出來了。像《論語》、《孟子》、《墨子》、《莊子》都是一部書裡記載著一個人的事與言。《論語》記言也記事，《莊子》、《孟子》等亦然。如「孟子見梁惠王」此是事，「王何必曰利」則是言。可見記事、記言不能嚴格分別。而記言則就特別看重到「人」。當時有像《晏子春秋》，也就是把晏子一生言行寫成了一部書。《管子》雖不稱《管子春秋》，也只是講管子的思想和行事。所以《史記》裡的〈列傳〉，也不能說是太史公獨創，以前早就有在歷史中特別看重「人」的事實，只不過太史公把來變通而成為〈列傳〉而已。

除卻〈本紀〉、〈世家〉、〈列傳〉之外，又有〈表〉，這也不是太史公開始，以前也已有此體裁，這是全書中最重要的筋節。如〈三王世表〉，因古代夏、商、周事情疏略，不能一年一年詳細編排，所以只作「世表」。春秋戰國事情詳細了，所以有〈十二諸侯年表〉、〈六國年表〉，分國分年作表，所謂橫行斜上，全部春秋戰國裡的事情，是在這一年或在那一年，晉國這一年的某事和楚國這一年的某事，在同年或隔年，這都清清楚楚，一覽無遺。到了秦漢之際，秦二世以後，楚霸王、漢高帝以前這一段就做「月表」，一月一月的記。《史記》中這十張〈表〉，由於事情不同而分配著來做表，真是如網在綱，一目瞭然。

最後有八〈書〉，那是《尚書》體例，專為一件事而特作一篇書。如記夏禹治水，《尚書》裡有〈禹貢〉，漢代也有水利問題，太史公就作〈河渠書〉，如此者凡八篇。

因此，太史公《史記》，實是把太史公以前史學上的各種體裁包括會通，而合來完成這樣一部書，此真所謂「體大思精」。直從唐、虞、夏、商、周一路到他這時代兩千年以上的歷史，全部包羅胸中，從而把來隨宜表達，便有了他這樣許多的體裁。

我曾告訴諸位，讀書該一部一部地讀。當然寫史也決不止一種死寫法，《尚書》是一個寫法，《春秋》、《左傳》又是一個寫法，此下儘可有種種新寫法。我們此刻來講「史學名著」主要就要諸位懂得如何來寫歷史的這一番大學問。有了此學問，就可自己寫歷史。

我們講史學有三種：一是「考史」，遇到不清楚的便要考。一是「論史」，史事利害得失，該有一個評判。一是「著史」，歷史要能有人寫出來。今天諸位治史只做「考史」工夫，而不能「論」，如說太史公《史記》，什麼時候所寫？到什麼時候而成？中間共分多少篇？這些都可考。但這些只關「材料」問題，諸位卻不懂得「論」。如太史公《史記》和左丘明《左傳》不同在那裡？其間高下得失須有論。我該取法《左傳》的哪些長處？《史記》的哪些長處？再加上此刻之所需要來創造，然後能「著史」。今天我們都不再寫歷史了，明天的人考些什麼呢？豈不連考都沒有了？我們的歷史豈不要從此中斷？民國以來六十年的歷史就快沒有了，因沒有人來原原本本地寫，或寫其全體，或寫其一部分，或者寫人，或者寫事，若都沒有，大家不會寫，豈不成了大脫空。所以我們平常做學問，不能只看重找材料，應該要懂得怎麼樣去「著書」，怎麼寫史。像〈西周書〉，像《春秋》、《左傳》，像《史記》，這都有一個間架。像造房子，先有一個大間架，至於一窗一門，小木匠也可做，大的間架就要有人來計劃。一窗一門拼不成一所房子。要先有了房子的間架，再配上窗和門。諸位做學問，不先求其大者，而先把自己限在小的上，僅能一段段一項項找材料，支離破碎，不成學問。大著作家則必有大間架，而大間架則須大學問。今天所講的體裁，也只是一個大體，而不是有一死格局固定在那裡。如說春秋戰國可寫分國史，太史公把每一國家作為「世家」，但到漢代，已和從前不同，變了。如張良封為留侯，但張良並無一留國傳其子孫。

如蕭何，封為酇侯，但也只是封他酇地，使得「食祿」而已。酇與留都非一獨立的國家，但既封為侯，太史公《史記》也把來列入〈世家〉，這豈不是太史公「自破其例」。此其一。

又如寫孔子，照例當然是該稱〈列傳〉，而太史公《史記》卻特別把孔子升上去，立為〈孔子世家〉。在春秋時，並沒有封孔子一個國，孔子也沒有土地傳子孫，並且也不能像張良、蕭何般有「爵」位傳下，怎麼太史公卻來寫〈孔子世家〉，這豈不是太史公「自破其例」之尤嗎？但我們到今天，才知太史公見解之偉大。我們今天來到臺灣，亦尚有孔子的七十六代孫在臺灣，可說在中國，只有此一世家永傳不絕。此見孔子之偉大，但亦見太史公見識之偉大。他寫《史記》就是學的孔子《春秋》，在他心目中，就覺得孔子是全中國歷史上人物中最偉大的一個，所以他自破其例，作為〈孔子世家〉了。太史公更無法拿一句話來講出孔子之偉大，來講他和其他諸子百家之不同，他只在寫孔子的題目上把「列傳」換了「世家」二字，用此來講，比講其他話更來得明白有勁，那是《史記》之「自立例而自破例」。只因後人都尊孔子，才不覺其可怪，不多加批評。

而太史公《史記》中又寫了一篇〈項羽本紀〉，那似乎更荒唐了。直從〈五帝本紀〉、黃帝到堯舜而下，〈夏〉、〈商〉、〈周〉、〈秦〉等本紀，以至〈秦始皇本紀〉，接下是漢高祖、漢惠帝，豈不順理成章，而中間卻橫插進一個項羽？項羽不成一個朝代，他只是個短暫的過渡人物，而太史公特地寫了一篇〈項羽本紀〉，於是遭受到後人不斷批評。但秦是亡了，秦二世已投降，漢高祖還未即位為皇帝，中間所謂秦楚之際的一段計有五年，太史公把來放在項王身上，〈本紀〉本只是把來編年的，那麼項王這幾年也自該稱〈本紀〉了。但太史公《史記》又並不稱為〈西楚霸王本紀〉，而連姓帶名直稱〈項羽本紀〉，在這一顯然不妥的題目下，卻自見太史公有一番深遠的意義。秦亡了，漢沒有起，中間有項羽，然而他又不成為一個朝代，只是一個人物，因此他雖是位為西楚霸王，而《史記》不稱〈西楚霸王本紀〉。雖則大家都稱他「項王」，太史公文章裡也有稱「項王」的，但題目上則稱〈項羽本紀〉，這實在又是太史公一番了不得處。後人批評太史公，說其書「疏」，如項羽怎能立〈本紀〉，孔子怎能立〈世家〉？不是大大的「疏」嗎？疏是不細密，粗枝大葉，有忽略處。或又稱之曰「好奇」，如項羽怎立〈本紀〉，這不是好奇嗎？其實這種評論難免淺薄，不能深切地來欣賞太史公《史記》之與眾不同處。到了《漢書》，那就改稱〈項羽列傳〉了。可是漢高祖元年稱王，項羽已死，項羽又不是漢代人，而作《漢書》的又不能不載有項羽，然則把項羽列漢初，豈不成了密中之疏嗎？可見此等爭論都很淺薄，不值得爭，而太史公把項羽列入〈本紀〉也自有他的妥貼處。幸而孔子是春秋時代的人，班固作《漢書》寫不到孔子，否則豈不也要將〈孔子世家〉改成〈孔子列傳〉嗎？這種地方，我們正可見太史公《史記》之偉大。只就〈列傳〉一體論，就有很多了不得的地方。即如先秦諸子方面，孔子作為〈世家〉，又有一篇〈仲尼弟子列傳〉，此又是一特例。《史記》並沒有〈墨子弟子列傳〉，或〈孟子荀子弟子列傳〉

等。在戰國時，所謂儒分為八，墨分為三，但太史公只寫一篇〈孟子荀卿列傳〉，把孟荀兩人合在一起。直到今天講戰國儒家，便就是孟、荀兩家。在漢初，本是道家、法家思想盛行的時代，要到漢武帝表彰五經以後，才是儒家思想盛行，而太史公寫了一篇〈老莊申韓列傳〉，把法家申不害、韓非和道家老子、莊子合成一傳，說法家思想乃從道家來，此種見識，又是何等偉大。諸位說自己只研究歷史，不管思想，但在歷史中又如何能不管思想呢？所以像太史公《史記》那樣寫〈孔子世家〉、〈仲尼弟子列傳〉、〈孟子荀卿列傳〉、〈老莊申韓列傳〉等，只幾個題目便已可說偉大極了。其他諸子，零零碎碎，都附在〈孟子荀卿列傳〉裡，到了民國初年，大家又認為太史公忽略了，對墨子沒有詳細寫。其實太史公所忽略的也不只墨子一人。可是墨子思想，從漢到清都不顯，他的地位遠不能和太史公所舉的孟、荀、申、韓、老、莊並舉。只就此一點看，可見太史公講戰國學術思想也已經是獨步千古的了。他父親司馬談〈論六家要旨〉，最佩服道家，也有一番極精到的言論，太史公承父遺命來寫《史記》，而《史記》裡對百家觀點，便和他父親的觀點不一樣，司馬遷把他父親的見解和他自己的見解都清清楚楚的收在《史記》裡，真可稱得上良史。

諸位讀《史記》，首先該讀《史記》的〈自序〉，第二要看《史記》的目錄，這些都約略講了。此外我再舉出幾個另外的觀點：第一，《史記》雖為第一部正史，太史公和他父親雖都是漢朝的歷史官，但《史記》並不是一部官史，而是一部私史。即是說《史記》乃私家的著作，而非政府衙門裡照例要寫的東西。換句話講，這在當時是「百家言」，非「王官學」。太史公學孔子《春秋》，孔子自己正講過：「《春秋》，天子之事也。」此本不應由私家寫，而孔子竟以私家身分來寫了，所以說：「知我者其惟《春秋》乎！罪我者其惟《春秋》乎！」今天要來辨太史公《史記》也是一部私史，而非官史，且舉幾個簡單的例來說。〈太史公自序〉上就說：「為《太史公書》序略，以拾遺補藝，成一家之言。」這明明說此書是一家之言了，明見不是部官書。又說：「藏之名山，副在京師，俟後世聖人君子。」所以要「藏之名山」，為怕稿子容易散失，只把副本留在京師——長安，易得識者和傳人。古人保留著作不易，要等待後世有聖人君子更渺茫。不像我們現在，書沒寫好，就要流傳，一出版就有人來買來看，這是觀念上不同。而太史公〈報任少卿書〉裡，還有兩句更重要的話說：「欲以究天人之際，通古今之變，成一家之言。」所謂「天人之際」者，「人事」和「天道」中間應有一分際，要到什麼地方才是我們人事所不能為力，而必待之「天道」，這一問題極重要。太史公父親看重道家言，道家就側重講這個天道，而太史公則看重孔子儒家，儒家注重講人事。「人事」同「天道」中間的這個分際何在？而在人事中則還要「通古今之變」——怎麼從古代直變到近代，中間應有個血脈貫通。此十個字可以說乃是史學家所要追尋的一個最高境界，亦可說是一種歷史哲學。西方人講歷史哲學乃是一套哲學，只把歷史來講。若說中國人也有歷史哲學，應該不是一套哲學，而仍是一番歷史，只是從歷史裡透出一套思想來。即如說「究天人之際」、「通古今之變」，這才真是中國人的歷史哲學。此後太史公《史記》被稱為中國第一部正史，可是第二部以下寫正史的人，都不能有太史公這般「究天人之際」、「通古今之變」的偉大理想和偉大見解了。

在〈太史公自序〉裡只說：「厥協六經異傳，整齊百家雜語。」此兩句話十二個字，其實也已了不得。在太史公以前，中國的學術分野：一個是王官之學，就是六經；一個則是百家之言。在六經中也就有各種講法，如《春秋》有《公羊》、《穀梁》、《左傳》。他著《史記》，要來「厥協六經異傳」、「整齊百家雜語」，他所注意到的材料就已包括了整個學術之各部門，要來辨其異同，編排起來，而從此中來「究天人之際」、「通古今之變」。可是此處十二個字與上引十個字見解工夫究有不同，只是他說要「成一家之言」，則兩處一樣，並無異說。

其次要討論他的書名稱《太史公書》，這是他的私人著作，所謂「成一家之言」的，而後人稱之為《史記》，這是後起的名字，只是一個普通的史官記載之名。現在要講「太史公」三字，這更是一個比較小的問題。司馬遷的父親做漢代的史官，司馬遷書裡就稱之為「太史公」，而《史記》裡有許多司馬遷自己的言論，開頭也便說「太史公曰」，則司馬遷又自稱「太史公」。此三個字究該怎解呢？《史記集解》引如淳說：「太史公，武帝置，位在丞相上，天下計書先上太史公，副上丞相。」這應是一很高的官，待漢宣帝後，始把「太史公」改成了「太史令」。這是如淳的說法。但在《漢書・百官公卿表》、《後漢書・百官志》裡，只有「太史令」，無「太史公」。「太史令」只是六百石的小官，怎說它位在丞相之上。但我們又怎知《漢書・百官公卿表》不是根據了宣帝以後的官制呢？而且如淳的話根據衛宏，而衛宏是東漢時人，那麼這問題還該細探，不該如此便解決。在司馬遷〈報任少卿書〉裡說：「向者僕嘗廁下大夫之列，陪外廷末議。」可見太史公自己也說他只是做的「下大夫」，就是六百石的小官，其位決不在丞相之上。下面他又接著說：「僕之先，非有剖符丹書之功，文史星曆，近乎卜祝之間。」若位在丞相之上，則決不和卜祝並舉。〈太史公自序〉裡，司馬談又說：「汝復為太史，則續吾祖矣。」「卒三歲而遷為太史令。」可見司馬遷父子當時是做的「太史令」，決沒有錯。但因尊稱他父親，故改稱「太史公」，後來他寫《史記》也便自稱「太史公」，而其書即稱《太史公書》。但為何司馬遷只做的是「太史令」而他敢自稱「太史公」呢？有人說這是他的外甥楊惲稱他的，也有人說是東方朔看他書時所增的。我想這些話都不可靠。他在〈自序〉裡已稱《太史公書》可證。但他〈報任少卿書〉開頭就有「太史公牛馬走司馬遷再拜言」云云，那時的司馬遷已經不做太史令，而為武帝之「中書令」，為何一開頭便自稱「太史公」？至於「牛馬走」三字應是對任少卿之謙辭，不應說是對自己父親太史公之謙辭。那麼此書首太史公三字，或許可能是後人增添進去的。現在再複述一遍，專查《漢書・百官公卿表》、《後漢書・百官志》，來駁《集解》如淳說，這最多只有到七八分，未達十分。今引太史公自己的文章〈報任少卿書〉，明云「廁下大夫之列」，又〈太史公自序〉明云：「卒三歲而遷為太史令。」那才是十分的證據。《史記》上究竟是「卒三歲而遷為太史令」呢？抑為「太史公」呢？則又要追究到《史記》的版本問題上去。至於像「太史公牛馬走司馬遷」九字，卻儘可存而不論，而搖動不了我所要作的最後定論。這不是已經解決到十分之見了嗎？然而我還有一講法，講到書的背面、字的夾縫裡去。所以考據之學有時很有趣味、很撩人！諸位當知，衛宏、如淳所說：天下計書先上太史公，副上丞相；為何如此般信口胡說，在我認為那是衛宏、如淳誤以當時司馬遷充當了「中書令」而又弄成了「太史令」。他〈報任少卿書〉是一篇千古難讀的好文章，清代包世臣《藝舟雙楫》中曾提到他讀懂了這文章，我今也敢說，我也讀懂了這一篇文章，那文章難在一時捉不到要領。我試約略敘說如下：因太史公直言李陵的事，漢武帝生他氣，但愛他之才，並不願意殺他。定了他死罪，還可自贖。但太史公家貧，貨賂不足以自贖。既沒有錢贖，還有一個辦法可以免死，就是受腐刑。這事在太史公心裡最難過。但他結果自請受腐刑，把他生命保全了，主要是為他書沒有寫完。所以他在這文章裡特別講到受了宮刑不算人，來道出他為何不自殺，只為了要寫完他這一部《史記》。而漢武帝則特別愛重他，因他受了宮刑，遂得派他做中書令，即是當時的內廷祕書長。他朋友任少卿認為他既為武帝最親信的祕書長，應可幫任少卿講話。而司馬遷之意，他下半輩子的生命，則專為寫一部《史記》，再不願意管其他事，講其他話。

直從他為李陵事述起，來請他朋友原諒。至於贖死罪，只幾十兩黃金便得，而司馬遷家裡竟就拿不出此幾十兩黃金。而那時朝廷貴人家裡千金萬金的多的是。這篇文章意氣運轉，非熟讀不易曉。至於衛宏、如淳所說，則正是司馬遷做中書令時的情形。若說天下計書先上中書令，後上丞相，那是不錯了。而那時的中書令則正是太史公司馬遷在做。若說當時一個祕書長的地位還在丞相之上，這也未嘗不可如此講。或許衛宏、如淳弄錯了，把中書令誤會到太史公。若如我這般講，講出了衛宏、如淳因何而錯，才可以說考據到了十分。因此我們就證明漢代並無「太史公」這一個官，這樣我就對《史記》的大概情形講完了。

我想再講一些關於《史記》的文章。當然我們讀《史記》，主要在讀它的事情，不在讀它的文章，而好多大文章又是在言外的。如我所舉〈孔子世家〉、〈項羽本紀〉之類，此皆有甚深意義可尋。但下到魏晉南北朝時代，崇尚駢文，便都看重班固《漢書》，不看重太史公《史記》。直要到宋代以後，才看重《史記》更在《漢書》之上。明代歸有光就是用功《史記》的，清代方望溪承之，有一部《歸方評點史記》，為清代「桐城派」所重視。直到曾國藩始主再把《漢書》駢體來補充進《史記》散體中。至於班固《漢書》批評《史記》，說其文「善序事理」、「辯而不華」、「直而不野」、「文質相稱」、「良史之才」，此是以史書的眼光來作批評，和歸方桐城派以文學眼光來作批評不同。但我還是主張以大著作的眼光，該以其成為一家之言的眼光來作批評，當更可看出《史記》文章之高妙。總之，太史公不僅是中國千古一大史學家，也是千古一大文學家。他的文章除《史記》以外，就只有〈報任少卿書〉一篇，此外都不傳了。好了，我們就講到這個地方。

漢　書

今天接講班固的《漢書》。我們常稱「遷固」「《史》《漢》」，見得班固《漢書》是和司馬遷《史記》立在平等地位的。《漢書》是中國正史的第二部，又是中國斷代為史的第一部。《史記》實是一部通史，是一部紀傳體的通史，它從黃帝下到漢武帝，稱漢武帝曰「今上」——現在的皇帝，可見它的體裁乃是一部從古到今的通史。但後人要承續《史記》接下卻很困難。每一部書應該有它自己一個系統，不易往上接。自從《史記》以後，就有很多人續《史記》，要接著《史記》寫下去。但只是零零碎碎一篇一篇的傳，精神不一致，不易成一書。而且這樣零碎地續，也沒有個段落。到了班固，來一個斷代史，採用了《史記》後半部講漢代前半的，接著再寫漢代的後半部，直到王莽起西漢亡為止，歷時兩百三十年，稱曰《漢書》，這樣就成了一部斷代史。此後的人，都待換了一朝代來寫一部歷史，直到現代，就成了二十五史。在我認為，「斷代史」有它的必要。剛才所講的兩點，就是它的必要。而且中國傳統政治和世界其他民族與國家的政治有不同。它是一個大一統政府，又比較可以說是長治久安，隔了兩三百年纔換一個朝代。既然朝代換了，當然政治上也換了很多花樣。不僅政治如此，一個朝代弄到不能維持，要改朝換代，當然歷史也就跟著變。我們用此作分界來寫歷史，那是非常自然的。近代人抱著一種歷史新觀點，認為中國歷史都只講朝代，漢、唐、宋、明，只把帝王為重，這樣的批評，其實並不盡然。換了一個朝代，就表示歷史起了一個大變動，我們自應來寫一部歷史，把前面那一段記下。從班固《漢書》以後，一路到清末，都如此。只是今天以後的中國，則不像從前了，不再會有一個一個的王朝興亡。此下歷史該經什麼時期來整理一次呢？這就成了問題。隨時寫是不行的，過了多少時才該寫，又沒有一個客觀的、自然的標準。今天以後的歷史，只這問題，就很困難。如今單是中華民國開國六十年，是否應該寫一部歷史，來整理前面的六十年呢？這也成一說法。但六十年和六十一年，未必便該在這裡畫一個段落。其間有種種不方便，這是事實。將來究該怎樣來不斷寫通史，並不曉得。但諸位讀歷史，第一應知，讀史都該注重近代史。第二應知，學歷史的定要能寫歷史。至於如何樣去寫，諸位都該先在心中構成一問題，該不斷討論思索。至少講來，班固《漢書》在清代以前確實不可否認的是開了一條寫史的新路。史書開始有紀傳體，是司馬遷的大功。而換了朝代立刻來寫一部歷史，這是班固的貢獻。以後正史都是學的班固《漢書》，這就無怪乎要「遷固」「《史》

《漢》」並稱了。

我們再說，自從司馬遷寫了《史記》，很受一般人看重，就不斷有人來「續《史記》」。在班固前，西漢還沒有亡，已不曉得有多少人一篇一篇的來「續《史記》」。較著名的劉向、劉歆、揚雄，還有像馮商、史岑等很多人。大抵舉得出名字來的，總有二十人左右，中間有一個特別重要的人是班彪，他是班固的父親，他也續《史記》，稱《史記後傳》，這是《史記》以後新寫的傳，據說寫了有幾十篇，也有說他寫了六十五篇。班固《漢書》共一百卷，〈本紀〉十二篇，〈表〉八篇，〈志〉十篇，〈列傳〉七十篇，連太史公寫的漢武帝以前的好多列傳都在內。〈項羽本紀〉還有〈陳涉世家〉，都改了〈列傳〉。而班彪就續寫了六十五篇，或許這些列傳，班固並沒有完全用，或許數人併一傳，至少班彪所寫的《後傳》，在《漢書》中所佔份量已很大。但我們無法在《漢書》裡找出哪幾篇是班彪所寫，更無法來考查班彪當初所寫，班固有沒有改動。大家只知班固《漢書》是跟著他父親而來，固然我們不必硬要把《漢書》分作兩部看。但班固寫《漢書》時，有人告發他，說他「私改作《史記》」，因此下了獄，把他家裡書一併搜去。其弟班超為兄申辯說，其兄並未私改《史記》，乃是跟著他父親所寫《後傳》繼續寫下。班固獲釋後，漢廷派幾人來寫新的東漢開國史，班固也是其中之一。以後漢廷就令班固續完他的《漢書》。至於此書正名為《漢書》，怕是班固的事。從漢高祖開始到王莽，這一百卷《漢書》的體例，也該是班固所定。他書有〈本紀〉、有〈表〉、有〈志〉、有〈列傳〉，而無〈世家〉。依照太史公《史記》，封侯的都作〈世家〉。漢武帝以後封侯的人還很多，班彪寫《後傳》，恐已只叫列傳。只是斷代為史，則或許是班固自創新體。自他出獄，朝廷正式派他寫完這部書，大概有二十多年的工夫，可是書並沒有寫完，賸下八篇〈表〉，還有〈天文志〉。外戚竇憲得罪，班固也被下獄，死在獄中。但此書我們正可稱它做「官書」，因其是奉詔著作的。不如司馬遷《史記》，是他為武帝中書令時自動撰寫的。《漢書》主要內容是在昭、宣、元、成、哀、平，連王莽共七朝。他死後，有妹名昭，亦稱曹大家，奉漢廷命整理此書，補成了八篇的〈表〉和一篇〈天文志〉。政府還派了十位青年來助班昭完成此舉，其中有後來負大名的馬融，融兄續，〈天文志〉或許是他所續。因此這部《漢書》，不講別人，單從班彪到班固，再到他妹妹昭，還有像馬續，時間經歷了幾代。專是班固自己，也就花了至少二、三十年的工夫。

這部書中所用材料，第一是根據他父親所寫，又根據其他人如劉向、劉歆、揚雄、馮商、史岑諸人。在《漢書．藝文志》裡有一書稱《著記》一百九十卷，此是漢廷史官所撰，或許亦為班固撰《漢書》時所採用。而在葛洪《抱朴子》裡有一段話說：「家有劉子駿《漢書》百餘卷。歆欲撰《漢書》，編錄漢事，未得成而亡，故書無宗本，但雜錄而已。試以考校班固所作，殆是全取劉書，其所不取者二萬餘言而已。」此謂書無宗本，但雜錄而已者，亦可說只是一些札記。故謂他「編錄漢事」，殆是一條一條一段一段地編錄。而以此一百多卷的編錄本來校班固的《漢書》，幾是全部採取了劉子駿的編錄，沒有用的只有兩萬多字。葛洪這段話，不像是隨便造說，可是當好好審讀。第一，劉歆書只是個雜錄，非有成書。第二，說「班固所作，殆是全取劉書」，此語可分兩個講法。一是班固《漢書》完全抄了劉歆；一是劉歆《漢書》雜錄，為班固完全抄了。此兩講法大不同，我們絕不能說班固《漢書》「全取劉書」，明明他父親就寫了幾十篇傳。但劉歆的編錄，班固卻全抄了，不抄的只有二萬多字。劉歆乃西漢末年一位大學者，他編錄了一百多卷材料，全為班固所取，那亦必是很重要的。至於《漢著記》一百多卷中間材料如何，我們無法知道。若說如孔子以前的「未修《春秋》」，那恐未必然。而劉歆在西漢學術上的地位，則或許還應在揚雄之上，決不輸過班彪。班固花了幾十年工夫，憑藉他父親及劉揚編錄下的許多好材料在那裡，倘使諸位今天要寫一部六十年的民國史，而從前有人先有一部筆記預備寫民國史的留給你，那自然用處就大了！我想劉歆所錄下的材料總是很有用。試舉一例，《漢書》裡特別詳及谷永，此人對劉歆發生著大影響，我在《劉向歆父子年譜》裡，說谷永是當時大儒，漢代後半期的政治思想，此人影響非常大。劉歆助莽代漢，自有一套政治思想作底，非如後來魏晉篡位之比。今《漢書》裡谷永材料特別多，或許正是劉歆所編錄，也不可知。

我們批評《漢書》內容，同時就該批評到班固這個人。書的背後必該有人，讀其書不問其書作者之為人，決非善讀書者。諸位不要認為書寫出便是。如他寫了一部歷史書，他便是個史學家，此固不錯。但我們也得反過來看，因他是個史學家，才能寫出一部歷史。而且我們也不要認為每一作者之能事，儘只在他寫的書上。孔子之為人，不能說專在寫《春秋》。周公之為人，也不能說專在〈西周書〉裡幾篇與他有關的文章上。司馬遷寫下了一部《史記》，但儘有許多其他方面的，在《史記》裡不能寫進去。我們要根據《史記》來瞭解司馬遷一個活活的人，若我們只讀《史記》，而不問司馬遷其人，即是忽略了《史記》精神之某一方面，或許是很重要的一方面。若我們來講人的話，則班固遠不如司馬遷多了。在後代中國，唐以前多看重《漢書》，宋以後始知看重《史記》。鄭樵《通志》裡說：「班固浮華之士，全無學術，專事剽竊。」在《文選》裡班固有〈兩都賦〉、〈幽通賦〉等，故而說他是「浮華之士」。但若說他「全無學術，專事剽竊」，那話或許講得過分些。寫史當然要抄書，太史公《史記》也何嘗不是從舊史料中抄來。《漢書》最後一篇〈敘傳〉，正是學《史記》裡的〈太史公自序〉。但〈太史公自序〉把他寫書歸之其父之遺命，即在〈報任少卿書〉中亦然。而班固的〈敘傳〉卻並沒有講到他父親，說他自己的《漢書》只是承續父業。有人為班固辯護，在《漢書》裡也曾稱到他父親，而稱「司徒掾班彪」。看這五字，便見與司馬遷不同。司馬遷稱他父親為太史「公」，不直稱太史令，又更不著姓名，那見是司馬遷之尊親。而班固稱他父親便直呼「司徒掾班彪」，這可說是班固的客觀史筆嗎？班固寫《漢書》，或說開始固是繼續著他父親的寫下，後來則是奉了朝廷詔旨而寫，因此他不能說我這書是繼續父親的，這也是強為辯護。無論怎麼講，總覺得班、馬兩人有不同。班固明明是繼承父業，而把父業抹去了，在他〈敘傳〉裡沒有大書特書地把他父親寫出來，單拿這一點論，鄭樵稱之為「浮華之士」，實不為過。

當時有人說班固寫《漢書》有「受金之謗」。別人賄賂他，希望寫一篇好傳，或者把壞事情少寫幾句，這話見於劉知幾《史通》。當然是相傳下來有此話，所以劉知幾《史通》也講到了。在先有劉勰的《文心雕龍》，在〈史傳〉篇裡已為班固辯誣，說「徵賄鬻筆之愆」是沒有的。所以我們不能根據這些來批評《漢書》。可是鄭樵《通志》又說，東漢肅宗曾對竇憲說：重視班固而忽略了崔駰，那是不識人，等於葉公之好龍。平心而論，班固在人品上、學術上或許不如崔駰，是可能的。然而《漢書》一出，「當事甚重其書，學者莫不諷誦」。在王充的《論衡》裡也就屢次提到班固《漢書》，可是後來又有人說王充看見了班固，那時班固還是一小孩子，王充摸著他頭說：這個小孩將來要做大事！這就不可靠，不過王充曾稱讚過《漢書》則是事實。只舉一人，後來寫《後漢書》的范曄，在他的《後漢書》裡便有班彪班固的傳，他曾批評司馬遷班固說：「遷文直而事覈，固文贍而事詳。」這十字，十分有道理。司馬遷的文章「直」，而事則「覈」，是經得起考據和批評的。當然《史記》裡也有事情講錯的，不曉得多少，大體言之，文直事覈，縱有忽略，也可原諒。「贍」就不如「直」，「詳」亦不如「覈」。若使文贍而不直，事詳而不覈，那就要不得。范曄接著又說：「固之序事，不激詭、不抑抗，贍而不穢，詳而有體，使讀之者亹亹而不厭。」此說《漢書》敘事不過激，也不詭異，不把一人一事過分壓低，或過分抬高。「贍而不穢」，是說整齊乾淨不髒亂。「詳而有體」，是說每事本末始終，表裡精粗都有體。故能「使讀之者亹亹不厭」，《漢書》能成大名，確有道理。我覺得范蔚宗此一批評卻很好。但范氏又說：「其論議常排死節，否正直，不敘殺身成仁之為美，輕仁義，賤守節。」此數句卻批評得甚為嚴重。這些病痛，當知並不在行文與敘事之技巧上，而在作者自己的見識與人格修養上。諸位如讀《太史公書》，即如〈魏公子列傳〉、〈平原君列傳〉、〈刺客列傳〉之類，此等文字，皆非《戰國策》書中所有，乃太史公特自寫之，而使人讀了無不興會淋漓，歡欣鼓舞，想見其人。《漢書》中此等文字絕找不到。諸位且把《漢書》從頭到尾翻一遍，何處見他排死節？何處見他否正直？例如〈龔勝傳〉，他是漢末一死節之士，而班固說他「竟夭天年」，這豈不是說照理還該活，而死節轉貽譏了嗎？又如王陵、汲黯，此兩人，太史公《史記》裡都有，《漢書》稱他們為「戇」。又如〈王章傳〉，那也是能殺身成仁的，而班固批評他說：「不論輕重，以陷刑戮。」又如〈何武傳〉，班固說：「依世則廢道，違俗則危殆。」既怕危殆，自然也只有依世。又如〈翟義傳〉，班固批評他「義不量力，以覆其宗」。即觀上舉諸例，可見班氏《漢書》不是無是非，而是把是非顛倒了。范蔚宗說他「輕仁義，賤守節」，一點也不冤枉。而他還要說司馬遷「博物洽聞」，而「不能以智免極刑」。但班氏自己也豈不死在牢獄裡。司馬遷乃是為李陵辯護，而班固則投在竇憲門下。兩兩相比，大不相同。但他總不失為有才、能文，也花了一輩子工夫，《漢書》也是寫得好。在魏晉南北朝唐初，群認《漢書》是部好書，正為那時人都講究做文章。後來韓柳古文興起，文學眼光不同，對《史》、《漢》高下看法亦不同。上引范蔚宗論《漢書》，本亦承之華嶠，而傅玄亦貶班固，謂其「論國體，則飾主缺而折忠臣。敘世教，則貴取容而賤直節，述時務，則謹辭章而略事實」，可見當時史家公論。范蔚宗也是不獲令終，死在監獄裡，但范蔚宗《後漢書》，在講仁義守節等事上，不知比《漢書》好了多少。又在《後漢書》班固的〈贊〉裡說：「彪識王命，固迷其紛。」班彪曾寫了一篇〈王命論〉，不為隗囂所屈，可說有見識，有操守。不如其子固，生值漢朝中興天下平治之際，對種種世俗紛紜還是看不清。把他們父子相比，也恰如其分。總之，一位史學作者應有其自己之心胸與人格。對其所寫，有較高境界，較高情感的，而適為彼自己心胸所不能體會，不能領略，則在其筆下，自不能把此等事之深處高處曲曲達出，細細傳下。但如諸位此刻學歷史，不細讀一部書，只一條條地檢材料，則從前史家好處壞處都忽略了，都全不知道。如我此處所辨，也將被認為是一番不關痛癢之廢話，與史學無關。諸位若知做學問與讀書自有一條路，自己做人與論世也自有一番胸襟與眼光，讀史書自也無以例外。

今再說班固《漢書》，略論考史方面，有他父親六十幾篇的傳，有劉歆之所編錄，選材大概是不差。論「寫史」，班氏文筆也不差。班氏所缺乃在不能「論史」。當知在考史寫史中，無不該有論史精神之滲入。如太史公寫〈孔子世家〉，主要並不在考與寫，而在其背後之論。我們讀《太史公書》，常會「有意乎其人」，有意乎他之所寫，如信陵君、平原君、聶政、荊軻，往往使人在百代之下想見其人。此因太史公能欣賞這許多人，寫來一若平平凡凡，而都能躍然紙上。一部《史記》，所以都見其為是活的，乃因書背後有一活的司馬遷存在。所以司馬遷《史記》，不僅是一部史學書、文學書，而還有其教育意義之存在。即如〈魏其武安侯列傳〉，這是在太史公當時武帝朝上兩位大臣，同時也是政敵，一升一沉，一得意，一失勢，事亦平凡，而太史公文章實在寫得好，顯因太史公自有一番真情滲入其間。又如他之對李陵，因而及於陵之祖父李廣，太史公付以極大同情，而對同時衛青之為大將軍者，反而對之漠然。今試問太史公在此等處，此一種情感是否要不得？他不僅作〈孔子世家〉、〈仲尼弟子列傳〉、〈孟子荀卿列傳〉等，在學術上的高下是非講得極清楚極正確，即對一普通人物普通事件，如魏其、武安兩人之相軋，在當時政治上也曾發生了大波瀾，其實從古今歷史大體言，也可說沒有什麼大關係，然而太史公這一篇〈魏其武安侯列傳〉，繪聲繪形，寫得真好。至於班固的《漢書》，往往有其事無其人。如說殺身成仁，其人之死事是有的，而其人之精神則沒有傳下。我們若用此種標準來讀此下的歷史，則真是差得又遠，還更不如班固。班固《漢書》贍而能詳，他把事情詳詳細細地都擺在那裡，又不亂七八糟，敘事得體，范蔚宗的批評正說準了他的好處。而范蔚宗《後漢書》長處自也不須多講。我們果能用這樣般的眼光來讀書，自能增長了自己的見識，抑且還提高了自己的人品。不是定要讀《論語》、《孟子》，纔知講道理，讀歷史則只講事情，其實在事情背後也還有一個道理。果自己無本領批評，諸位且莫儘看重近代人批評，也該知有古人早有的批評。即如比論太史公《史記》和班固《漢書》之高下，范蔚宗的批評豈不更值得我們之欣賞。

范曄後漢書和陳壽三國志

我們續講《漢書》和《史記》的比較。《漢書》也有比《史記》對後來影響大，該說是寫得好的，就是它的十〈志〉。《漢書》的〈志〉，在《史記》裡稱做〈書〉。《史記》有〈封禪書〉，《漢書》改成了〈郊祀志〉。封禪是漢武帝時一件大事，司馬遷的父親就為對這事意見和當時朝廷不同，不見採用，抑鬱在家病了，後來司馬遷作《史記》，專記這事成一篇。實際《史記・封禪書》也不是只講了漢武帝一朝的封禪，但班孟堅就把這題目改稱〈郊祀志〉。「郊」是祭天，「祀」是祭地，祭天祀地是從來政府一項大禮節，封禪只是在此項目中的一件事。班書從上講下，講的是這郊天祀地的演變，其實講法還是和《太史公書》差不多，只是題目變了，意義便別。以後歷代正史都可有〈郊祀志〉，不如《史記》裡的〈封禪書〉，卻像只是當時一項特殊事件。又如《史記》裡有〈平準書〉，《漢書》把來改成〈食貨志〉。「平準」乃是漢武帝時一項經濟政策，這是一項極重大的經濟政策，太史公特別把來作「書」名。而到班孟堅，把平準改成食貨。平準只是講「貨」，此又加上了「食」，國家經濟最重要的兩件事——便是「食」與「貨」。這一篇〈志〉，便成這一代的經濟史。後來每一部正史可以都有一篇〈食貨志〉，但不一定都有一項平準制度。又如太史公有〈河渠書〉，因漢武帝時及其以前黃河決口，漢朝屢施救治，太史公就作了〈河渠書〉。渠就是渠道，班孟堅再把此題目擴大，改做〈溝洫志〉。「溝洫」是古代井田制度裡的水利灌溉，當然治水害、開河渠，都可寫在這裡面。《史記》八〈書〉，每每特舉一事作題目，而《漢書》則改成一個會通的大題目，不限在一件特別的事上。《漢書》雖是斷代為史，而他的十〈志〉則是上下古今一氣直下，從古代一路講來，卻不以朝代為限斷。司馬遷《史記》本是一部通史，而他的八〈書〉命題，偏重當代。班孟堅把他題目換了，就等於看成一個通的，上下直貫，古今相沿的事。我們講過，歷史上換了一個朝代，便換出一個樣子，人物制度都可換，但在制度裡有許多是從頭貫通下來的，如像郊祀之禮、像食貨經濟情形等，在歷史上一路沿襲，不因朝代之變而全變。班氏找出幾項最大的題目來作「志」，於是此一體在歷代正史中成為一特出的。一般學歷史的人，覺得〈志〉最難讀，不像讀〈本紀〉、〈列傳〉等，讀〈志〉才像是一種專家之學。學歷史要知道歷史中的事件較簡單，如漢武帝時怎樣、宣帝時怎樣，都是比較簡單。但要知道漢代一代的經濟水利等，像此之類，題目較大，必要一路從上貫下，不能把年代切斷。若照《史記》〈封禪〉、〈平準〉等篇名，好像只是當時一特殊事項，從班孟堅改換篇名，顯然性質大變。

而且也有《史記》裡沒有，而《漢書》添進去的。《史記》只有八〈書〉，而《漢書》有十〈志〉。如《漢書》裡的〈地理志〉，此後講到中國沿革地理的，第一部參考書是〈禹貢〉，實際〈禹貢〉只是戰國晚年時的偽書，第二部書便是《漢書‧地理志》，其效用影響甚大。地理內容又可分兩部分，一是當時的政治地理，分郡、分國，共一百零三個，使我們清清楚楚，一目瞭然，漢代的政治區域大概劃分，盡在這裡了。以後歷代政治區域劃分不同，也幾乎每一斷代史裡都有〈地理志〉。會在一起，就可以研究中國的沿革地理。而同時班孟堅又根據《詩經》十五〈國風〉，把各地民情風俗彼此不同處，都扼要地寫上。這一部分卻又是《漢書‧地理志》裡極重要的，惜乎後人不能根據此點繼續班氏來寫得更深更好。如我們今天，也都知道臺灣和福建不同，福建和廣東不同。每一時代之不同，如能有人學班固〈地理志〉寫出，這將為讀歷史人貢獻了一個極大重要之點。故自有《漢書》以後，歷代學歷史的人，特別對於《漢書》裡的十〈志〉工夫用得大。如〈地理志〉，只講清代一代研究它的，就不曉得多少，這在史學中已成了一種專門之學。又如《漢書》另有一篇〈藝文志〉，亦為《史記》所沒有。《漢書‧藝文志》是根據劉向、劉歆的《七略》而來。劉向、劉歆父子在當時是監管漢代皇家圖書館的，外邊看不到的書，盡在皇家圖書館裡，他們父子把這許多書彙集整理分類，成為《七略》，此是一種有提綱的分類編目，班固根據這編目來寫《漢書・藝文志》。雖然只是根據劉向、劉歆，並不是班固自己所寫，但這篇〈藝文志〉就變成了將來所謂目錄校讎學最深的泉源、最大的根本。在中國二十四史裡，就有八史有此同樣的〈志〉。後人把此八篇匯刻單行，稱為《八史經籍志》。從古書籍，任何一部書，從何時傳下，有的直傳到現在，有的半路失掉。如漢代有的書，到隋代沒有了。隋代有的，唐代、宋代沒有了。我們只要一查各史〈藝文志〉、〈經籍志〉便知。要講學術史，有此一部兩千年積聚下來的大書目，這是歷代國立圖書館的書目，真是珍貴異常。可是從來的學者講究〈地理志〉較易，講究〈藝文志〉較難。直到南宋時代鄭樵《通志》裡的〈校讎略〉，清代章學誠的《文史通義》與《校讎通義》，才把《漢書・藝文志》的內蘊講得更深透。直到今天，成為我們講學術史，特別是講古代學術史的一個極大依據。當然普通讀《漢書》的人，有的不懂地理，不會看《漢書・地理志》。有的不會看〈藝文志〉，不懂〈六藝略〉、〈諸子略〉這種分類的重要。但亦有人專門研究《漢書》十〈志〉中的一部分，如〈地理志〉、〈藝文志〉等，其所貢獻，也往往在研究《史記》者之上。

《漢書》也有〈表〉，中間有一〈古今人表〉，很受後人批評。因《漢書》是斷代的，而〈古今人表〉，則從古到今把一應人物都列上了，此與《漢書》體例不合。《史記》雖是通史，但古人入〈列傳〉的並不多。第一篇是〈伯夷列傳〉，伯夷前邊的人都不管了。第二篇〈管晏列傳〉，從伯夷到管仲這中間還儘有很多人，也全沒有了。而這個〈古今人表〉則網羅甚備。固然在當時應有書作據，而在現代，十之七八也還可考查得出。清代就專有人為此〈人表〉逐一查他出處。不過此〈表〉被人批評，重要的並不在這些人之多出在漢以前，而更為他把古今人分成了自上上到下下的九品。如孔子列上上，顏淵列上中，老子則放在下面去了。當然把歷史上人分成九品，不會都恰當。然而大體上說，堯舜在上上等，桀紂在下下等，像此之類，也不必特別太嚴苛的批評。因有人批評及此，就討論到〈古今人表〉是否班固所作，還是後人加上，我們現在不論這一點，只講〈古今人表〉在《漢書》裡也如〈地理志〉、〈藝文志〉等，都是超出於《史記》之上的一類文章，該認為這是班固《漢書》有價值的地方。

今天我們要講到下邊范曄的《後漢書》和陳壽的《三國志》。這兩書，後人把來同《史記》、《漢書》合稱「四史」。在十七史、二十四史中特別受人看重的就是這四部。我沒有查過「四史」一名究竟什麼時人才提出，可是我們可想見，漢有前漢、後漢，既有所謂「兩漢」，讀了《前漢書》，自會讀到《後漢書》，因此班孟堅的《前漢書》和范曄的《後漢書》就常成為我們同時並讀的書，這就成《前後漢》，或稱《兩漢書》，因此就有人把《史記》和《兩漢書》併在一塊稱「三史」，這是歷代正史裡開頭的三部，這也很自然。但照成書年代講，則《後漢書》在後，《三國志》在前，寫《三國志》的陳壽是晉代人，而寫《後漢書》的范曄則是劉宋時代人。此兩書又有很多重複的地方，如董卓、袁紹這許多人，《三國志》裡有，《後漢書》裡也有。因此讀《後漢書》的人定會去讀《三國志》。又且《三國志》裡的蜀漢，國號也叫「漢」，是漢的宗室，有人認為要到蜀漢亡了才算漢代全體亡了，所以讀《兩漢書》的人自會再去讀《三國志》，恐是因於這些理由。讀歷史的，讀了《史記》、《漢書》，就會再去讀《後漢書》與《三國志》。至於《晉書》，要到唐代人才寫定下來，並且從漢到晉中間自然有個分別，告一段落了。或許正為這些理由，學歷史的人開頭一口氣就會讀四史。讀了四史以後，或許沒有精力讀全史，於是喜歡治唐代的讀《新》、《舊唐書》，喜歡治宋代的讀《宋史》，喜歡治明代的讀《明史》，不一定要從《史》、《漢》以下一起讀，這是一點。又有第二點，無論讀那一代的史，總該先懂正史那一個大體例，這就定要先通了《史記》、《漢書》，才能來讀下邊的。而讀《史》、《漢》的定會繼續陳、范兩史，這已如上所說，因此從來學歷史的人，基本都是先讀《史》、《漢》，或先讀四史。不像現在，一切沒有了個基本。所以諸位學歷史，最好還是先讀《史》、《漢》，或四史，最好《史》、《漢》一起先讀，讀了《史記》不讀《漢書》還不夠，《漢書》才是斷代史的第一種，但讀《漢書》不讀《史記》也不夠，因許多大體例都由《史記》定下。至於今所要講的《後漢書》與《三國志》，實際上已沒有什麼特殊可講的。因它們都超不出《史》、《漢》這個大範圍、大體例。照此一點講，《史記》、《漢書》是創造的、特出的，而《後漢書》、《三國志》則只是摹倣、因襲的。固然《後漢書》、《三國志》裡也有對《史記》、《漢書》變動的地方，如《史記》、《漢書》裡只有講經學的〈儒林傳〉，而沒有講文學的〈文苑傳〉，到范曄《後漢書》就有，這不是前面闕了，乃是歷史演變，古代還沒有專門所謂文章之士這一行，在《漢書・藝文志》裡只有辭賦家，而《漢書》亦沒有〈文苑傳〉。如此之類，尚待我們講了大的，小的自會看。所以我們只說《後漢書》、《三國志》是因襲，只《史記》、《漢書》是創造，開闢了史書一個新體例，但《後漢書》、《三國志》兩書也有一個特別共同之點，應該在此提出來一講。

先講陳壽的《三國志》。《三國志》有裴松之《注》，那是很特別的。陳壽是晉人，裴松之是宋人，在經學上有「傳」有「記」，史書則無，但因陳壽《三國志》敘事較簡，篇幅不多，而當時的史書則已特別的多，裴松之便把其他人講三國史的都採來注在陳壽書裡。因此我們看了裴松之《注》，就可看見很多到今已失傳的史書，在裴松之時尚存，到以後南北朝長期大亂，及到唐代，很多書都看不見了，幸而在裴松之《注》裡有，差不多有一百幾十種書。而裴松之對於這許多書都一段段全文抄下，不像經書裡僅是解釋字義般的注，乃是添列史料的注。大概講裴《注》，大體可以分成六項：一、「引諸家論，辨是非」，這屬史論方面的。二、「參諸書說，核譌異」，一件事有兩說以上不同，他「參諸書說」來校核其「譌異」之所在。三、「傳所有事，詳委曲」，這些事陳壽《三國志》裡有，或者太簡單，中間委曲的地方，他來詳細地補注。四、「傳所無事，補闕佚」，在陳壽《三國志》裡根本沒有這事，他補進去。五、「傳所有人，詳生平」，《三國志》裡有這人，可是生平不詳，他補進了。六、「傳所無人，附同類」，《三國志》裡根本沒有講到這人，他就把這人附在同類人的傳裡。所以裴注比陳書不曉得要多了多少事情、多少人。在一部陳壽《三國志》以外，同時還有一兩百部書，裴松之無不把來一起抄，可是他所抄的部分，都是從頭到尾自成篇段。此種史注，前無其例，而此下也更無後起，所以裴《注》很特別。後來凡讀《三國志》的，無不兼讀裴《注》，而且陳《志》、裴《注》總是合刻，不再分行。在陳壽寫《三國志》時，這一時期的史書，裴松之看過的就已有一兩百部，現在拿來一比較，陳壽的不一定都好，裴松之引進的，有些是理論正確，事情重要，並不全出陳《志》下。

我們試再講到《後漢書》。范曄的《後漢書》已在宋代，在范曄《後漢書》以前，寫《後漢書》的就有七家。及范曄《後漢書》出來，這七家的《後漢書》都不傳了。學術上大體還是有一個公平，可見范書是有價值的。只因范曄是犯了罪死在監獄裡，他的書沒有寫完，因此只有〈紀〉、〈傳〉，而無〈志〉。我們不能說范曄不想寫〈志〉，只是來不及寫，已經下獄了。范曄下獄而死，他的書又是一部未完之作，而後來其書獨行，即據此點，可想以前的七家或許並沒有他的好。唐初章賢太子為《後漢書》作注，在《注》裡就有許多零碎歷史事情為范書所沒有。這雖不能比裴松之的《三國志注》，可是也補進了很多歷史故事。清代有一個經學大師惠棟（定宇），寫了一部《後漢書集注》，他所補進的材料比章賢太子《注》還多了很多。清人還曾把七家《後漢書》合刻，但都是不全的，實際上這七家《後漢書》在惠定宇《集注》裡也都有，不過是分散了，不是一家一家集合在那裡。

根據上述，可見讀《後漢書》與《三國志》，讀法要和讀《史記》、《漢書》不同。《史記》中春秋戰國還有很多材料沒有收，但《漢書》，如要補進班固所沒有收的材料，就很難。西漢史料流傳到今可以補進《漢書》裡去的，實在很少了。但《後漢書》、《三國志》，很多材料，在這兩部正史以外，為我們可以看見的，當然也可見陳范兩人的剪裁所在，但當時的歷史，要之不盡納入此兩部正史內。因此《後漢書》章賢太子《注》不如裴松之《注》補進很多，但裴《注》也還有缺漏，此所缺漏，現在我們卻反大家知道。即此可見寫史之難。如講書法，定稱「鍾、王」，王羲之是東晉人，鍾繇是三國時魏人，陳壽有〈鍾繇傳〉，裴松之當然也注了，但鍾繇在後代最大流傳的是他的書法，而他之精於書法，陳《志》裡沒有，裴《注》裡也沒有，這只能說他們兩人都缺，而且也缺得不應該。又如管寧、華歆兩人年輕時同學，在院裡鋤地扒出一黃金，管寧連看也沒有看，華歆則拿起來看了一下又扔下。有一天，門外有大官貴人過，聽到車馬之聲，管寧沒有理會，華歆就到門外去望了一望。等華歆回來，管寧就同他割席而坐，說：「你不是我的朋友。」陳《志》鍾華在一篇傳內，華歆亦做了魏國大臣，管寧則始終沒有在魏國做過官。後人推尊管寧為三國第一人物，此一故事見在《世說新語・德行》篇，也成了一件傳誦千古的故事，幾乎是大家知道，但在陳《志》裡沒有，而裴《注》裡也沒有。其他所缺的不止此兩事。清末王先謙，寫了一部《漢書補注》，又寫了一部《後漢書集解》。民國初年，盧弼寫了一部《三國志集解》。《漢書》有顏師古注，出於唐，但清代研究《漢書》的人多，王先謙集來寫《補注》，省人繙檢各書。但王氏的《補注》還多靠不住，有些問題《補注》引了此說，沒有引彼說，所引也不是全部，刪節得還頗有問題。不過大體講，《漢書補注》還是用了很大工夫，而《後漢書集解》就要差一點。至於盧弼，諸位或許不知其人，他正為王先謙有了《漢書補注》與《後漢書集解》，而來寫一部《三國志集解》。在裴《注》外，又添進不少材料，如剛才講鍾繇書法，以及管寧、華歆同學時故事，他都補進了。盧弼這書，還是花極大工夫。可惜《漢書》、《後漢書》、《三國志》都有近人作補注集解等，而《史記》則沒有。有一日本人瀧川龜太郎，寫了一部《史記會注考證》。此書開始出版，我在北平偶然見到幾本，中間錯誤很多，當時在《北平圖書季刊》裡寫過兩篇文章批評他。但目前大陸把此書翻印了。我們自己就沒有人能來寫一部《史記集解》之類，此事自不易。我們此刻講史學的多不通經學，此是一難。當然還有其他方面的難。特別是戰國史，太史公之〈六國年表〉就錯得多，清人屢經研討，也無結果。要待我的《先秦諸子繫年》始得一定論。不曉得那一天，我們史學界或者有一個、幾個人能來成一部《史記集解》，或《補注》，此真不易。諸位且莫看輕從前老一輩人的工作。如王先謙一部《漢書補注》，一部《後漢書集解》，對我們用處大。我們罵前人不懂歷史，但他們至少已方便了我們。此間藝文印書館所印二十五史，除上邊幾部外，此下還收有《晉書斠注》等好多種，都是清末民初人作，此刻我們連他們的姓名都不知，但他們的書究竟是放在那裡，供我們閱看，但我們總不問他們這些人是怎麼一回事，全不理會了，這也是我們目前學術界一個大毛病。

現在我們再講范曄《後漢書》和陳壽《三國志》的本身。剛才講的主要是講這一時代的史料，而這兩書的本身則似無可多講，因他們都是沿襲《史記》、《漢書》而來。《史記》有一篇〈太史公自序〉，《漢書》有一篇〈敘傳〉，范曄《後漢書》就沒有，只有一篇〈獄中與甥姪書〉，他沒有兒子，這書是給他外甥、姪兒的，書中寫到他寫《後漢書》的事。他說：「常恥作文士，文患其事盡於形，情急於藻，義牽其旨，韻移其意。」他指出當時文章家毛病有此四項。一是「情急於藻」，寫文總得有個內在情感，然而當時寫文章的都要用力辭藻，遂使這個內在情感反而為詞藻所迫，不平穩，不寬舒，這恐是「情急於藻」之義。一是「韻移其意」，文章必有個作意，而為韻所限，便「移其意」，失卻了原來應有之位置。又一是「事盡於形」，文中事情為文章的外形所拘束。所謂盡，實則是不盡。「義牽其旨」的「義」字，該同「旨」字略相近，不當把自己寫文章的大旨反為要該如何寫文章之義所牽，而陷於不正確。這是當時流行駢體文之通病。其實即此四句，也見范氏自己不免正犯了此病。他又說：「常謂情志所託，故當以意為主，以文傳意。以意為主則旨必見，以文傳意則其詞不流。然後抽其芬芳，振其金石。」寫文章要情志，情志寄託故當以意為主。能以意為主，才能「以文傳意」。可見他所謂「義牽其旨」這個「義」字是講的文義，不該把文義來牽動文旨。我們若懂得文以傳意，「則其詞不流」，文章不會泛濫，然後才能「抽其芬芳，振其金石」。「芬芳」是詞藻，「金石」是聲調，此為文第二義，而非第一義。可見范蔚宗深悉當時人的文病。但看他這封書，向後不能比韓愈、柳宗元，向前不能比司馬遷、班固，可是他已能在當時駢體文的重重困縛中要求擺脫。他的《後漢書》，文章寫得也非常好。我今舉此一例，想借以告訴諸位，將來若輪到諸位來寫歷史，定有一番困難使諸位無法寫，即在文字上。此刻白話文應用範圍，其實也尚只在報紙新聞副刊乃及普通著作之類。如要寫一傳記，白話文反不易寫。如要寫一碑文，用白話，實不甚好。有時連日常應用文字也不能純粹用白話，不得不轉用簡單的文言。若我們要來寫一部歷史，如《中華民國開國六十年史》之類，單就文體論，便有大問題。我想諸位如要寫史，最先便該重讀文言文，至少三年五年，才來試寫，不致的呢麼啦，不成一篇史體文。范蔚宗父親范甯，治《穀梁春秋》，是一個極有名的大經學家。范蔚宗學問有家傳，他能看不起當時一般作家與文風，平心而論，《後漢書》也確不失為一部極好的史書。

講到《三國志》，有一問題很複雜。那時已是斷代為史，漢代完了，晉代沒有起，陳壽自己是三國中的蜀人，可是他在晉朝做官。照歷史傳統，是由魏到晉，陳壽不能不由晉而推尊魏。因此他的《三國志》，只魏帝稱〈本紀〉，蜀吳諸主均稱〈傳〉，此層便有關後來史家所爭的正統問題。陳壽尊魏，頗為後世所非。但他書稱《三國志》，不正名曰《魏書》，不與《前漢》、《後漢》、《晉書》同例，既名「三國」，則是並列的，可見陳壽也有他不得已的用心。《三國志》裡又有一問題，應該提出。此刻大家都說魏、蜀、吳三國，其實依當時歷史講，不應稱「蜀」，應稱「漢」。漢昭烈帝不能稱蜀昭烈帝。當時蜀國人自稱「漢」，不稱「蜀」。此問題，諸位驟聽似很無聊。但我們在今天也恰恰碰到這問題。別人叫我們「臺灣」，我們不能承認，我們是中華民國。若使有一陳壽來寫我們今天的歷史，不稱我們為「中華民國」，只說臺灣，這怎麼行？臺灣只是我們政府所在地，猶如當時漢朝政府之在蜀。其時吳蜀聯盟，吳國人說：「自今日漢吳既盟之後，戮力一心。」可見當時的吳國人也稱四川是「漢」，不稱是蜀。而陳壽《三國志》把這個「漢」字改成了「蜀」字，由寫歷史人來改歷史，那真是要不得。漢昭烈帝決不能稱「蜀昭烈帝」。諸葛亮〈出師表〉上的「漢賊不兩立」，也明明自稱是漢，正如今天我們自稱「中華民國」，那能改作蜀賊不兩立？可見這一問題，也不僅是一歷史問題，在我們當前，同樣有此問題，在所必爭。而且也不僅我們，在現時其他國家中，同樣有此問題的也不少。近代有人說我們歷史上所爭的正統問題是不該再提了，認為此只是一種陳腐的，不成問題的問題。現在才知道此等歷史問題，同時還即是現實問題，不可不爭。但我們也要為陳壽著想，他不能稱三國為「魏、漢、吳」，因「漢」是王朝之名，所以當時魏人決不稱蜀為「漢」，漢則已讓位給魏了，在魏人定稱它是「蜀」。而從吳國人講，通稱蜀是漢。到今天，我們講歷史到三國，開頭就說魏、蜀、吳，那就是跟著陳壽講，但當時歷史上沒有蜀國，我們不得已而稱之，至少應稱「蜀漢」，以示別於前漢、後漢，而不能單稱之曰「蜀」。這問題在前有人講過，特別是黃震（東發）的《黃氏日鈔》裡，提出這問題。我以前讀《黃氏日鈔》，對此大為佩服。但此刻翻查盧弼的《三國志集解》，它抄了東發《日鈔》，又加上了宋代的高似孫，乃知提出此問題的還不是從黃東發開始。所以我要告訴諸位，在我們前代老輩人之工力，我們實不該把來看輕抹殺。

我又想勸諸位，做學問不能只為寫論文，也該學前人作筆記，筆記用處有時比論文大。我們儘要拿一個題目放大，好成一篇大論文，可以在雜誌上刊載。但從前人考慮得周到，一條條筆記中，不曉容納多少問題在內，易查易看，對後人貢獻大。我們此刻寫論文，儘求篇幅龐大，不想後來人那能看這許多。即如盧弼，近人講史學不會推尊到他，但究不能抹殺了。他一輩子成績專研一部《三國志》，但也了不得。如我今天來講《三國志》，一查〈鍾繇傳〉，又查〈華歆傳〉，又查《黃氏日鈔》論蜀漢這番話，他都有了。這些縱不說是《三國志》上的大問題，但也不能說不是問題。前輩人究曾下了實在工力，我們那能存心輕蔑。這是我們做學問的一個態度問題，或說心術問題。若先已存心輕薄前人，又何能在前人書中做出自己學問。好了，今天講到此為止。

綜論東漢到隋的史學演進

今天我們又要回頭來，略講所謂做學問。讓我做個簡喻，好像做生意，定要懂得結帳。既不能沒有帳，也不能盡是流水帳，過一時候總要有個總結。這如我們做學問講的「由博返約」，「約」就是總結一下。做生意人能懂得用帳簿，慢慢兒就懂得生意。孔子所謂「溫故而知新」，「溫故」就是把舊的總結一下，這樣自然懂得前面的新方向。讀書也要懂得這樣讀。我們開始講史學名著，從周公〈西周書〉一路下來，講到上一堂范曄的《後漢書》，這是從西周經過春秋、戰國、兩漢、魏晉到了南朝劉宋，差不多一千三百多年。在此一千三百多年中，中國的史學研究怎麼般在演進，我們不必定說它是「進步」，但總在那裡往前，故說是演進。現在我們要在這地方暫時切斷，且不管下面，回頭來重想一番這一千三百多年內中國的史學是如何般在演進，這不是一個大題目，不是一種大知識嗎？實際上也只是我們講過的這許多，只要回頭來綜合一下，我們就能瞭解這一事。

至少我們該在這一事上另外用我們自己的智慧、聰明，拿來想一想，如是學問方能有消化。如若今天看《尚書》，明天看《春秋》，後天看《史記》，大後天看《漢書》，看著半年一年來，看過了這許多書，儘向下面看，那不是辦法。我們該回頭來重看一番。倘使我今天不再講下，只由諸位拿這個題目自己去想，這就最好不過了。因我今天所講，也不過要告訴諸位這樣的一個方法，並不是說我對這問題的講法就對，還得諸位仍由自己拿此題目回頭去思考，這是一項大工作。

而且我們講史學，也不能只就史學講史學，還該擴大。史學只是全部學問中的一部門，不能越出於全部學問之外而獨立。我們今天，要講這一千三百多年來史學的演進，我們就該推展一步，看這一千三百多年來中國全部學術的演進。我們該從大處著眼，惟此事體大，我今天試提出一個簡單的講法。我們試從《漢書・藝文志》講起。《漢書・藝文志》的前身，便是劉向、劉歆的《七略》。一路下來，直到《隋書・經籍志》，其間從《後漢書》、《三國志》以下就沒有〈志〉。唐初修《隋書》，才有〈經籍志〉，上承《漢書・藝文志》，這兩〈志〉就等於是當時一個皇家圖書館的分類目錄，把中國當時所有書籍拿來分類，從此可以看出當時學術的大體情況。我已講過，下面還有《八史經籍志》，此處暫不講。只講從《漢書・藝文志》到《隋書・經籍志》，在中國這一大段時期中的學術演進。我試先舉一例講。在《漢書・藝文志》的分類裡，那時還沒有史學。說得正確一些，那時並不是沒有史學，乃是沒有為史書編成另一個獨立的部門。換言之，也可說那時學術界乃是沒有一個史學的獨立觀念。所以《太史公書》只附在〈六藝略〉的〈春秋〉下面，可見那時的史學還包括在經學之內，而不成另一獨立的部門。可是到了《隋書・經籍志》，經學史學便分開了。第一部分是經學，第二部分便是史學，第三部分是「子」，第四部分是「集」。中國後代的經、史、子、集四部分類，就從這時候開始。其實在晉代的荀勗著《中經》，已分經、史、子、集四部，但他稱作甲、乙、丙、丁，這所謂「有開必先」，《隋書・經籍志》就正式稱經、史、子、集四部分列了。史部的第一書就是《史記》，《史記》已不附屬在〈春秋〉之下，而成為史部的第一書。下面就是《漢書》、《後漢書》、《三國志》等，這許多稱之曰「正史」。但史部除正史外，尚分有十三類。諸位從此可以想到，從太史公《史記》以後，史學就在中國學術裡獨立出來，不僅有正史，還連帶有著十三類的史，這不是中國史學一個極大的演進嗎？

倘使諸位把《隋書・經籍志》書目作一統計，史部所收的書共有八百十七部，一萬三千二百六十四卷，這是指當時所存的書。還有知其有而已亡了的書。這且不講。《隋書・經籍志》全部書目共有一萬四千四百六十六部，八萬九千六百六十六卷，即把卷數來作一衡量，大概史書佔了七分之一。我們可以想見史學在當時中國學術界所佔份量已相當的大。至於如何的十三類，我們且慢慢兒再講。但《隋書・經籍志》裡這許多書到現在，實際上都丟了，剩下的並不多，清代有章宗源、姚振宗兩人都對《隋書・經籍志》做了一番考證工夫，兩書都收在開明書店的二十五史補編裡。諸位只看《隋書・經籍志》，就只可看出在史部中這八百十七部的書名。但若參看章、姚兩人的書，則幾乎每一部書凡可考的都考了。但所花工夫雖大，所得成績並不大。要之這些丟掉的書，已然無多可講了。我們也可如此說，大概這些書在當時本是沒有甚大價值，所以不傳到今天。我們上一堂講過，在裴松之的《三國志注》裡還保留著當時史書一兩百種，雖然搜羅不完全，我們還可見此一兩百種書的大概。又若再看王先謙《後漢書集解》，這裡又收有很多零零碎碎的，總之是存者少，亡者多。但諸位應問，到後代，這許多書固已亡失了，但在當時，即隋以前，或說從漢代起（特別是從東漢起），魏晉南北朝，怎會在這一段時間裡出有這許多史書？這許多史書出在當時，定有一種意義，以及其實際的作用與影響。否則東漢、魏晉南北朝這一段長時期裡的新的史學，怎會出生？又史學在當時究曾發生了什麼作用？有了什麼影響？這是我們研究歷史的人應該要研究的。

諸位要知道，時代與學術互相發生作用。為什麼這時代會產生這許多書，此是時代影響了學術。但這些書對這時代又發生了什麼影響，這是學術影響了時代。倘使我們再換說「東漢以後中國史學的發展」，或說「中國的新史學」，這不又是一個大的題目嗎？我們此刻在講史學名著，這許多書已經丟了，無法講，並且也不是名著，可不必講。但我們若是光講中國史學，或我們重換一題目講「中國史學史」，則這一段時期就是中國史學特別值得我們注意的時期。向上面講，上面還根本沒有獨立的史學，向下面講，諸位再看《唐書・藝文志》，一路看下，才知這一時期的史學，還要高出於唐代。中國的史學怕只有兩個時代很盛，一便是這一期，再有一個時期，便是宋。此下明、清兩代也都不能比。我們要講史學名著，當然先該懂得史學。要懂得史學在整個學術裡怎樣產生？史學的意義和作用何在？特別是史學和其他學問不同的在那裡？這些我們當然該知道，不能因為在這時期裡這些書現在大部分丟了，我們就可置而不論。古人都已作古，已死了，我們還講什麼歷史？漢代早已亡了，魏晉南北朝也都沒有了，但我們正是要在這裡邊作研究。

我們根據這一點，試來看一看大家知道的兩漢經學。從西漢到東漢，經學上很多博士講經學的書，諸位一查《隋書・經籍志》，到今天，絕大部分亦都丟了。但我們不能說經學在兩漢無任何意義，也沒有發生什麼作用與影響。我們要講中國古代學術在漢代發生了大作用、大影響的，當然莫過於經學。那時史學還沒興，子學是衰了，集部也還沒有。諸位試想，我們要講兩漢史，那能不讀《兩漢書》中的〈儒林傳〉乃及它們的經學？兩漢時代人講經學，可拿「通經致用」一句話作代表，便是要把經學在當時起作用。諸位只讀一部《漢書》和一部《後漢書》，便能在這裡仔細看出經學在當時所曾發生的實際作用與影響，這又是個大題目。而且把我們的眼光從經學轉移到史學上來了。現在我們則在此講史學，哪能說中國以往歷史可全不管，又說中國無史學，無供我們研究之價值。我們該好好回過頭來看從前，該要排出幾個大題目來講，不該零零碎碎都找全不相干的小題目。如我上面所講，兩漢經學究在當時發生了什麼作用與影響，此是歷史上一大問題，而且許多材料也都安放在那裡，諸位只要細心詳讀《漢書》和《後漢書》，一切事實，自可尋見。

讓我舉一粗淺的例。如我講太史公《史記》，特別講到他引用董仲舒的一番話來講孔子作《春秋》是怎麼一回事。我曾說：從來講《春秋》的，沒有比董仲舒這幾句話講得特別精采與扼要，而這幾句話卻並不見在董仲舒其他的書裡。我講太史公作《史記》，正就根據這幾句話，那麼太史公不也就是「通經致用」嗎！他通了《春秋》，便寫出了一部《史記》，這不是當時一個「通經致用」的實例嗎？這部《史記》，在《隋書・經籍志》裡，便成了十三類史書中的第一類第一部，稱為中國之正史，這樣的「通經致用」不是其用極大嗎？諸位此刻說經學沒用，但在太史公身上就發生了大用。

現在我再舉一例。我曾寫了一部《劉向歆父子年譜》，講到康有為的《新學偽經考》，他說：現在我們所稱的經學，並不能稱為漢學，乃是新朝王莽時代的「新學」，這許多經不是古人傳下，都由劉歆偽造，來幫助王莽篡位，所以稱之曰「新學偽經」。康有為這些話，全是瞎說。我的《劉向歆父子年譜》就在講明王莽篡位、變法，一切事都根據著當時的經義而產生，證據都在。《漢書》的下半部，從劉向生到劉歆、王莽之死，那一段時間裡漢朝人一切議論作為，都要根據經書，王莽代漢也是根據經義而來，我在我的《劉向歆父子年譜》裡羅列證據極詳極備，這又是一個「通經致用」，用得對不對，則是另一事。

我今天只舉此兩例，若我們再要進一步來研究漢人的經學在漢代發生了什麼作用和影響，如太史公本《春秋》作《史記》，則影響在史學上，劉歆、王莽據經義禪代變法，則影響在政治上，此其舉舉大者。只要根據《前》、《後漢書》，從歷史事實上著眼，如是則經學始成為活經學。不要像清儒般，他們儘說研究經學要根據漢人，而清代兩百六十八年的所謂「漢學家」們，幾乎全在經書的訓詁、章句、校勘、輯佚等種種工作上著眼，把大半精力卻花在「紙片」上，逐字逐句，而他們所講的經學則是在已殘闕中，由他們來搜索整理。他們自稱曰「鉤沉」、「稽古」，但他們所得只是一種紙片經學，也可說是一種「死經學」。單從經學裡來研究經學，並不能從歷史時代上來研究經學。他們並不曾注意到那時漢人是怎樣來使用這經學的？如舉董仲舒為例，他主張表彰五經，罷黜百家，設立五經博士，在他的〈天人三策〉裡，對當時漢代政制發生了如何重大的作用和影響？在我所寫的《秦漢史》裡就對這層有切實的發揮，這纔可說是在歷史上的活漢學，也可說是一種真實的漢學。這也不僅是漢代人如此，即下至魏晉南北朝也還如此。經學在當時，雖不能和漢代相比，也還有其活的真實的使用。唐代亦然，宋代更甚。下至清代，他們所研究的只是他們一套的經學，全不是漢代人的經學，也不是漢以下歷史上的一套活經學。

我們從這一點上，要知道，一切學術定要有它的時代性，要在它時代裡能發生作用影響。這種作用影響，一路傳下，便成了歷史性。時代性也即是歷史性，只是有一些不能傳下的。時代過了，這種學問也過了，則僅有時代性，而更無歷史性。必要待時代延續，我們才可稱之曰「歷史性」。古代的經學，並不是在漢代已亡了，漢以後還有經學的作用與影響，這就成為經學的一種歷史性。凡一切學術，都不能脫離了它的時代性與歷史性而成為一種學術的。真個脫離了時代、脫離了歷史，便也並無此學術。如講孔子《春秋》或孔子《論語》，都有它的時代性，在當時已發生了作用和影響。孔子的七十二弟子，不是聽受了孔子這一套話而在當時便發生了大影響的嗎？而這套影響又能愈傳愈久，愈來愈大。到戰國、到兩漢、直到今天，孔子成為中國歷史上一位最具歷史性的人物，而儒學就成為中國歷史上一種最具歷史性的學術。所謂經學，只是儒學中之一部分而已。今天諸位做學問，多是受了五四運動以來的所謂「新思想」之影響，諸位才如此般來做學問。在我年輕時，我幸而並沒有受到這一套影響，所以也不曾為這一套影響所束縛。但到今天，這一套影響是快要過去了，不能再存在了，諸位還能照這樣的一套去做學問嗎？下邊將會做不出什麼成績來。我今天為諸位講史學，要從頭到尾，從歷史眼光講下，所以還要講周公、講孔子，我自信我這一套話是可以存在的，不像五四運動當時那一套話，此時早都不存在。然而我們也不能說它無作用、無影響。它還是有作用和影響，只是一種不好的作用和影響，不容得我們不反對。至於紙片上的學問，對當時的時代和此下的歷史無作用、無影響，則也不值得反對。

再換一個說法。我們看《漢書・藝文志》，乃知中國古代學術有兩大分野，一是王官之學，一是百家之言。這我已講過，可是我對這些話，還要重重疊疊地再講。首先是清代章學誠的《文史通義》和《校讎通義》，他在《漢書・藝文志》裡找出此一分野，這是他一大「發明」。五四時代，胡適之寫了一篇文章〈諸子不出於王官論〉，他說諸子之學並不從王官之學來。那麼又從哪裡來的呢？他說這是時代要求。他的《中國哲學史大綱》就是這樣講。但在那時，本只有王官之學，則是千真萬確的。如是則百家之言豈不是在王官之學裡產出麼？只不能像《漢書・藝文志》那樣，說成儒家言出於這一個王官，道家言出於那一個王官，如此拘泥以求，而總之百家言是從王官學裡產生，這中間一個最重要的中心人物就是孔子。孔子有一部《春秋》，那是〈六藝略〉中最後一部。孔子又有部《論語》，那是百家言中最早一部。到了漢人，小學讀《論語》，跑進太學讀五經，讀五經也照孔子一話去讀。五四時則要「打倒孔家店」，諸位若講哲學、講新思想，要自來一套，也未始不可。但諸位若講史學，研究漢代，便不能打倒漢代，研究宋代，便不能打倒宋代，漢宋究是什麼一回事，要去研究它，那麼諸位便見中國學術到漢代是大變了。學術思想變，社會也變，政治也變。到東漢，中國的學術、思想、社會、政治又在變。變出下面三國、兩晉、南北朝。兩漢政府是一個統一的大政府，但後來變了。在那變的中間，就可從《漢書・藝文志》變出《隋書・經籍志》這一段中看出其消息。這裡面有「史」、有「集」，而《漢書・藝文志》裡就沒有，這都是當時一種新學術。如何變來，我們已講過其中主要的一部分，如由於太史公之《史記》而變出史學來。

今天我們又要連帶講到中國那時的文學史。直從《詩經》、《楚辭》，變出漢人的辭賦，這在《漢書．藝文志》裡有。它究是些什麼？又是如何變來？我們又不得不佩服章學誠講的話。他說：辭賦是從戰國游士的「策」裡變來，這個詳細的演變，在我的《秦漢史》裡也講到。在漢代的辭賦，乃是出在宮廷侍從之臣，他們自己認為是接著《詩經》裡的〈雅〉、〈頌〉，在為政府作一種宣傳與頌揚。又有樂府，就如《詩經》裡的〈國風〉。漢儒講周天子在宮廷中採風問俗，經學家這樣講，漢武帝也來採風問俗，當時各地的民歌民謠都採來宮廷，樂府也就成為漢代的一種王官之學。直到〈古詩十九首〉，它又脫離了樂府，而自成一格。四言詩變成為五言，那就產生出後來的新文學，收在《文選》裡的這許多詩全來了。因此在《後漢書》裡，〈儒林傳〉外又增添了〈文苑傳〉，這在《史記》、《漢書》裡還沒有，但那時文章之士是已經有了，如從司馬相如到揚子雲，皆是辭賦家，但當時還沒有「文人」這一個觀點。「文學」獨立，要到東漢以後才開始，那麼才成為經、史、子、集之四部。可見文學也可說是從經學變來，這也是一個「通經致用」。

我講漢代的經學，在當時歷史上發生了這樣大的作用與影響。我此刻要講從《漢書．藝文志》到《隋書．經籍志》這中間的學術演進，是歷史上一件極大的事情，比漢光武、曹操這些政治人物，其影響或許還要大得多。這樣以後，中國的學問就變成了經史子集四柱。以前的學問，只有上下兩層。上面是王官之學，下面是百家之言，到現在則變成了經史子集四部了。當然，經學到魏晉南北朝時還有，史學也僅是魏晉南北朝時四柱中的一柱，不能同兩漢經學相比。我如此講學術，等於如我們在南方所見的大榕樹，一根長出很多枝條，枝條落地再生根，經學是中國古代學術一個大的根，長出了六藝，就中《春秋》這一個枝條落到地，又生出《史記》，它再長出來又是一棵大樹，這就是我現在講的《漢書》、《後漢書》、《三國志》等。諸位看這大榕樹，新的長出來了，舊的還在那裡。在史學裡又長出很多枝條，我們便要慢慢兒講到那時史學中的十三類。文學也一樣，《詩經》著了地，長出漢代人的樂府，樂府慢慢兒長成一新條，如〈古詩十九首〉又是一新條，就變成了當時的新文學。又如從百家言中的老莊之學落地，生長出王充《論衡》，又另外成一樹。我們要懂得此種學術上的「落地生根」，又重新長出新生命來。

其實《春秋》也就是從《尚書》長出，這層我們已經講過。但這榕樹又落地重生根，現在又長出《史記》來。經學在這時期，實際上已長到極大，以後的經學再不能同漢代相比。所以漢代五經以後不再有別的經。同樣的例，有了《史記》、《漢書》以下的二十五史所謂正史的，此下也不會再有第二種正史。因此，四史之後不是沒有史，沒有「正史」，但這些正史也只是從大傳統裡生出的小枝小節，有此傳統，而更無大的創興。經學是最早一個大傳統，以後直到清代，有很多講經學的書，然而經學則只是此經學，不再有大的創興了。史學從經學裡創出，可是有了《史記》、《漢書》、《後漢書》，以後的二十五史，只是一個正史的大傳統，下面也並無一部正史值得我們特別提出來再詳細講，因為它也沒有創興了。當然諸位學歷史，二十五史都該看，可是我講史學名著中的正史，則就講到此為止，下面的不再一一去講它。等於像經學，講了《尚書》、《春秋》，下面再無一部新《尚書》、新《春秋》來了。至於今天以後的中國史學，該再來些什麼，此刻我們不曉得，不過我想總有一點是可知的。就如大榕樹般落地生根，卻不能在上面把它根切斷，根切斷了，生命已失，哪裡又來新的？倘使諸位，也不一定就是諸位，今天以後，來一個大史學家，又來創造中國的新史學，寫出一部新史書，也一定仍從舊的歷史裡來。一定要先創有太史公，然後再能有班孟堅，再能有陳壽、范蔚宗。這責任真是大，非有一個大了不得的人，怎麼再來一個太史公？但現在則定要再來一個太史公才行。班孟堅只是學太史公，太史公又向哪裡學？太史公學的是《春秋》，使經學變成為史學，完全變了。諸位說中國此下不會再有太史公，一切該要從外國史學裡學來，這也可以。但諸位一定先要深通外國史學，再從外國史學中來一個中國的新太史公，這卻更難了。諸位須要益精益詳地去讀西洋史，真通了西洋史學，再來落地生根，卻不能「不學無術」，不經一番學，如何能來創？要創總要有一個「術」，術即是一條路，或說是一個方法。這條路與這個方法還是要學。太史公的父親，他就百家言都通，所以有〈論六家要旨〉。太史公跟他父親轉一下手，他從孔子《春秋》變成《史記》。諸位聽我前面這些話，要瞭解中國的史學已經完成，有了正史，則這個大幹已經起來了，我們下邊不再詳細去講這個幹，下邊我們要從正史之外來另加注意。

《隋書．經籍志》史部共十三類，正史之外還有十二類，這裡頭緒紛繁，能不能有人來寫一篇從東漢到隋代的中國史學呢？當然還有人應寫從周公到司馬遷的中國史學，再有人寫隋代以下的中國史學，慢慢兒拼成一部《中國史學史》，這種工作是必需的，而亦是很難的。先須你寫一段，我寫一段，將來有人合起來成為一部《中國史學史》。或者你寫一部《中國史學史》，我也寫一部《中國史學史》，有了八部、十部，將來定會變出一部更好的史學史來。如講中國通史，我所寫的《國史大綱》也只是一部，可是也已幾十年了，須有人不斷來重寫。寫有十部、八部，自會慢慢兒來一部像樣的。學問不是一手一足之烈，一個人不能獨自做學問，孔子也只是集大成，不是由他一人創出。司馬遷也不是一手一足之烈創出了一部《史記》，他也遠有所承。那麼我們今天能不能把《隋書．經籍志》裡的這許多史書，來講一個從東漢到隋代的中國史學呢？像章宗源、姚振宗，逐部書講，僅是一種材料之學，不是我們此刻所要求，但諸位要發憤做這工作，便得去看他們的書。而他們兩人的書也僅是給你做參考。我們能不能把《隋書．經籍志》裡這八百十七部史書，學太史公《史記》來製成一張表，也照〈經籍志〉所分十三類，如《史記．十二諸侯年表》般，連同周天子，共分十三行。每一類的書都根據年代排下，第一類有《史記》，要隔了多少年才有《漢書》，又隔了多少年才來《後漢書》。照這樣，把當時史學十三類各分時代先後做一表，從此表裡，我們就可看它一個大的演變，一個演變的大概。再把東漢到隋一切的歷史事情配上去，這工作很繁重，是一個不容易做的工作，但也是個大工作。這是一個史學新興時代，將來除掉兩宋以外，其他時期沒有像這時代般的史學之盛。這一段的史學，對當時社會起了什麼作用與影響？當時的時代又怎麼會產生出這樣十三類的史學來？這不是一個空理論，這是現實事情。像蘋果落地是一現實事情，慢慢兒從此講出一個地心吸力來。諸位要講科學精神，主要當從具體事實講。但只講材料又便不是科學。科學是從許多材料起，下面講出一套科學來。如講生物學，達爾文儘舉許多實例，而後講出一個生物進化，那才成其為科學。人文學也如此。我上面說過「由博而約」，一件件零碎事情歸納起來，而後可得一結論。諸位做學問，都要懂得這道理。

現在我把《隋書‧經籍志》裡的十三類抄在下邊：正史、古史、雜史、霸史、起居注、舊事、職官、儀注、刑法、雜傳、地理、譜系、簿錄，共十三類，諸位要訓練自己讀書方法，讀《漢書‧藝文志》，不能只看一堆書目，要看如章實齋如何樣講《漢書‧藝文志》，才知在這一堆材料背後有一套了不起的意義。這十三類中，每一類裡都講其來歷，當然我們還有很多要補充。如第一類正史，從司馬遷《史記》講起。司馬遷《史記》怎麼來，我上面已同諸位講了個大概。第二類「古史」，乃是學古代史書而寫的，司馬遷《史記》是創了一個新，而大部分所謂古史則只是跟著《春秋》來，用編年體，沒有換新花樣。第三類「雜史」，有一部分是跟著《尚書》來，一件一件事抄下，就等於一種「史鈔」。但諸位要知，任何一部史書大體都是抄來的，太史公《史記》不也是抄來的麼？只是抄，而沒有一個大系統，零零碎碎的，這就叫「雜史」，如《戰國策》就屬於雜史。雜史之外有「霸史」，中國自東漢以後又分裂了，有許多地方史不算是正式的國史，那就叫霸史，如《華陽國志》是。今不論正史、古史、雜史、霸史，都還在一個大系統裡面，從古代已先有。下面再興起了許多後來的。如「起居注」，這也是很古便有，一路傳下，直到清代，注的是皇帝的起居，為將來寫歷史一個很重要的參考材料。「舊事」就是許多歷史故事，包括極博，朝廷政令亦在內。「職官」，從《漢書・百官公卿表》以下有〈職官志〉。「儀注」，是朝廷種種禮儀制度。「刑法」，上自漢，中經兩晉，刑法演變直至隋唐，一路下來，都可在此類中探究。此上從起居注到刑法這幾類，大體都是政府檔案，專在政治方面。此下「雜傳」，這一類份量極多，共有二百十七部、一千二百八十六卷，在全部史籍所收八百十七部中，此類就佔了四分之一。《史記》本來是紀傳體，此下在史學中人物傳記特別多，可說皆是《史記》影響。下一類是講地理，份量也多，差不多各地域各有書，零零碎碎，凡得一百三十九部、一千四百三十二卷，只比雜傳是少了，在整個十三類中佔了第二位。可知十三類中重要的，一是人物傳記，其次便是地理記載，如有名的《洛陽伽藍記》，只記洛陽一地之寺廟，而連帶述及洛陽之宮殿街道等種種，此兩類可說是十三類中特別值得我們注意的，兩類加起來，幾乎佔了十三類中之一半。又下一類「譜系」，此是「姓氏」之學。東漢以後中國社會興起了士族大門第，直到唐代，譜系之學應時而起。再次是「簿錄」，從《漢書·藝文志》到《隋書·經籍志》，中間還有很多像此之類的書目，盡在這一類，此當從劉向、歆《七略》開始，而《隋書·經籍志》以後，此類亦不斷有迭起。

今再說此十三類中如起居注、舊事、職官、儀注、刑法五類，古代有，後代也有，一路到清代，可是雜傳一類，唐以後不再佔這樣大的地位了。五四時期有人說中國人不講究傳記文學，此又是信口開河。太史公《史記》以下各代正史，不都是傳記嗎？此姑不論，如看《隋書·經籍志》，一個人的傳記寫成一本書的儘不少，雜傳一類就多至兩百幾十種，有一人寫一書的，有一家寫一書的，也有很多人寫在一起的。我們今要問，在那時為什麼這樣看重人物，乃至家庭的傳記？如裴松之就寫了一部《裴氏家傳》，王家、謝家的更多了。而地理一類亦更可注意，不論什麼地方，一山、一水、風土文物、一寺、一墓，無所不有，此下的地方志書與家譜，正可說都從東漢以下開始了。諸位今且根據《隋書·經籍志》，再往下看，如《唐書》、如《明史》，直看到《四庫提要》，下面的中國史學怎麼樣在變？還有新花樣沒有？還是只照這些舊類別，而舊類別裡為何這一時代特別重在這兩部分？如我們來寫「東漢到隋的雜傳」或「東漢到隋的地理書」，這也可算是大題目、大文章，從這些再綜合出東漢以後到隋這一段時期中國的史學，光是書籍就有八百十七部，年代就經歷了四、五百年，要在這裡講出一個大體來。如章宗源、姚振宗花一輩子工夫來研究，實也只重在材料上，沒有深入發見其中的意義。從章實齋以後，又有好多人專來研究《漢書・藝文志》，但也沒有更好見解，能超越章氏之上。我們該在材料上更深進研究其意義，工夫不專用在考據上，而更要在見解上。我們又說，從裴松之的《三國志注》，章賢太子的《後漢書注》，引到當時很多書，當時的書為此而保留下來的不少，清代又有一部嚴可均輯的《全上古三代秦漢三國六朝文》，史學的也在裡面，如我們要找裴松之，他寫有多少文章，今天所找得到的即都在嚴可均這書裡。清代人做學問，也不能說他們沒有下工夫，但他們究竟只看重在材料之學，給我們很多方便，今天我們即講材料之學，和清人相比，已差得太遠。因他們都是一輩子用工夫，而他們的社會也比今天安定，如清政府來編一部《全唐文》，把唐代一代文章都收進去，而嚴可均私人也來一部《全上古三代秦漢三國六朝文》，把私人精力來和政府集體工作作抗衡，那也就大可佩服了。但我們今天做學問，究該比清代人更進一步纔是，該從材料搜集之上更深進到見解眼光方面。只是所謂見解與眼光，仍該讀書，從材料中來，不能架空發論，又不應該只用心小處，該能有大題目，在大處用心。將來的中國史學，勢必另有新趨，無法一一學步古人，但至少有兩項斷不能與古人相異：一是多讀書；二是能從大處用心。我此講首先提到由博返約，博便要多讀書，多讀書後，能從大處歸納會通，這就是約了。若如我們今天般，儘在小處，零碎尋一些材料，排比湊合，既失其大，又不能通，已無法追步清代，更何論為後代開新。史學更是一種應該博深多通的學問，我們應該自知自己的缺點與短處。若只就自己現實，反來多方譏評古人，那就更要不得。

高僧傳、水經注、世說新語

我們今天續講東漢以下到隋代之史學演進。我在上一堂特別提出「雜傳」、「地理」兩類的重要性，今天我想在這兩類中每一類舉出一書略為講述。《隋書・經籍志》裡許多書，現在失傳的多，但保留下來的也還不少。我將在中間特別舉出兩部，略為一講。但並不是舉來作史學名著。但即稱之為史學中間的一部名著，也非不可。一是雜傳類裡的《高僧傳》；此書在《隋書・經籍志》裡稱為僧佑著，實際上該是慧皎著，慧皎是南朝梁人。此書共十四卷，講到了在四百五十三年中二百五十七位高僧，共分十類，一一為他們作傳。還有附見的二百三十九人，共可有六百僧人。除此《高僧傳》以外，《隋書・經籍志》裡還有別人所寫，如《名僧傳》等，可是只有此一部傳下。以後就有《續高僧傳》、再續三續的《高僧傳》，一路下來，為我們研究中國佛教史一項重要的史料。

除《高僧傳》以外，又有《傳燈錄》，此是記載禪宗祖師們言行的，這樣我們可說中國已有了極詳細的佛教史材料。諸位當知，宗教家不看重歷史，特別是佛教，它本身就沒有歷史，連印度也沒有歷史，但佛教傳達中國，中國僧人就把中國文化傳統——看重歷史的眼光，來記載佛教史。即論世界各大宗教，有精詳的歷史記載的，也就是中國佛教了。但把歷史來記載宗教，這情形就會和原來的宗教發生很大差異。宗教本身不看重歷史，今把一代代的教主，和下面很多其他傳教的人，分著年代，再分著門類，詳細把事情記下，把歷史意義加進去，至少其本身宗教觀念，會因此而開明得多，就會變成一種新觀念，不啻在宗教裡開闢了一個新天地。因此下面才有所謂中國佛學之產生，此即佛教之中國化，乃是說在宗教裡邊加進了中國文化傳統中的人文歷史觀點，那是一件了不起的事。諸位研究歷史，定要求其全，又求其通。如講魏晉南北朝到隋這一段的歷史，斷不能把佛教排斥在外，置之不論。在這段歷史裡，從東漢末年佛教傳入，一天天的發展、變化，中間究是怎麼一回事？我們該從整個歷史來看，也該以全部佛教之演進來看。研究史學的人，只要在這個時代發生過了什麼事，都要求其全，求其通，從時代來看宗教，從宗教來看時代，時代變，宗教也跟著變，宗教變，似乎也是這個時代在變。像此之類，諸位要研究思想史社會史文化史等，都不能把佛教放在門外邊。佛教在當時，是社會上一個重大的宗教，它有一套信仰、有一套作為，時代固是影響著宗教，宗教也在那裡影響時代，中國的正史是紀傳體，包容不了宗教，宗教還是在外邊，我們只有在正史以外再來找宗教史，如像《高僧傳》，便甚有價值。在史學上，宗教上，都有極大貢獻。我們即使不研究佛教，但佛教要之是歷史中一大部門，將來到了唐以後，一路有佛教，歷代《高僧傳》便是佛學史上一寶庫。諸位千萬不能忽略。我們不能抱一種關門孤立主義，把此等重要事項置之度外。

現在再講第十一類，地理方面，我在此方面一百三十九部書裡邊，也特別舉出一部，就是酈道元的《水經注》。漢代桑欽著《水經》，酈道元為之作注，特別是史學方面的注，本在魏晉南北朝很盛行。我們已經講過裴松之的《三國志注》，再有大家知道的，如李善的《文選注》，像酈道元的《水經注》，再有就是下邊要講的劉孝標的《世說新語注》，可說是當時四部有名的史注。桑欽《水經》本是薄薄的一小本，經酈道元一注，變成了一部大書。後人把《水經》本文和《注》放在一塊，實際上就是讀《水經》的《注》。等於我們把《左傳》、《公羊傳》、《穀梁傳》附在《春秋》下，很少人去掉三傳，專來讀《春秋》的。《水經注》照理是一部地理書，《隋書・經籍志》也就放在地理類。書中多講水道交通、農業灌溉，特別注意到水利。但漢代桑欽作了《水經》，經過幾百年到酈道元，他親自到過好多地方，來為《水經》作注，諸位當知，水道是會變的，原來這條水這樣流，後來這條水換了方向不是這樣流了。原來這條水經過這裡，後來經過那裡了。原來兩條水分的，後來合了。原來兩條水合的，後來分了。原來有這條水，後來沒有了，乾涸了。

原來沒有這條水，後來新成一條水了。中國最初重要地區都在黃河流域，到了南北朝，長江流域慢慢兒開發，隋唐統一以後，就慢慢兒南方重過於北方。我在《國史大綱》裡有一篇〈中國南北經濟的變遷〉，由於經濟變遷就影響文化變遷，而同時重要的也就是水道交通等各方面的變遷。我們講地理的沿革，多注重在地名都邑等，而酈道元的《水經注》卻是拿水道交通為主，都邑附見在水道的旁邊。又把這些都邑曾經發生了些什麼事也一併記下。

在地方曾發生過什麼事，那是歷史。所以酈道元的這部《水經注》，固然是一部地理書，實際是一部極有價值的歷史書。我們要講中國古史的水上交通、物產、文化種種變遷，這部書關係非常之大，值得參考。

可是後來人不一定清楚這書的價值，而這書描寫各地風土景色，描寫得非常好。唐代柳宗元的文章，最受人歡迎的在其山水遊記方面，如〈永州八記〉之類，大家說柳宗元這一類的文章就是學著《水經注》，於是《水經注》就變成為文學家所注意的一部書。再後來，這書屢經傳抄，變成經注混淆，桑欽的《經》同酈道元的《注》慢慢分別不清。直到明代，那時並沒有一部很好《水經注》的版本，清代人就花著工夫來重訂《水經注》的文字。其首先特別重要的是為《經》《注》作分別，在此方面特別有貢獻的是戴東原。他為四庫全書館校《水經注》，說是根據《永樂大典》，那時《永樂大典》藏在內廷，非外面人可見。但在戴東原同時稍前，也曾有人用功校過《水經注》，主要是趙東潛。他的書也送進四庫館，後來人見戴東原所校，有許多和趙東潛相似，於是疑心戴抄了趙，這就成為當時學術界一大問題。戴東原有一弟子段玉裁，他特為戴東原辯護，寫了許多文字都收在段的集子裡。但這一問題，直從乾嘉時代一路下來沒有解決。到清末，《永樂大典》流傳到外面，經王國維看見了《大典》中半部《水經注》，拿來校戴東原所校的《水經注》，一點也不對。原來《永樂大典》本的《水經注》完全仍是舊的，《經》《注》不分，由此可見戴東原實是說了謊。但王國維只校了前半部，後來商務印書館訪求得整部《永樂大典》的《水經注》把來印出，兩面一對，顯然戴東原根本沒有根據《永樂大典》。我那時在北京大學教書，曾向商務印書館預約了一部《水經注》，等它出版，我想把此問題來作一研究。可是那年暑假我回到南方去，待秋間回到北平，晤見北大史學系同事孟森先生。他告訴我，他在暑假中做了一件大工作，把全部《水經注》都校了。他說：你此工作可不必做了。但可惜他的全部稿子沒有好好整理發表，接著是七七事變，而孟先生也過世了。但此下胡適之還要為戴東原抱不平，但《大典》本的《水經注》人人都看得到，戴東原是否根據《永樂大典》來校《水經注》，此問題極易解決，不煩多論，而且若使戴東原只是根據《永樂大典》來校《水經注》，這還有什麼大功績可言？大抵戴氏大功，是在其分辨《經》《注》，可是校《水經注》不僅此一點。戴東原在四庫館校《水經注》年月有限，他曾參考了趙東潛所校，而趙東潛的後人又看見了戴校四庫本，有許多或許為趙東潛校本所沒有，他們也把來加進去，於是這書有戴抄趙的，同時也有趙抄戴的。此刻倘能查出當初呈送四庫館的趙氏原本，此問題也可解決一部分。但我想此問題結論很簡單，已有了，也不必在此上更多操心。我寫《近三百年學術史》寫到戴東原，在小注裡就附帶提到這問題。後來我在香港，胡適之曾寫一信給我，說我和王靜安同樣未脫理學家習氣。我給他一回信說，此問題現在已都不值得講了，若得反共勝利回到大陸，你再高興看重這部《水經注》，不如組織一個考察團，這裡面應要有史學家、地理學家、水利學家、農業家、考古學家，各方面人物參加。雖然《水經注》中所記載的地方不能一一全去，幾條大水像黃河、淮水、渭水等都該去跑一周。原來這條水這樣流的，現在不這樣流了，原來這裡有這條水，現在沒有了，原來這裡是很繁盛的大都邑，現在荒廢得變成一個小村鎮或荒地了。這項工作，也像酈道元注《水經》那時，古今對照一下，可知其間有很大的變動。這事不僅為研究歷史，實對北方開發應有大用。何必專為戴東原一人斤斤辯誣。我自己對《水經注》，並未用過大工夫，只在我的《先秦諸子繫年》裡，引用了《水經注》的地方很多，尤其是在司馬貞《史記索隱》以外，酈道元《水經注》也曾引用《竹書紀年》的許多原始史料，對我有絕大的幫助。諸位今天若要讀《水經注》，可讀王先謙的《合校水經注》。在趙東潛同時，全祖望也曾七校《水經注》，後來他把那項工作讓給趙東潛去做了。胡適之曾有幾篇文章在抗戰時期零碎發表過，中間有一篇說，他的朋友丁山告訴他全祖望七校《水經注》靠不住，其實在王先謙《合校水經注》的〈例言〉裡就說過了，所以王氏合校全沒有引用全祖望。王先謙既已如此說了，何待再要胡先生的朋友丁山。可見和我同一時代的學術界，實在讀書粗心，已遠不能和我們稍前一代的人比了。

現在再講第三部書，這不在《隋書・經籍志》的史部，而在子部小說類中，其實也應是一部史書，而且很重要，這就是劉義慶的《世說新語》。劉義慶是劉宋人，梁代劉孝標為它作注。據說從前劉向曾寫過一部《世說》，後來並無流傳，所以劉義慶的書稱作《世說新書》。後來又不曉得何人把此書名改成了《世說新語》。書裡都記著些當時人的佳事佳話，在社會上流傳的，而劉孝標的《注》，則採用了一百六十六家的書，這些書都在正史之外。後來劉知幾《史通》很不看重劉義慶此書，但很看重劉孝標的《注》。他說：「以峻之才識，足堪遠大，而不能探賾索隱，網羅班、馬，方復留情於委巷小說，銳思於流俗短書，可謂勞而無功，費而無當者矣。」他說劉孝標的學問識見，可以同班、馬一樣寫大歷史，他不做這工夫，乃留情於委巷小說，銳思於流俗短書，可見他很看不起劉義慶的書。然而此書連同劉孝標《注》直流傳到今天，由今看來，這是一部對當時歷史極有關係、有價值的書。重要是在能表現出當時的時代特性。每一時代同另一時代不同，正因其各有特性不同。要能表現出這一個時代的歷史特性的，那麼這部書就是歷史上一部重要的書。若使我們要研究從東漢末到隋代這一段，特別是魏晉到南朝宋的這一段，我們該要懂得這一段的時代特性在那裡？歷史特點在那裡？我想諸位都會提出一句話來，說：這是一個清談的時期。話是對了，東漢以前沒有清談，隋唐以後也沒有清談，清談正是那時期一特性。但我不免要接著問：什麼叫清談？其內容是些什麼？諸位要去找材料來解答，最好就是讀《世說新語》。我在《國史大綱》裡，有時不根據陳壽《三國志》，不根據《晉書》、《宋》、《齊》、《梁》、《陳書》，只就根據《世說新語》，舉出幾件故事來講當時人的觀點和風氣。我又寫過一篇〈略論魏晉南北朝學術文化與當時門第之關係〉一文，重要材料還是根據這部《世說新語》。此刻我再舉一例。《世說新語》中第一類是「德行」，諸位只從此〈德行〉卷，正可看出當時所謂的德行，究是怎麼樣的一回事。把來和東漢一比，這裡顯然便有個時代不同。我曾告訴諸位，《三國志》裴松之《注》，有許多事沒有注進去，我曾舉出了兩例，這兩例就在《世說新語》裡。近人也有說《史記》有〈貨殖列傳〉，認為太史公對歷史有特見，後來人不能及，這話也有些似是而非。如講《史記．貨殖列傳》，子貢是孔子的大弟子，下邊來了陶朱公、范蠡，他是越國大臣，又下邊到白圭，做過梁國宰相，下邊到呂不韋，做秦國的宰相，秦始皇還是他兒子。這些做生意人，在當時社會上地位重大，太史公自該來寫〈貨殖列傳〉。下面的做生意人，沒有社會地位了，即是沒有歷史地位了，僅不過是發點財做一富人而已，那當然不該再要〈貨殖列傳〉了。又如太史公又寫了〈游俠列傳〉，為什麼後來人不寫了？這也因在後代社會上游俠不成為一個特殊力量，卻不能怪史家不寫。為何中國古代有貨殖有游俠，而後代沒有了？這是歷史的變。我們要知道中國古代社會同後代社會的大不同之點在這裡，這裡纔隱藏著有問題。如在《後漢書》有〈文苑傳〉，而《史記》、《漢書》沒有，但以下直到清代就都有，那又是歷史變了。古代沒有專門所謂的文人，社會上沒有這流品，不能怪史家不為作傳。又如《後漢書》有〈獨行傳〉，而古代則並沒有所謂獨行之士。如伯夷、叔齊，也可算得是獨行，但不成一類，而東漢以後便多有之，這又是中國社會變了。在二十五史裡，每每有新的類傳出現，如《宋史》有〈道學傳〉，此與以前〈儒林傳〉顯有不同。明代亦然。清代就不行了，〈道學傳〉可有可無。而那時講歷史的人卻說：《宋史》不該有〈道學傳〉，只存〈儒林傳〉便可，其實是不同。儒林是儒林，道學是道學，既是那個時代新有了一種道學，就該立個〈道學傳〉。如剛才講過慧皎有《高僧傳》，當然古代沒有，但此下直到明代，高僧一路不斷，故不斷有《續高僧傳》出現。可見歷史記載要表現出當時歷史上的一個特點，也說是歷史上一個極重要的特性，或說是某種新起事項。恰恰《世說新語》就表現出東漢末年一路下來的清談這一個特點。所謂佳事佳話，也都是清談成分佔得多。所以此書直到今天流傳在學術界，而且成為史學上一部極重要的書。劉知幾不懂這層，實際上《隋書．經籍志》把此書放在子部小說家言已錯了，無怪劉知幾便要說它是委巷小說、流俗短書了。其實大書有大書的價值，短書有短書的價值，這部書體例像小說，實是一部極大有關史學的書。但我們也不能怪《隋書．經籍志》的分類，只可說小說家言也有很多極有關於歷史大事的。而且《世說新語》都是些真確而具體的佳事佳話，不像後來所說的小說，都是無中生有。〈隋志〉把此書入小說類，乃承〈漢志〉的分類法，而此下又有變，小說該入集部，不該入子部。如唐代的一部《太平廣記》，那纔真是小說了，但在《太平廣記》裡，也可研究唐代當時的社會、經濟，乃至其他方面的材料很多，可惜今天我們沒有人來運用這部《太平廣記》來發揮當時的歷史實況。這部書，將來定會有人注意到，雖然是小說，事情都靠不住，是真的，我們如何來運用這部書，就要你的識見、眼光和本領來運使。我常說：我們倘能根據《全唐詩》和《太平廣記》，以這兩部書來研究唐代史，可以獲得很多極新穎的材料，為唐史開一新天地。至於研究魏晉南北朝史，《世說新語》更見非常重要，只是在當時人不很覺得，即如劉知幾也無此眼光，但時代隔得久，此書地位便見不同。即是諸位講究作文章，此書也是非常了不起。

我現在講這三部書，《高僧傳》文章就非常好，《水經注》、《世說新語》的文章也非常好。說到史料，《三國志》裴松之《注》，《水經》酈道元《注》，《文選》李善《注》，同《世說新語》的劉孝標《注》，都極可看。劉孝標《注》裡就收有一百六十六家，真是取之無盡，有很多材料在裡邊，在歷史的考據工作上也有用。我今天就講到這地方。今天諸位要寫歷史，固然也不必定要寫正史，這要看各人的眼光。外面材料容易找，如何運用材料來表現出歷史上所謂一個時代的特性，這就要我們的學問。沒有學問，材料只是材料。有了學問，材料不只是材料。莊子說：「化腐朽為神奇。」材料不能運用，可以是些朽腐。成為歷史了，那便是神奇。我們讀書，不能把書只當材料讀，《世說新語》不只是材料，我們要由此瞭解這一個時代的精神。《水經注》也不僅是材料，要懂得在當時中國的社會和經濟、農業等各種歷史上的大變，都在此書中透露出。讀《高僧傳》，則四百五十年佛教傳來的變化、佛教在中國的新歷史，都在這裡。我從前老友湯用彤先生寫《漢魏兩晉南北朝佛教史》時，我和他常在一起，他到什麼地方，一部《高僧傳》總不離手，熟極了。他這部佛教史是一部好書，而我看他花在《高僧傳》上的工夫真是極大。可見書是人人能讀，但各有巧妙不同。若諸位認為做學問不須讀書，那就無話可講。若認為讀書是一件重要事，則讀書中的巧妙，諸位更應注意。沒有巧妙，一味死讀，那也是要不得。

劉知幾史通

今天我要講到劉知幾的《史通》，那已在唐代。《史通》這部書，在中國學術著作中，有一個很特殊的地位。中國人做學問，似乎很少寫像「通論」一類性質的書，如文學通論、史學通論等。中國人做學問，只重實際工作，很少寫通論概論，《史通》則可說是中國一部史學通論，也幾乎可以說是中國唯一的一部史學通論，所以這書成為一部特出的書。我講過，從東漢到魏晉南北朝有兩種新的學問，一是史學，一是文學，於是乃有經史子集之四部分類。在文學方面，最著名的有一部梁昭明太子的《文選》，薈萃了這時代新興的各家的文章。另外有一書，《文心雕龍》，是梁代劉勰所著，這書可以說也是一部極特殊極有價值的文學通論。宋人黃山谷曾說：《文心雕龍》和《史通》，二書不可不觀。他就把《文心雕龍》和《史通》兩書相提並論。但中國在文學上自唐代韓、柳古文運動起，經宋以下，有了古文，對文選體的文章就比較看輕了。而劉勰的《文心雕龍》，不僅是他批評的重要在駢文方面，而他書的本身也是駢文，所以比較不受後人重視。而中國的史學則不像文學，並無一個新的轉變，因此一般人一路下來仍多讀《史通》。《文心雕龍》到了唐宋以後，慢慢注意的少，直要到近代，不再看重唐宋古文，以至桐城派，而再回上去，研究魏晉南北朝的駢文，這部《文心雕龍》遂又被看重了。

今天我們平心來看這兩部書，由我的看法，《文心雕龍》之價值，實還遠在《史通》之上。我曾講過，史學當有三種工作，即考史、論史、著史。《史通》向來列為一部評史的書，但評史更重要是在評論這一時代的歷史。而《史通》只是評論「史書」，不是評論歷史。史書記載「史情」，應具「史意」。什麼叫「史情」呢？這是當時一件事的實際情況。如漢武帝表彰六經、罷黜百家，這是一件事，這件事的實際情況我說它是史情。今天我們說這是漢武帝要便利專制，其實並不合於當時歷史實情。每一件史事背後，我們要懂探求其實情，這實情背後就有一個「史意」。這是在當時歷史實際具有的一種意向。當時歷史究在那裡要往那一條路跑，跑得到跑不到是另外一件事，但它有一個意向，想要往那條路跑。我們學歷史的人，就應該認識這個史之意。史意得了，史情自然也得了。如我們研究《春秋》，就該認識春秋時代這段歷史背後的一番意向，才能真明白到那時歷史事件之真實情況。這才是我們的史學。我們具備了這一種的史學，才能來寫歷史，而後才始有史書。史書的最大作用，要能發掘出他所寫這一時代的史情與史意。史學家寫史的作用在這裡，我們要來批評歷史、考史、論史也該從這個地方去注意。而《史通》則儘在那裡論史書、史法。《史記》怎麼寫的，《漢書》怎樣寫的，寫得好和壞，儘在寫史的方法上著眼。倘使照我剛才的理論講，史書最重要的要能看出當時這許多史事背後的實情和意向，而劉知幾《史通》在這方面是缺乏的。他只注意在幾部史書的文字上，沒有注意到史的內容上。他只論的史法，沒有真接觸到史學。苟無史學，他所論的史法，都是膚淺的、皮毛的。史法之真實根源，並未涉及。孔子《春秋》是有史法的，但《春秋》史法之來源，則在孔子對春秋時代之史情與史意，有他一番極深的看法。

有人問過劉知幾，說：從古以來，為什麼文人多，史才少？劉知幾回答說：「史有三長，才、學、識。世罕兼之，故史才少。」他講一個史學家應有三種長處，即史才、史學、史識。此後中國人講史學，都喜歡講這三長。今講到史才，如舉近代梁任公為例，他寫的《中國六大政治家》，特別寫到其中的王荊公，他又寫《歐洲戰役史論》、《清代學術概論》等，我覺得梁任公該可說有史才，他實能寫歷史。但所不足的是在史學。他究嫌書讀得少，並也不能精讀，因此他對這一時代的事情真知道得不多。他論王荊公變法，論清代學術，均無真知灼見。他並沒有在這些上詳細地學，他可能是有才而無學。至於說到「識」字，那就更高一層。梁任公講《中國六大政治家》、講《清代學術概論》，均嫌見識不夠。今天來講劉知幾，劉知幾一輩子在史館供職，然而沒有機會來寫一部歷史，因此就不易見他的史才與史學。從某一個角度看，我們上面講過《隋書・經籍志》中許多歷史書，劉知幾幾乎都看到，也都批評到，似乎不能說他無史學。然而他所重只在文字上、在方法上，說不到有史識。則其所學也就另外是一件事，不能說他真學著歷史。因為他只是在那裡講幾部歷史書，並不是在講那幾部歷史書中之歷史。諸位讀了劉知幾的《史通》，最多僅知道些我們該怎麼來寫歷史。他只在史法、史筆上注意，倘使對這一段歷史自己並沒有一番很深切的見識的話，那這些史筆、史法也就根本談不上。這是我講劉知幾《史通》的大缺點。他這書並沒有講到史書背後的史情和史意，他僅是讀了那時許多的歷史書，而並沒有進一步通到史學。

他書分〈內〉、〈外〉兩篇，〈內篇〉中第一篇叫〈六家〉，他把中國古代史書分成《尚書》、《春秋》、《左傳》、《國語》、《史記》、《漢書》六家，這講法大體並不差。我們講了半年的史學名著，主要也只是講這幾部書。他怎麼分這六家的呢？就是照這六部書的體例來分，這個我們都已大體講過。他的第二篇稱〈二體〉，在這六種不同體例之上，特別舉出兩種的大不同。一種的代表就是《左傳》，這是編年體。一種的代表是《史記》，就是列傳體。劉知幾《史通》又批評到《尚書》，他說：「《書》之所主，本於號令，所載皆典、謨、訓、誥、誓命之文，〈堯〉、〈舜〉二典直序人事，〈禹貢〉一篇僅言地理，〈洪範〉只述災祥，〈顧命〉都陳喪亂，為例不純。」他指出《尚書》應是一部記言的書，而中間如他所舉諸篇為例，不純是這一講法。可見劉知幾對於史書的體例方面，實曾用心，並有一種極深刻的眼光，所以能發出這樣的極深刻的批評。照我們現在講法，〈堯典〉、〈舜典〉、〈禹貢〉、〈洪範〉這許多所謂今文《尚書》的，本來不是當時真的《尚書》，實際上只是戰國時代人所偽造，是可以懷疑的。證據在那裡？只把劉知幾這段文章來推論，也可以做我們懷疑這幾篇書的一個很好的根據。可見劉知幾對於批評史書體裁方面，確是相當有他的見解。

我們再照上面所講，史書中一種是編年體，如《左傳》。一種是列傳體，如《史記》。又一種應該是記言體，而又兼記事的，那就是《尚書》。《尚書》本是記言的，但記言不得不兼記到事，這些我們都講過。《國語》在劉知幾的六家中另立一家，那也可以。可是劉知幾在他〈二體〉篇中，又說我們後來人應該取法的，只有《左傳》同《漢書》兩家。這個講法，就可證明劉知幾實在是沒有史學，並沒有史識。若我們只以記事一個角度講，《左傳》是比《春秋》來得詳備了。可是更高一層從寫歷史的精神上來講的話，當然孔子《春秋》遠在《左傳》之上。劉知幾徒然震驚於《左傳》敘述之詳備，而漢視了孔子《春秋》之義法，那是他見識小。又如太史公寫《史記》，所謂「究天人之際，通古今之變，成一家之言」，這種精神，就遠在《漢書》之上。但為何劉知幾卻主張我們要寫列傳體史書，只教學《漢書》呢？此因《漢書》是一部斷代為史的，以後中國人寫正史，都是一個時代一個時代分著的。所以說我們應該學《漢書》。但是劉知幾僅知贊成一個斷代為史的體裁，但並不能因為《漢書》之斷代為史而忽略了太史公作為《史記》的精神。我和諸位講史學名著，對孔子《春秋》和司馬遷《史記》之評價，遠在《左傳》、《漢書》之上，這是和劉知幾不同之點，所爭則在「史識」上。《漢書》僅看重在歷史裡的事情和其記載事情的方法，不知歷史更有超於事情之上的。如太史公說孔子《春秋》「貶天子、退諸侯、討大夫」，這些天子諸侯大夫種種事，你要能懂得貶他、討他，這就是另外一件事了。又如說「究天人之際，通古今之變」，這是在歷史事情之上，更有一套高深的意義，留待我們作史的人去探討去發掘。劉知幾的《史通》，就並不能瞭解到這一方面去。所以劉知幾的《史通》，後人說他「工於訶古」，他批評前人很苛刻。但他自己提出來的意見，我覺得有許多有問題。如他認為〈天文志〉不該寫入歷史，因歷史常在那裡變，而天文則是一個不變的，並且他認為天文和歷史沒有關係。我們此刻也可說天文學應該放進自然科學，不在人文科學裡，這話自是對的。但寫歷史的人，一代有一代的〈天文志〉，把他當時人對天文的知識寫下，我們現在看著一代一代的〈天文志〉，我們才知道當時人對天文知識的不同，這也不能不算歷史。究竟天文是怎麼一回事，直到今天的天文學家還是不能完全知道，所以劉知幾這個意見，我覺得並不很正確。又如劉知幾認為《漢書·藝文志》可不要，這意見就大錯了。把當時許多書籍綜合起來寫一個《漢書·藝文志》，到了《隋書·經籍志》，一路下來，中國好幾部歷史裡都有〈藝文志〉、〈經籍志〉，我們今天正可以根據這些篇文字來瞭解我們歷史上各時代學術的變遷，這是個非常重要的記載。而劉知幾《史通》認為這些就不必放在歷史裡。他又說既然有了〈天文志〉，為什麼沒有「人形志」？既然有了〈藝文志〉，為什麼沒有「方言志」？人形志研究人種，研究人的頭髮、皮膚顏色等，這都是科學，儘可不寫在歷史裡。方言也可不寫進歷史。人形之與天文、方言之與藝文、經籍，究竟在當時歷史上，影響大小大不同。究因劉知幾對整個歷史沒有一番清楚明白的看法，因此他遂橫生駁議，而並不中肯。

劉知幾又批評《漢書．地理志》只講郡國，那只是一種政治地理，他主張該有「都邑志」，則是人文地理了。他又主張要有「氏族志」、「方物志」等。像此之類，到了後來鄭樵的《通志》，就特別看重這些意見。劉知幾又特別講：「凡為史者，宜於表志之外更立書，人主之制詔冊令，群臣之章表檄議。」全收入此處。他不曉得史部已與集部分開，這許多全應放在集部裡。即如一部《全唐文》，每一個皇帝的詔令、每一個臣子的奏議，若都把來放在《唐書》裡去，《唐書》萬萬容納不下。劉知幾批評某一書某一書的，今天且不講，所講只是他所提出的一些正面而共通的意見，他主張正史該如何，但這許多提議都不很值得我們之欣賞。尤其是他極端的批評《漢書．古今人表》，我已經講過，〈古今人表〉也有它在歷史上的作用，並不能說是十分要不得。後來人批評劉知幾《史通》，則說：「薄堯舜而貸操丕，惑《春秋》而信汲冢，訶馬遷而沒其長，愛王劭而忘其佞，高自標榜，譏訶賢哲。」我覺得這樣的批評，都是講得很好。總之，劉知幾只注意到史書，沒有注意到歷史本身，也沒有注意到寫歷史的背後的這個人，如像孔子作《春秋》、司馬遷作

《史記》，此兩人究同左丘明作《左傳》、班固作《漢書》不能並論，而劉知幾在這些地方就忽略了。

我們再可講到劉知幾自己的學問。上面講的是《史通》的〈內篇〉，最重要的，我們只講它第一篇〈六家〉，和第二篇〈二體〉。下邊講《史通》的〈外篇〉，第一篇〈疑古〉，第二篇〈惑經〉。劉知幾對於古代的中國史懷疑，他說：「倘漢魏晉宋之帝君生於上代，堯舜禹湯之主出於中葉，史官易地而書，各敘時事，校其得失，固未易是。」這樣一講，就對全部歷史泛起了一種虛無的看法。那是一種極刻薄、極輕浮的虛無主義。人物無賢奸，歷史無定準，特別是到了近代，我們講歷史的人，又特別喜歡疑古，「疑古」成為近人治史一大運動。劉知幾《史通》這部書，遂成為近代人之同調、近代人之先覺。中國古人早已如此講了，豈不為近人一安慰、一鼓勵。劉知幾〈惑經〉篇說：「《春秋》之義所未喻者七。」又說《春秋》有「五虛美」，《春秋》並不這樣好，只是後人虛美了它。又說：「王充問孔，《論語》備見指摘，而《春秋》雜義，曾未發明。」他很高興王充《論衡》裡的〈問孔〉篇對《論語》加以許多批評，而恨他沒有批評到《春秋》，他是來補充王充而批評孔子《春秋》的。所以又特別有一篇〈申左〉，說《左氏》有三長，而《公》、《穀》二傳有五短。這些，我不想在此多講，只可說劉知幾僅通史學，不通經學，這是劉知幾學術上之偏處、短處。《唐書‧劉知幾傳》說劉知幾十二歲時，他父親叫他讀《尚書》，他讀不進。同他講《左傳》，他就開心。可見劉知幾從年輕時就喜歡史學。他自己說：「始在丱角，讀班范《兩漢》。」可見劉知幾本身做學問本有所偏，只愛讀史而不通經。固然我們可說他天性所近在史學，這是劉知幾學問長處，我們不得不看重。然而他幼年從學就走了「偏鋒」，並未對學問有個大體的瞭解，亦未對學問有多方面的探求，就他自己才氣近的一方面，就在這方面儘量發展，雖然成了如《史通》這樣一部書，然而他的著作究為他的學問所限，不是一部理想的完作。

我們也可進一步來講，有了自東漢以下到隋代這一大段的史學，才有劉知幾出來寫他的《史通》。若使在劉知幾以前，史學界早有一番極高明的史學的話，劉知幾也就不止於此。正因從班孟堅《漢書》以下，都不能和司馬遷《史記》相比。《三國志》、《後漢書》一路下來，經學、史學大義慢慢迷失，所以當時人已只懂看重班孟堅的《漢書》，而不能看重到太史公的《史記》。講材料，班固《漢書》是來得細密了，或許可在《史記》之上。但講史識、講學問的大精神，《史記》這一套，班固就沒有學到。以後一路跟著班固的路，史學慢慢走向下坡，我們只要讀劉知幾的《史通》，就可以回過頭來，看東漢以後史學的慢慢兒地暗淡了。只要東漢以後，能有一套高明深遠的史學見解的話，劉知幾也不會無所知。劉知幾是銜接著上面傳統的史學而來，也可以說，我們要瞭解《隋書．經籍志》裡從東漢以下的那一套史學，我們只讀劉知幾《史通》，便可瞭解，因在《史通》書中講得多了。所以我們讀了劉知幾《史通》，就可回過頭來看東漢以下直到唐代初年的這一段史學。在外觀上看，是史學很盛，但是看到他的內裡精神方面去，史學實已衰了，遠不能同從周公、孔子到司馬遷那一段相比。我們也可說，劉知幾《史通》其實也只是等於一部材料的書。在他以前許多史書，那部書特點在那裡，那部書長處在那裡，我們藉由《史通》可得很多知識。但諸位千萬不要學了他這書的最大缺點，即是一「薄」字。不要看他書中批評的苛刻，覺得《史通》了不得，那就會引我們入一條歧途。尤其是今天的學者，怕有很多是喜歡走此路，疑古惑經、恣意批評，無論其見解是非，只是太輕薄、太不忠厚，便該是一病。

我們從此再回頭來看劉勰的《文心雕龍》，那就偉大得多了。他講文學，便講到文學的本原。學問中為什麼要有文學？文學對整個學術上應該有什麼樣的貢獻？他能從大處會通處著眼。他是從經學講到文學的，這就見他能見其本原、能見其大，大本大原他已把握住。固然此下像韓愈、柳宗元、歐陽脩這些人出來，提倡古文，反對駢文，實際上他們講文學的最高價值，並不能超出劉勰的《文心雕龍》之上。劉勰是做了和尚的，他早年就在和尚寺裡讀書，當時和尚寺裡許多大和尚所講的一套，也都是義理之學，懂得講本原。講釋家的，也會注意到孔子、老子。所以當時第一等的人才都會跑進和尚寺，也都會尋究佛學。劉勰從和尚寺裡讀書讀出來，最後還是做和尚，他的治學方法，應受當時佛門影響。他這部《文心雕龍》，還是值得我們看重，因他能注意到學問之大全，他能討論到學術的本原，文學的最後境界應在那裡，這些用心，都是劉知幾《史通》所缺乏的。拿今天的話來講，劉知幾僅是一個史學專家，他的知識、他的興趣，完全在史學這一門裡。而劉勰講文學，他能對於學術之大全與其本原處、會通處，都照顧到。因此劉勰並不得僅算是一個文人，當然是一個文人，只不但專而又通了。

劉勰《文心雕龍》的文章也是駢文，而他的文章也比劉知幾《史通》的文章好。劉知幾《史通》也是駢文，但不如劉勰的《文心雕龍》，諸位把此兩部同性質的書來合看，便懂得此兩書之高下，也可懂得此兩書背後著書人學問的高下。劉知幾在唐朝史館裡蹲了三十年，一生學問並未超出了歷史，只恨自己沒有來寫一部史，不像劉勰，從開頭在和尚寺，將來還是做和尚，然而他倒能注意到學問大全和文學本原，經史會通，這許多方面去。所以說，唐初的《史通》，可說是《隋書．經籍志》全部史學的最後結束。我們從《史通》的缺點，就反映出東漢以下當時中國史學上的缺點。而當時的大學問反而跑進和尚寺，不僅佛學在和尚寺裡，即如劉勰的《文心雕龍》也見其超出於像劉知幾《史通》之上了。最近我們的學問是不在中國了，學問全到國外去，然而今天的國外，也似乎劉知幾比劉勰更時髦。那就無可多講了。

我今就史論史，當知從事學問，先該知一個總體，又定要有一個為學的本原，從這裡再產生我們的史學來。論史也要從這大的地方來論。堯、舜到底不能和曹操、司馬懿相比，〈古今人表〉分別人品，我們治史的不能不知。考史也不能帶了有色眼鏡來考，若要寫歷史，更要有一番大本領。必有其本原所在，才能寫出好歷史來。不然則最了不起也只能等於一部《左傳》、一部《漢書》，此為劉知幾所最佩服的，但到底不可上及孔子《春秋》與司馬遷《史記》。

我今天批評劉知幾《史通》，用意在學術上指出一準繩。像《史通》，不算得是史學上之最高準繩。我又曾說：讀其書，必該知其人，如讀《史通》，便該瞭解到劉知幾從幼年做學問就走到偏路。當然司馬遷一輩子也只是寫了一部《史記》，可是在《史記》書裡，便可見司馬遷有一個大的背景、大的立場，不僅是史學兩字能限。諸位在此上定要用心，這是我們做學問的胸襟。我們不能先把一個史學來限著我們，至於做到做不到是另外一回事。所謂「究天人之際，通古今之變，成一家之言」，諸位試看，這豈不是史？但又哪裡是專限於史？有其志而做不到，和根本沒有這個志，兩者大不同。尤其是根本無知，而多隨便亂批評，那更要不得。當然劉知幾《史通》批評以前各史種種缺點，也多為此下史家所採用。而我今天又要來批評劉知幾，諸位當心知其意，莫謂我也是好譏評，學刻薄。

杜佑通典（上）

上學期最後講到東漢到隋這一段的史學。我們學歷史的人，第一要懂得時代，時代自然會變，從來歷史上，古今中外，沒有不變的時代。我們又要注意到每一時代的學術。學術不僅要跟著時代變，還要能創新。有了學術創新，才能跟著有時代創新。諸位不要認為時代永遠在那裡變，便是永遠在那裡新，這是不會的。如我們每一人從孩到老，天天在那裡長大，慢慢兒老了，死了，這是個自然現象。我們要受教育，從事進修，才能在自己生命過程中有創新。時代之變是自然的，學術之變，不專是追隨時代，而要能創新時代。中國歷史從東漢一路下來，比較上面從春秋戰國以至西漢，乃及東漢的上半期，這是大變了。最簡單的，中國已經沒有了一個大一統的局面。說到這一時代的學術，不是沒有，只看《隋書．經籍志》，這個時代經史子集著作很多。但這一段時期的學術，一言蔽之，只是在隨著時代變。如說兩漢是講經學的，魏晉南北朝變為清談，轉講老莊了。接著佛教跑進中國來。這些都是跟隨著時代之變而變，只是一個自然的。嚴格地說，說不到創新。即如講到史學，本是這一時代一個新東西，但也只是沿著太史公《史記》下來，一路因循，下邊並不能再有新創造，能主動來開創時代的一種新創造。也可說，在當時，不僅沒有新史學，也沒有新哲學。因此，不能達到領導時代開創時代的任務。

勉強來說，也可說建安以下有了新文學。但認真講，建安以下所謂的新文學，也只是追隨著時代在那裡變，並不能由一種新的文學來創造一個新的時代。直從魏晉南北朝一路到隋，時代是儘變了，但這些變，只是走下坡，不是攀高峰。只是後退，不是上進。這一段時代的學術思想，只在跟著時代變，而並不能在變之中來創造一個理想的新。我們所要的新，不是只在自然的變裡而感到新，乃要自有一套理想，能來領導我們在此變之中走上一條新的路。

我們講魏晉南北朝的史學，最後講到劉知幾《史通》，其實這是東漢以下直到唐初這一段的史學積累而成了劉知幾的這一部《史通》。只為魏晉南北朝這一段的史學沒有很高的價值，而劉知幾的《史通》乃僅從這一段的史學中出來。所以我們也可說，劉知幾《史通》，乃是這一時代的產物，它不夠作為將來新史學的領導者。因它並不能開出將來史學一個新理想，或者說新意義、新境界。它沒有這些，所以說劉知幾《史通》並不能創。不僅不能創，它僅是代表一個衰世的史學，僅能在枝節問題上零零碎碎作批評。那裡不對，那裡不對，這種批評，不是說一無價值。他能指出從前史書中的許多毛病與缺點，到後來如寫《舊唐書》、《新唐書》的，也曾接受了這一些意見。可是這些都是小題目，小問題。我們可以說，劉知幾在史學上根本還不能瞭解到司馬遷《史記》，更不必說到《史記》以前的孔子《春秋》和周公的《詩》、《書》。我們把以前所講回頭再來一試看，從周公《詩》、《書》到孔子《春秋》到司馬遷《史記》，正是在那裡一步步地翻出新的來，一步步地有創造。下面從班固《漢書》到陳壽《三國志》，范蔚宗《後漢書》，乃及其他在《隋書・經籍志》裡所見的史書，大體都是在走下坡路。他們僅能摹倣，又僅能在小處淺處摹倣。而劉知幾《史通》，也僅是這樣，也僅能從小處淺處著眼。所以我們上學期講到《史通》做結束，恰恰正可指出這一段時期中學術的衰微。而史學也是其中之一。太史公《史記》以前是一段，太史公《史記》以後到劉知幾《史通》又是一段。

今天我們所要講的，已到唐朝，可說唐朝已有了史學的創新，新的史學又起來了。唐代人對於思想方面，他們講老莊，或許還不如魏晉南北朝。講經學，從孔穎達承襲上面作為《五經正義》以後，也沒有能翻出新花樣。講文學，直要到韓愈、柳宗元提倡古文運動，才確實開出此下一個新的文學境界。稍前也待李白、杜甫出世，唐詩才能慢慢兒脫離了《文選》的老路，而自成為唐代一代的詩，使選詩變成了唐詩。而在史學方面，唐代也有一番創造開新。論其成果，似並不比韓、柳古文運動李、杜古詩之成果為小。這就是杜佑的《通典》。這部書，可說在中國史學裡是一個大創闢。而這一種大創闢，也可以影響時代。我們講到此下中國的學者們，有幾部極大的人人必讀之書。但這是說到清代為止，民國以來，那又另當別論了。此許多人人必讀書，第一是經書，如說五經、九經、十三經。第二如說《史記》、《漢書》，或者說四史，以至後來十七史、二十一史、二十四史等。這十三經和二十四史，都是此下學術界知識分子應該去翻到的書。除此之外，卻還有一樣也是諸位所知道的，就是所謂三通。唐杜佑的《通典》、宋鄭樵的《通志》、元馬端臨的《文獻通考》。這三通的體裁各不同。到了清代人，就來分別依樣作《續通典》、《續通志》、《續通考》。這些續的，都只續到明代。清代人再編《清通典》、《清通志》、《清通考》（當時叫《皇朝通典》、《通志》、《通考》），這樣叫「九通」。九通以後，從乾隆到光緒，清代人另有一部再續的《通考》，這樣又合成了「十通」。即是十部通書，在史學方面也是極為重要的。中國的史書，最開始是《尚書》中的〈西周書〉，我們稱之曰「記事體」。第二是孔子《春秋》，我們稱之曰「編年體」。到了太史公《史記》，我們稱之曰「紀傳體」。這三大體例，我們上面都講過了。以後史學上只不過沿襲這三體，到杜佑《通典》才有第四體，普通稱之曰「政書」。因其專講政治制度，所以稱作「典」。可是這種政書，在中國史學裡來講，也可說是中國的通史。即是中國人的所謂通史。當然如說太史公《史記》，也是通史體例，因其從五帝直講到漢武帝，而以後就變成斷代史，此皆所謂正史。在歷代正史中，如在《史記》有八〈書〉，《漢書》有十〈志〉，在紀傳之外本也講到典章制度。可是慢慢兒到了唐代，他們的觀點和從前人又稍有不同。從前人的觀點，可謂說一代有一代的制度，如漢代有漢代的制度是。但講到制度，實該求其通。因其在這一個時代中，只有此一個政府，此一個政府之一切制度，當然是互相配合，有其會通的。不能說我只要研究賦稅制度、經濟制度，或者法律制度、兵隊制度等，各各分別地研究。固然也可以分門別類地作各別的研究，然而其間是血脈貫通，呼吸相關的。我們要研究此一代之制度，必求其一代之通。如我們講《漢書》，不會只讀〈食貨志〉，不讀〈地理志〉，或其他諸〈志〉等。果要研究一代的制度，則必要究其通，斷不能知其一不知其二，則斷不能說已瞭解了那時的某制度。

到了那朝代亡了，新的朝代起來，可是諸位當知，朝代是變了，而制度則終是不能變。制度也非不變，可是只在小處變了，大處不能變。變了某一些，而另有某一些則並不變。中國治史論政的，稱此曰「因革」。革是變革，如商朝人起來革了夏朝人的命，周朝人起來革了商朝人的命。然而有所「革」，亦必有所「因」。商朝人還多是因襲著夏朝人，周朝人還多是因襲著商朝人。所以稱為「三代因革」。如讀《論語》，「殷因於夏禮，所損益可知也。周因於殷禮，所損益可知也」。周代的制度，跟著商代而來，有的地方減省些，有的地方增益些，大體上則是跟著商代來。商代的制度又跟著夏代來，其間亦復有損有益。大體上都是因襲著上邊，不是憑空突起。孔子說：從此以下，雖百世可知。不要說三代，周也會亡，此下還是有因革，有損益。此處見出中國古人史學觀念之偉大，亦是政治觀念之偉大。似乎沒有別個民族懂得到此。孔子在那時，早認為周朝也要亡。但周朝亡了，下邊又怎麼樣？孔子說：我其為東周乎！倘使孔子果然能得意行道，周公創了個西周，孔子要來個東周。但大體上還是跟著周公西周而來，不過有損有益。

直到此下秦始皇漢高祖出來，中國大變，成為一個統一政府。但從前夏商周三代也可說是統一的。那時是封建的統一，秦漢是郡縣的統一，這是一種新統一。所以秦漢就和三代不同，應得另有一套。但漢朝人有許多是跟著秦朝人來的，這一套，在《史記》裡也講，《漢書》裡也講，可是他們中間，當然有許多是跟著古代春秋戰國或者三代而來的。到了東漢，天下分崩，就變成為三國、兩晉、南北朝，遠不能同漢代相比了。我們講這時期是「衰亂之世」，時代變了，一切政治制度也跟著全要變。但就實而論，仍只是一種「跟隨」，一種因襲，沒有什麼了不得。能隨而不能創，能因而不能革，沒有一代的所謂「一王新法」，或說「一王大法」，如漢代人講的，一個新王朝出來，應該有一套新制度，一套新的大法則。他們說：「孔子為漢制法。」孔子哪能為身後漢朝來創一套新制度，立一套新儀法？這只是漢代經生之「通經致用」，他們根據孔子意思來創造出一代的新制。下面魏晉南北朝，不再有漢儒的氣魄與理想，只是因陋就簡，跟隨著亂世而逐漸走了下坡路。現在到了唐代，一統盛運又興。唐朝人有唐朝人的一套想法，他們又能自有創制。唐朝乃始可與漢朝相提並論。有的是跟著漢人而來的，有的是改變了漢人而自創的。這裡我們便可有一番「漢唐因革論」。當然，中間魏晉南北朝，還是有因有革，一路下來沒有斷。若使抹殺了中間魏晉南北朝一段，試問唐代的一切，又何因而起？其所革的，又是革的那一代那些事？大體說來，唐初的田賦制度，如租庸調制，兵隊如府兵制等，都是沿襲著北周的。而它的一些衣服器物朝廷禮儀方面，則多採諸南朝。唐代的一切，既非憑空而起，以前的南北朝，亦非一無足取。若分別而論，則每一制度，每一儀法，如各有一條線承貫而下。但合而論之，則一朝有一朝之制度儀法，其間高下得失，有關治亂興衰，相距不可以道里計。所以我們研究制度，則必然是一種通學。一方面，每一制度，必前有所因，無可憑空特起，此須通古今。又一方面，每一制度，同時必與其他制度相通合一，始得成為某一時代、某一政府之某一制度，此須通彼此。唐代統一盛運之再興，自然有它直通古今與通籌全局之一套遠大的氣魄與心胸，始得肇此盛運。所以朝代、人事，可以隨時而變，而歷朝之典章制度、大經大法，則必貫古今，通彼此，而後始可知其所以然與當然。學者必先具備了此種通識，乃能進而研治此種通史。若我們說，唐代的田賦制度是跟著北周來，北朝制度還從上邊來，如此一路直講到秦漢，乃至三代，一切制度，都是通古今。而同時每一制度，又必互相通。

此等話，說來像平常，實不平常。諸位當知，這在全世界各民族各國家，只中國能到達此境。如歐洲從希臘到羅馬，即沒有因革可言。羅馬是另外一套憑空而起，不是承襲希臘而來。羅馬下到中古時期，一切也並沒有跟著羅馬來，也說不上對羅馬有所「革」。無因又何來有革？從中古時期封建時代下至現代國家興起，如英國、法國，他們又是另外一套。他們只把希臘、羅馬、中古時期與現代牽連合寫在一起，遂成為他們的通史。只有我們中國，則是另有一套通史，此是我們歷史裡的制度史。又一當知者，中國歷史始終最主要的乃是一個大一統政府下之歷史。在一個大一統的政府之下，則必然有其相通合一的統一性的制度。制度有多方面，有法律、經濟、軍事等一切。但既是在一統一的政府之下，它當然得彼此相通。中國古人稱此為一王大法，可見此非枝枝節節的，而實有一共通大道存在。所以孔子說：雖百世可知。漢亡後有唐，唐亡後有宋、有明，還是可以一路通下。人事變動，跳不出此大全體。它必有所因，可是也必有所革。一個新的時代來臨，要能創造一番新的制度，所謂一王大法。到了明末，大儒顧亭林身受亡國之痛，他說：有亡國，有亡天下。亡國就是人事變動，一朝亡了，後朝興起，改朝換代，亡了一家一族治國之權，這只叫亡國。我們一向的斷代史，便都是亡了國後所寫。如漢朝亡了，唐朝亡了，宋朝亡了，這都是亡國，此與大道因革轉有相得之妙。一朝的制度亡了，下一朝的新王，正可藉此整頓一番。但亡天下是亡其道。這不是一朝制度之存亡，乃是道統亡了，匹夫有責。此因道統絕續，不比治統，我們匹夫，都有一份責任在裡邊。他著《日知錄》，正要為將來新王定一代之法。他書裡講到各種制度，都從上到下，原原本本，凡屬制度，則不能是斷代的，有它的前面，自必還有它的後面。平心而論，元朝清朝跑進中國，其實中國也還沒有亡天下。至少我們講當時的一些政治制度，還是有因有革，一路接下。所以講制度史就是中國的通史，創其始者是《通典》。此下有《通志》、《通考》、《續通典》、《續通志》、《續通考》、《清通志》、《清通典》、《清通考》。到了辛亥革命，滿洲政府亡了，而我們的天下也大變了。在清未亡以前，那時一輩讀書人，都要講變法，於是很注意三通之學，有如《三通詳節》之類的書也甚多。但到民國以後，則真是劃地的變了。

諸位當知，時代必變，此是自古皆然的，不是到了清末才有所謂時代的變。諸位千萬不要認為中國二千年來沒有變。哪裡有此事，這是不讀書人所講的話。中國二千年來時時在變，可是到了清末乃來了一大變。至少是學術大變了，史學也不例外。我在北京大學教歷史，定下三門課，兩門由大學規定，都是歷史系的必修科。一門選課，可由我自己開課。我先開了「近三百年學術史」，續開「中國政治制度史」。當時歷史系乃至文學院都不主張我開這課。他們說：兩千年中國政治只是專制，都已打倒，還有什麼可講？我說：不讀歷史的人可以這樣講，學歷史不講政治制度，歷史也將無可講。所以我堅主開此課。歷史系學生都不來選課，幸有法學院的政治系，他們卻說：他們的學生，只知外國制度，不懂得中國制度。大批來選聽此課。隨後歷史系學生也多來旁聽。我本想寫一部《中國政治制度史》，可是至今沒有寫。只來臺灣，曾在一星期時間中講了一部《中國歷代政治得失》。此書很簡單，但可約略懂得中國從前政治制度究是怎麼一回事。諸位當知，中國歷史從秦至清，歷代政治，無不在變。即是西方制度也不能歷久不變。且一看今天的美國，他們的那個民主制度，也正需大變才是。如論選舉，選一州長要多少錢，選一總統要多少錢，沒有錢便不能有選舉。若是一開頭便如此，也就不會有今天的美國。但制度演變到此地步，又豈再要得。今天大家希望美國做一個自由世界的領導，但他們自身在政治制度上實已出了問題。每一制度，當然隔了多少年總要變。今天諸位學歷史，或許學制度的人並不多，但我認為不通制度便不能通歷史。要學制度，也不該採用目前狹窄的專家態度。如說我研究明代的賦稅制度，或說只研究一條鞭法。如此般狹窄的研尋，勢將捉不到該項制度在當時的實際情況與實際意義。若要研究制度，便該講整個朝代，又該要上下古今，要通不要專。

在此方面有創造，有特殊貢獻的人，就是杜佑。如此說下，可見杜佑《通典》在中國史學上的地位。我也可說，從司馬遷《史記》以後，班固變出斷代為史，自有他的地位。而杜佑《通典》在中國史書裡，又開了一片新的疆土，將來遂有所謂三通、九通、十通。今天以後的中國，我們的學術界，不曉得要變出如何樣子來領導我們的國家。但總之不能儘只跟著人家走。我們只言政治界，對中國以前制度全不知，一意只要學外國，那亦是件麻煩事。最好還是要自己能創造，這就要有學術基礎。

下面我們再講杜佑的《通典》。杜佑在唐代，已到了德宗憲宗時代，他做過一段唐代的宰相。

他通吏事、通軍事，也通經濟、財務等各方面。他自己說：「臣識昧經綸，學慚博究。」諸位當知中國人常例，要看他謙虛的是些什麼話，也許正便是他所抱負，所要想達成的。如杜佑說：「識昧經綸，學慚博究。」這經綸與博究之兩方面，也可說就是他抱負所在。唐憲宗有詔稱他：「博聞彊學，知歷代沿革之誼。為政惠人，審群黎利病之要。」可見他論制度，懂得看重社會民生利病。他是「以蔭入仕」的，活到七十八歲，從年輕到老，一路在政治上生活。他這部書，大概還是他年齡不大時所作。當時他做淮南節度書記，在唐德宗貞元十七年獻上朝廷，相當於西元八百零一年到八百零二年。諸位讀西洋史，在第九世紀時，真是很不像樣。現代國家如英國、法國等，都還沒有。可是讀杜佑《通典》這部書，當時中國的各項政治制度，已經更歷了幾千年的因革變遷。所以說中國文化深厚，一如今天我們大家所講的倫理。倫理不僅是在家孝父母，更大的倫理，應該是能治國、平天下。中國人的傳統政治，也應為倫理所包括。也可說：中國人的政治才能實應遠超於外國人之上。所以這樣一個大一統的國家，可以直傳四千年到今天。而我們今天所最看不起的，便是自己的傳統政治。凡屬從政的人，若要他講一些英、美的政治，他還可能知道。若要他講一些中國以往的，那麼就如我以前在北京大學所遭遇，「現在還要講歷史上的政治嗎？」認為此等是一文不值了。但我不能不希望諸位學歷史的人，還是該能對中國歷史上的傳統政治各項制度能略有些認識。李翰為杜佑《通典》作序，他說：「君子致用在乎經邦，經邦在乎立事，立事在乎師古，師古在乎隨時。必參古今之宜，窮終始之要，始可以度其古，終可以行於今。」他說：一個君子最偉大的用，應該在治國平天下，經邦的事業上。今天我們讀書人，則盡學了外國，他的理想只在教書、著書，國家民族他不管，如此而來講中國學問，自然很難。至少大學只能講到「壹是皆以修身為本」，站在一個私人分上便完了。齊家、治國、平天下，我們已無此想像。至於李翰說：「經邦在乎立事」，「立事在乎師古」，而「師古在乎隨時」，我們今天則挖去了中間一句，成為立事在乎隨時，更不懂要師古。所謂隨時，也只是師洋而已。至若「參古今之宜，窮終始之要」，我們更不關心。每一事情，於古如何始，於今如何行。懂得現在應該怎麼辦，那惟有問之西方人。雖然李翰這篇序，如我上面所抄這幾句話，我認為可以說出杜佑這書的精神，但近人不會去理會。後來到了南宋朱子，極推重杜佑《通典》，主張在當時考試科目中添開此一門，應考杜佑的《通典》。他說：杜佑《通典》是一部「是今非古之書」。諸位莫認為是今非古，只是我們今天才有這見解，朱子也把是今非古來推尊《通典》，可說同上引李翰序裡這段話說的差不多。立事定要師古，而師古又定要隨時，此一見解中，卻有甚深義理，值得推尋。

此書共分九門，〈食貨〉十二卷、〈選舉〉六卷、〈職官〉二十二卷、〈禮〉一百卷、〈樂〉七卷、〈兵〉十五卷、〈刑〉八卷、〈州郡〉十四卷、〈邊防〉十六卷，合成兩百卷，是一部極大的書。這書遠從黃帝、堯、舜講起，直講到唐玄宗天寶年間。下面肅宗、代宗時頗有沿革，亦附在書裡。

此書採取了五經、群史、魏晉南北朝人的文集、奏議，分著記載下來。當時人批評此書，說其「詳而不煩，簡而有要」。這也很難講。說它詳，全書兩百卷，當然是詳了。然而「詳而不煩」。說它簡，從黃帝、堯、舜到唐代，九個門類的事情全放在裡面，只有兩百卷，也算是簡了。然而「簡而有要」。我勸諸位做學問治史，一定要一讀此書。若碰到一制度問題，不要只為找材料，去杜佑《通典》裡找，僅要拿人家的精心結撰來做自己的方便使用，卻不如此省力。要運用一本書，先該對此書有瞭解。諸位學史學，我已經勸過諸位，應該讀《史記》、《漢書》，乃至《後漢書》、《三國志》，下邊可不再那麼用大工夫。可是像《通典》這樣的書，卻該細讀。要學他怎樣地來寫這書，要學到它「詳而不煩，簡而有要」，把群經、諸史、各代文集一起拿來，這一種編纂方法，真是何等體大思精。若諸位自己懂得這方法，將來自己寫書始有基礎。我們更要曉得，要讀一部書，還該懂得寫此書的人。我們能知學那寫書的人，才是學到了他書的精神，成為一種活的學問。我們讀杜佑《通典》，也該要能想見其人。《新》、《舊唐書》裡都有〈杜佑傳〉，而還是《舊唐書》較詳。杜佑自己說：「太上立德，不可庶幾。其次立功，遂行當代。其次立言，見志後學。」所謂立德、立功、立言三不朽，此是春秋時代叔孫豹的話。他說不敢希望到最高的立德，只希冀在其次立功、立言上。他總算在當時政治上有貢獻，其次立言，是他寫了這部書。又說：「臣才不逮人，徒懷自強，頗玩墳籍。雖屢歷叨幸，或職劇務殷，竊惜光陰，未嘗輕廢。」他的職務之忙，事情之多，是可想像的。而他總覺得時間之可惜，從來沒有浪費過。即此一層，就可為後人作師表。我們讀劉知幾《史通》，便該研究劉知幾這人。他的非經、疑古，足見其人之淺薄。像杜佑，我們只看上引諸節話，就可想像其人，也就可信託其書。諸位不要把事情都分開看，人是人，書是書，不求會通。

杜佑自說，五經《尚書》、《毛詩》、《易經》、《春秋》，他也曾看過，但他不是個經學家，他的工夫完全在史學。他說過這許多古代的經學，「雖多記言，罕存法制，愚嘗管窺，莫測高深」。所以杜佑誠然不是個經學家，也不是個思想家，可是在這許多方面，杜佑究也用過工夫。即如司馬遷，也不能說他是個經學家或思想家，司馬遷也只是個史學家。但司馬遷、杜佑，都不是不理會到經學。《通典》裡從三代一路講下，很多問題，都講到《詩》、《書》，都從經學講下。他引古代的經，常加附注與考訂，而這些附注、考訂，也多為一般經學家所沒有講到的。可見杜佑不是不兼通經學，文學更不必論了。在杜佑前，已有一劉秩。在唐玄宗開元年間，採集了經史百家言，寫了一部《政典》，分門別類，有三十五卷。在當時很為人看重，杜佑認為這書還不夠，所以再來推廣，重寫《通典》。此所謂「有開必先」，劉秩《政典》是在杜佑《通典》以前的一部書，現在是看不見了。至於杜佑《通典》本身，我想留作下次講。但這部書實在有價值。不過後來，有了《通志》、《通考》，而普通一般人則都去翻《文獻通考》，因為《文獻通考》的材料更多了，唐以後還下及宋，杜佑《通典》所有，已給他抄了進去，再加上新的。但創造這類書的究是杜佑，而且有許多地方馬端臨實遠不如杜佑，他只略為有一點改動，等於如班固《漢書》略為改動了太史公的《史記》，我們就感覺其不如太史公。他不瞭解太史公的地方還是很多。我們要知，抄人家的東西也不容易，所以杜佑《通典》還是應該讀。但杜佑《通典》兩百卷，我們此刻如何讀法？但縱不能細讀，至少也該把來翻一遍。此下我再講到鄭樵《通志》、馬端臨《文獻通考》時，諸位就知道中國人所謂的三通、九通究是怎麼一回事。多看書，總對諸位有好處。諸位要知，自己所做學問只是這一點，所沒有做的學問還多，這已對自己有極大好處了。不要只做這一邊，那一邊的全不知道，而自高自滿，這一種態度就會出毛病。至於我們學史學，也不應該全不知道經學和文學，我也已處處提到，不必再細講。

杜佑通典（下）

（附吳兢貞觀政要）

我們今天續講《通典》。《通典》共分〈食貨〉、〈選舉〉、〈職官〉、〈禮〉、〈樂〉、〈兵〉、〈刑〉、〈州郡〉、〈邊防〉九個部門。這九個部門是分著次序排列的。他說：「理道之先，在乎行教化。教化之本，在乎足衣食。」政治最先第一項是教化，即今天講的教育，但教化的根本在經濟。大家先要有生活，豐衣足食。所以全部《通典》第一項開始就是經濟問題。中國從來講政治，從《論語》、《孟子》一路下來，無不以經濟為政治的最先第一項，杜佑《通典》亦就如此。直到現在，我們大家不讀書，好發空論，遂認為中國人一向不看重經濟。其次說：「行教化在乎設職官，設職官在乎審官才，審官才在乎精選舉。」政治組織必要設職官，設職官先要審別能當此等職官的人才，要找適當的人才，就要有選舉，這是《通典》第二項目。照今天講，有選舉就是民主政治。我們只說中國是傳統的專制政治，當然皇帝用人，不需要有客觀的標準和規定的制度。我們又說：

「中國社會是個封建社會。」試問在封建社會裡，又怎麼有選舉制度？封建社會裡的貴族是世襲的，但我們歷史上有選舉制度，做官人向來先從下邊選上去，再從上邊派下來。所以我說中國到了漢代，已該稱為「士人政府」，因其既非貴族的，又非軍人的，也非商人的，當然也不是教會的。政府裡邊許多人，都從社會選舉出來，選舉從漢代就開始成立一制度，後來到了唐代，又變成為考試。在杜佑作《通典》那時，所推行的是考試制度，而論此制度的源本，則從選舉制度來，所以他還稱之曰「選舉」。考試選舉，是一本所生。而在兩漢，乃至於唐代，選舉和考試制度的後面，還是有學校、有教育。因此在敘述選舉制度中，學校教育與考試，都已包括了。這是中國傳統政府重要的第二項目。第三項目才是設職官。從政府首領宰相以下，中央地方各級，合成一政府的組織。舉這三點，諸位就可知，中國傳統政府究是建築在一個什麼意義上的。再說政府是以解決社會經濟生活問題為首要，這是他的最大責任，所以第一項便是食貨。政府為要選擇社會賢能來辦政治，因此有選舉。然後再講到這個政府怎樣地分配職位，你盡此職，彼盡那職，故稱職官。中國人講政治，向不講主權何屬，卻稱職責係何。現在我們則定要說政治主權在哪裡，於是有神權政治，說主權在上帝。有王權政治，說主權在皇帝。民權政治，主權則在民眾。這些都是西方人的政治思想，中國人從來不討論到這主權在哪裡，卻儘討論他的職責是什麼，一官則必有一職。皇帝在政府裡，也有一份職責。他只是政府官位中之最高一位，這是中國政治思想同西方根本不同處。西方人講國家，便說國家要有主權、有民眾、有土地，主要仍逃不掉一個「主權論」。我們講政治，一向不重講主權，重要在講政府應該做些什麼事。所以杜佑《通典》最先第一項制度是「食貨」，第二項是「選舉」，第三項是「職官」。只從這三項制度上來講中國的政治理論，已可講得很扼要，很透切。而第四項是「禮」，第五項是「樂」。他說：「制禮以端其俗，立樂以和其心。」中國人一向看重社會的風俗和禮樂。他又說：「官職設然後興禮樂。」道德教化毀滅了，再始用刑法，所以下邊有「兵」有「刑」。我們的政府，是一個大一統的政府，所以下面還要劃分地域，有「州郡」，又有「邊防」來阻擋外面侵犯。我們只看他這九個門類的先後，已可說這是杜佑一番極大的政治理論所在，所以直到清代乾隆時，再刻杜佑《通典》，在序上亦說到：從〈食貨〉開始，就是「先養而後教」，下面是「先禮而後刑」、「安內以馭外」，「本末次第」都有條理。我們只從這一大體上，就可看出杜佑《通典》之「體大思精」。

其次講到書的內容，特別有一點重要該提出的。如看他的〈選舉〉篇，前面有「總敘」，後面有「評語」，前三卷是歷代制度，下三卷是「雜論議」。我們當知，在中國歷史傳統上，每一個政治的措施，或成立一項制度，便有朝廷許多作官人，乃至社會普通平民，都可發表意見。而這許多意見，其中重要的，也都大部分記載在歷史上。主要是所謂「奏議」。奏議以外，在每一家的文集裡，也常有文章討論，或是古代，或是當代，某一項制度的利害得失。我常說，我們治歷史，有著史、考史、評史三項。評史項下所特別重要的，當然要論評當代。中國人一向下來對於現實問題的論議，尤其是政治上的，是非常重視的。我們今天常說：我們的意見要客觀，不要主觀。但當知，如在漢代有一制度，漢朝人在那裡批評這制度，他們這種批評纔真是客觀的。若使我們來批評此制度，這些批評，反而是主觀的。只有漢朝人批評漢朝制度，這才是真批評。我們該要懂得漢朝人怎樣來批評他們當時的制度。他們的批評，始是客觀的。待我們今天來批評，那不免是主觀。譬如說今天要批評共產主義、極權政治，最重要的，要問在共產主義、極權政治下邊的人，他們對這個政治和主義抱怎樣意見，這才是客觀的真批評。我們站在這個政治的外邊來批評這個政治，豈不是我們的主觀嗎？所以我們學歷史，更重要的，要了解在當時歷史上的人，看他們當時的事是怎樣的看法。如中國歷史上有一個孔子，在此下兩千五百年的中國歷史上，一向為各時期的中國人所崇拜，這是歷史上的客觀。今天我們來反對孔子，要打倒孔家店，這是我們這一個時代人的觀念，這是我們的主觀。同樣理由，對於中國傳統政治，我們要看在中國歷史上向來每一個時期中的人，他們對這個政治怎麼看法，在他們認為是對是不對。我們不能拿我們今天學了西方的一點皮毛，其實也學得很少很淺，而把來批評中國傳統政治，說中國兩千年來只是個專制政治，這實是一個很主觀的講法，實在也沒有仔細去讀這兩千年來有關政治上的書。如杜佑《通典》，光是關於選舉制度，一半是敘述這制度，一半是網羅歷代各家各項批評。漢代的情形和魏晉南北朝不同，魏晉南北朝和隋唐不同。因於時代不同，而批評意見也不同。中國有一點和西方不同處，中國的知識分子，因為有了選舉制度，幾乎多數都跑進政治界。他們對於政治有意見，都是很具體，這件事該這樣，那件事該那樣。不像西方許多知識分子，本不親身預聞政治，就憑空寫一本書來批評政治，來構想一個懸空的烏托邦、理想國。我們見外國人這樣，說這是「政治思想」，他在專心一意寫一本書討論政治。而中國知識分子，卻沒有像樣來寫一部有頭有腦討論政治的書，於是認為在中國就找不到像樣的政治思想。其實中國人的政治思想，該從現實政治裡去找。如說選舉制度和考試制度，在這個時期這樣子的情況下，就有這時期的許多批評。在那個時期那樣子的情況下，就有那時期的許多議論。讀歷史的人，看了這許多批評議論，自然也能懂得關於這一制度的情形。一天他跑上政治，他對於其當時的選舉考試制度的利害得失，自也能加以一個很正確的評斷了。所以在中國歷史上，很少有徹頭徹尾的大變動。即如選舉制度，從漢到魏晉南北朝，到隋唐以下直到清代，一路下來，如我上面所說，有因有革，但總是有此傳統。今天我們一意要學西方人之革命，要把前面的歷史傳統全體推翻，那麼下邊該怎麼辦？這只有一條路，便是到外國去學。中國歷史上自己原有的一套，是不要了。這是一件最可怕的事。為什麼中國自己原有的一套全該不要呢？其中道理，卻就大家不知。循至歷史上一切經過事實，我們既已全部不知，試問又如何再要？今天的中國，老實說，全部政治都已外國化。最少在政治上引經據典，發大理論，就該全從外國來。諸位在此也都看見過我們的選舉，選一個市長、縣長，如何選法，選出的又是何等樣人，諸位也知道了。試問這樣就是最好的嗎？外國人的選舉，有沒有比這樣好一點，這是一個問題。但中國歷史上，從前是怎麼樣子的？有沒有選舉，這又是另一問題。現在我們是要把歷史「腰斬」了，以前傳統，一刀切斷。清代以前的、舊的，我們都不知道都不要。

諸位學歷史，有一壞現象，學歷史就想做一史學家，至於在歷史上如政治等許多現實問題，好像和我不相干。要進了政治系，才學政治。進了歷史系，好像對於國家治亂興亡可以漠不關心。諸位都預備在大學裡教書，先得寫篇論文，拿了幾十、幾百條證據，不痛不癢，這是在大學教書的必需資格，現實政治則和我不相干。諸位認為這樣的學者是對嗎？還是以往中國的舊式學者對？他只讀了一部杜佑《通典》，懂得這樣那樣，跑上政治，選舉該這樣、食貨該那樣，他可有種種理論、種種玩法。即使他不在政界，寫本書也寫得很具體，很客觀。諸位不要認為今天的我們纔是進步到了最高點，從前一切不如我們。我們今天所最了不得的，不過學到一些外國的。但你能說今天的外國，就是他們的最高點嗎？如今天的美國，就一定比華盛頓初開國時，或者林肯南北戰爭時進步嗎？經濟是進步了，政治未必就進步。今天的英國，就定比十八世紀、十九世紀時的英國進步嗎？科學說是進步了，經濟、政治未必就進步。我們僅是學著外國今天的，而且是學的一點皮毛，難道我們大學裡政治學系的學生都能留學外國嗎？在中國讀外國書，所知有限，跑到外國去，仍是在大學裡讀課程，和實際政治還是相隔很遠。回來了，還是在法學院政治系教政治。至於政府用人，並不定用到這批學者。這也不能專怪我們，外國就這樣。外國的一切，是否也值得批評呢？這是個大問題。近代人物中只有孫中山先生敢對外國選舉制度也有批評，此外似乎是沒有了。

《通典・選舉》下的第四卷是〈禮〉，就有一百卷，佔了全部《通典》的一半。諸位要知，中國政治是一個禮治主義的。倘使我們說西方政治是法治主義，最高是法律，那麼中國政治最高是「禮」，中國傳統政治理想是禮治。什麼叫做「禮」？今天我們豈不一點也不知。還是鞠躬舉手就算禮了呢？倘使諸位讀《通典》，研究經濟史的，只翻它〈食貨志〉；研究選舉制度的，只翻它〈選舉志〉；研究政治組織的，只翻它的〈職官志〉，卻沒有人去翻它大半部《通典》所講的〈禮〉。可是一部《通典》裡，很大的貢獻就在這裡。它把禮分了吉、凶、軍、賓、嘉五種，中國人向稱為「五禮」。不讀古書，就不曉得這五禮所包括的範圍。

《通典》在〈禮〉一部分前也有個總論，提起中國歷來講禮的人，從西漢叔孫通起，到唐代，共有三百人之多。可見杜佑自己至少對這一部分是下著很大工夫的。在此五禮中，杜佑《通典》特別的貢獻，則在講凶禮中之喪禮。在喪禮中最重要的是服制，中國人所謂的喪服。怎麼叫做喪服呢？如父母死後，子女為父母守喪的年限及一切的制度，都包括在內。我們中國歷史上的家庭組織很複雜，喪服是中國古人一個極大的學問。遠在《小戴禮記》裡，就有一篇文章叫〈喪服〉。這尚是在貴族時代。後來到了漢代，特別到了東漢以後，中國社會才有所謂「士族」出現，這已不是古代的封建貴族了。漢以後的士族，是經過漢代的考試制度以後所產生出來的一個新階級。此下就是魏晉南北朝的門第，一路下來到唐朝，也可說士族便是那時的貴族吧！不看別的，只看《新唐書》裡的〈宰相世系表〉，就可看出門第在當時之地位。但那些大門第怎樣維持？這就靠著一種禮，更重要的是喪禮，尤其是服制。因此在魏晉南北朝時，研究喪服制度是一個大學問。當時有一位經學大師雷次宗，他在經學上的地位，當時人推尊他可比東漢末年的鄭康成。他的學問，就是講喪服。甚至當時一個和尚出了家，他也要做一世之師，也要來領導當時的社會，也就要研究喪服。我們死了父母，有種種事情不明白，也可去問和尚。所以當時中國的大和尚也多研究喪服。和雷次宗同時，就有一個慧遠，他是那時住在廬山東林寺的大和尚，他就研究喪服。喪服在當時社會的重要，諸位即此可想而知。下到唐代，還是有大門第，還是要講喪服制度。現在我問諸位，那時的喪服制度，究是個什麼制度？中間講些什麼呢？我們全不知，卻儘大膽批評，說中國社會是一個宗法社會。「宗」就是我們向來的宗廟祠堂，祠堂裡也有一套法，即是禮，最重要就是這喪服。不是像我們想法：父母死了，送進祠堂，每年去祭拜，這就叫宗法。這想法太幼稚、太簡單了。在杜佑《通典》裡，就保留著可以說最詳備的當時的喪服制度。在他以前以後都沒有。

若能具體地來講中國的喪服制度，這纔是講了中國的宗法。倘使今天諸位要批評中國社會，說它是一個封建社會、宗法社會，這也可以。但中國的宗法究是怎麼樣子？諸位不應都不知。恰如諸位批評我們中國的政治是個專制政治，為什麼呢？只為它有個皇帝，是一個政府中最高的第一位，所以中國從秦以下的政治是個專制政治。這話也對。但我問諸位，究竟我們歷史上各代皇帝，又是怎樣的專制法？諸位又都不知。除非諸位能去翻出一部杜佑《通典》，花費著一年半載工夫約略讀一過，你才會告訴我中國政治究是怎樣專制法。你說中國社會是個封建社會、宗法社會，但封建究是個怎樣子的封建？宗法又是個怎樣子的宗法？倘使諸位想拿來和西方中古時期的所謂封建社會相比，其間相差簡直是太遠了。但我們直到今天，始終沒有人把此問題來研究過。此因到了宋朝以下，中國大門第沒有了，不需要這樣繁複細密的喪服制度，所以連宋以後人，都不來研究這一套，又何況在今天？這是過去的事。可是今天我們定要提出這句話來，儘說中國是封建社會，至其一切實況，則只說不知。不知亦無妨，但不該隨口罵。

我們今天做學問，不講「實用」，只高呼為學問而學問，要做一種專家之學，詳細來下考據工夫，那麼倘使有人能拿出一番大工夫來讀杜佑《通典》裡的凶禮和喪服制度，寫出一部書來，也可使我們了解到中國那時的「大門第」和其所謂「宗法」在當時究是怎麼一回事，這豈不也是一項極大的學問？那時的這項制度，也不是由專制政府下一條法令規定便得，這事情很細密，不知經過了幾多人辯論，你認為該這樣，他認為該那樣，收進在杜佑《通典》裡的很多，都是些極深細的學術性的討論，不像穿一件衣服、坐一輛車子，這些禮卻簡單了。至於下邊的〈樂〉，當然更是一個專門之學，到我們現在也都不懂了。

下邊是〈兵〉，《通典》大體把《孫子兵法》十三篇為主，把歷史上的兵事，一切分類歸在這十五卷裡。下邊〈刑〉、〈州郡〉、〈邊防〉三門，我們可不一一詳細講。我在這裡只想舉出一點，杜佑不愧是個大政治家。在當時，做過幾任宰相，對經濟、財政、軍事各方面，相當能幹，都有貢獻。然而他寫這部書，兩百卷中間的一百卷，卻都是寫的〈禮〉。倘把〈禮〉〈樂〉兩門合算，就佔了全部《通典》的一半以上。諸位不要以為在中國古代孔子、孟子時，儒家講禮樂，當知漢唐以下到宋明，還是有講禮樂的，杜佑就是極好一證據。今天我們沒有一個講歷史、講政治的人再來講禮樂，這實已是一大變。只因外國沒有，自然今天的我們，也就不肯再講了。可是在中國歷史上，明明是一路下來有此兩項，至少今天的我們也該有人知道此所說禮樂者究是怎麼一回事。這些禮樂，又和政治有什麼一種關係？我想學歷史的人，至少有此責任。那麼最先便應該翻翻杜佑《通典》。可以說，杜佑《通典》實在是中國史學上一部獨創的書。

我最近得到美國一朋友來信，說現在的美國人，慢慢看不起歷史，他們要轉向注重講社會學，不講史學了。他們認為講社會學才是轉現實。最近我又看到有人寫文章，說現在我們也該都講社會學了。跟著美國人風氣，不要我們再來講史學。在以前，就有人說，中國的二十五史，只是一部帝王家譜，只管講上層的政治，不講下層的社會。我們要來研究中國的社會史，就苦沒有地方去找材料。卻不知中國傳統政治，向來和社會不分家。如看杜佑《通典》，第一篇就是〈食貨〉，國家的賦稅制度，就根據了當時的社會民生和經濟實況，然後再來訂出政府的賦稅制度的。所以我們只要真能細看我們歷代政府的賦稅制度，便可間接地了解到當時的社會民生。惟其因為中國的政治制度，都要根據著當時的社會實況來決定，所以社會變，制度也跟著變。漢代的賦稅制度，到唐代變了。唐代的賦稅制度，到宋朝又變了。正因為社會一切情形變，上層的政治制度不得不隨而變。諸位果要研究中國社會史、經濟史，只去看杜佑《通典》，則唐以前的社會經濟各種問題，多項材料，都已收在裡邊。西方政治並不這樣，西方人在王權時代，皇帝要收多少賦稅就收多少，政府和社會上下隔絕。民眾拒絕交這許多稅，繳不起，就向皇帝說：你要我們這許多賦稅，究竟怎麼用？能不能給我們一個帳，這就是今天所說的決算。明年要的錢，預備用在什麼地方？也開一個帳，這叫做預算。這一來，就有近代西方人的民主政治和選舉制度出現。這是因社會對抗政府而起。而中國則並不如此。中國的選舉制度，不專是選了代表來審查政府帳目的，中國政府的賦稅制度，都是針對著社會經濟情況而設立。中國歷史裡既記載有歷代賦稅制度，怎麼又說沒有社會經濟情況呢？今天我們中國人，不讀中國書，一意罵中國，這至少已成為這六十年來的普通現象。諸位今天應該要多讀幾本中國書，卻又不是學了外國人辦法來讀中國書，今天這裡翻一些材料，明天那裡翻一些材料，把中國古書只當材料看，這又不成。我們定要一部一部地來讀，而讀書又應有一個最大重要之點，便要能讀到這書背後的人。若我們讀《論語》而不知孔子，這不行。我們從讀《論語》而能想像到背後孔子這個人，待我們了解了一點有關孔子這人的，再回頭來讀《論語》，你就會對《論語》更多明白。史學也是這樣。我講《史記》、《漢書》，定要講到司馬遷、班固這兩個人，再來讀《史記》、《漢書》，那麼了解得會更深切。不能既不管人，又不讀書，只是翻查材料，這絕對不是個辦法。

上次我講劉知幾的《史通》，這次講杜佑《通典》，都是唐代人，但諸位要能從劉知幾《史通》來認識劉知幾這人，從杜佑《通典》來認識杜佑這人。這兩部書當然不同，而杜佑和劉知幾兩人也就不同。至少在劉知幾心裡，拿現在話來講，他是要做一個史學專家，來講究怎樣寫歷史。而杜佑心裡，他並不是只要做一個史學家。我上一堂已先詳細地講了杜佑這個人，諸位再把此兩人比看，一人存心要做一史學家，一人並不存心要做一史學家。惟其存心只要做個史學家，因此他的理論和見解都狹小了。《史記》裡這個題目錯了，《漢書》裡某篇文章某個字用得不對了，他僅是講的這許多。在我則不認為有一種學問可以從別種學問裡劃分開來，互不相關。倘使僅為史學而講史學，這決非真史學。杜佑心裡並非僅為著史學，他不是只為自己要做一個史學家來寫一部歷史，而是對國家、社會、政府、上下古今，他有他一個研究的方面。杜佑說：太上立德，我是學不到。其次立功，其次立言。杜佑至少是一個有心人，他不是限制在史學裡面專來講史學。

我們再進一步講，諸位學歷史，歷史裡面包括有一件一件的事，諸位固然要懂得。但也要在許多事的背後去找這些做事的人。沒有人，怎麼會有事？魏晉南北朝幾百年，可說是中國的中衰時期。現在到了唐代，一下子，光明燦爛，新的大一統時代又來了。諸位說：你看唐代的制度多好哇！但要問究是那些人來訂出這些制度的呢？為什麼魏晉南北朝人不能而唐朝人能？這裡我們自要懂得學問該要做到人身上去。今天我們都知道中國該要學外國，但為什麼外國人能而我們不能？諸位要懂得其中道理。諸位或說：這是我們中國文化不好，這就荒唐了。當知這和我們從前的文化無關係，至少是無直接密切的關係。我們豈不都已到外國去學了，如何回來便做不成？這背後是人的問題。這裡所謂的人，應該就是現代我們的自身，而不是歷史上的古人。中國古人做個古中國，做得蠻像樣。現代中國人要做一個現代中國，何以做得不像樣，這裡總有個道理。這道理不在我們自己身上，又在哪裡呢？所以我勸諸位，學歷史，該從事情背後去研究到人。唐代人確是了不得。不然，唐代怎會這樣了不得？固可說：唐代經學、史學都不夠標準，思想上只是依信佛教，然而在政治上則多出人物，杜佑也只是其中一個，而又不是其中最上乘的一個。惟其他們在政治上有成就，才能有如《通典》那樣的書出來。

在此，我又要附帶一講吳兢的《貞觀政要》。吳兢是唐玄宗時人，此書專講唐太宗貞觀一朝的政治。書分四十篇，共十卷。此書甚為以下歷代朝廷所重視。宋、元、明、清歷代做大臣的乃至皇帝，都會要讀此書。看看當時唐太宗究竟怎樣來治天下。在中國歷史上，貞觀之治，也實在是個了不得的大事。而此一書專來寫此事，宜受後人重視。此書到元代，有戈直為作解注。在解注裡，還特別載了自唐到宋好多人討論這貞觀之治的好多話都抄入。諸位當知，唐太宗不能一人完成此貞觀之治，在唐太宗當時的朝廷上，是有大批人配合他來造成這貞觀之治的。

書分三大部分。第一部分是「朝廷之設施」，唐太宗究竟具體的做了些什麼事。第二部分，唐太宗怎麼做出這許多事的？那麼須看當時「君臣之問對」。唐太宗如何問他許多群臣，而許多群臣又怎麼樣告訴唐太宗。第三，「忠賢之諍議」。唐太宗也有想錯做錯的地方，有很多人出來諍議。這在唐代初年的政治階級裡，不過把唐太宗來做一個中心的代表，而來講這一朝的政治。我今略舉幾篇一說：

第一卷兩篇，第一篇為〈君道〉，第二篇為〈政體〉。此兩篇講做皇帝該怎麼做？政治該是怎麼一回事？第二卷三篇，〈任賢〉、〈求諫〉、〈納諫〉。做皇帝最重要的條件是要能用人，等於如杜佑《通典》第二部分最重要的便是〈選舉〉，選舉與「任賢」是一意相生的。皇帝要懂得求諫，要讓下邊人遇到皇帝做錯了事能諫他。諫了他應該能納諫，聽人家的話。我們可以說，唐太宗最偉大處就是能聽人家講話。而在唐太宗時，最難得的，也就是有人肯講話。第三、四卷暫略不講。第五卷五篇，〈仁義〉、〈忠義〉、〈孝友〉、〈公平〉、〈誠信〉。第六卷九篇，〈儉約〉、〈謙讓〉、〈仁惻〉、〈慎所好〉、〈杜讒邪〉、〈悔過〉、〈奢縱〉、〈貪鄙〉。諸位一看這兩卷的題目，這都是講私人道德的，並且講些我們私人極普通的小事情。用錢該要懂得節省，對人該要懂得謙讓，這又和政治什麼相干？諸位且莫說：我不進政治界，也不學政治，不想做官。但我勸諸位，還是可以讀一讀《貞觀政要》。

像唐太宗這樣一個大皇帝，在當時歷史上，唐太宗被尊為「天可汗」。這時全世界許多外國都服從中國，共推唐太宗做皇帝的皇帝，可汗的可汗，而稱之為「天可汗」。在西方，古代的羅馬帝國、後代的大英帝國，最了不得也不過這樣子。其實也並不能這樣子。因羅馬帝國和大英帝國乃是用兵征服了外國，而唐太宗並不如此。只因唐代威聲所播，而獲得各外國之推尊。可是諸位看所謂貞觀一朝的「政要」，還是講些儉約、謙讓、仁惻之類。我們今天來讀這部書，也就可做我們每一個人的修身教科書。可見中國古人所謂「身修而後家齊，家齊而後國治，國治而後天下平」，把修身、齊家、治國、平天下一路講來，這不僅在中國古代經書裡如此講，後代的歷史書裡，也同樣有這樣具體的事情。

我們且看吳兢，他並非一大儒經學家，但他在唐玄宗時，當然可以知道唐太宗時的事情。拿這許多事情彙合起來，寫這十卷四十篇書。我們現在且把此書中第五、第六卷一讀，我們才可知道唐太宗一朝這個貞觀之治實在是了不得。但後代的中國人，要把中國傳統下的更高觀念來批評歷史，把孔孟程朱儒家的最高理想來批評唐太宗，那麼覺得唐太宗還是不夠條件。如唐史所載的玄武門之變，中國後人便要說唐太宗在私人道德上有缺點。這是後代中國人拿出一個更高的道德標準來批評，才如此說。倘使我們只把一般的政治情況，且就世界古今的政治現實來講，像唐太宗這樣的人，實在也已是了不得，不失為中國歷史上一個大君主。而他之所以能造成這一貞觀之治的，諸位只看這書中的第五卷、第六卷，也就已經可以知道中國人的理想政治應該是怎樣的一套。中國人所理想的一位政治領袖做皇帝的，又該是怎樣的一個人。

下面第七卷三篇是〈崇儒學〉、〈文史〉、〈禮樂〉。若不看重儒學，怎會有第五、第六卷這許多。既重儒學，便該講文史，講禮樂。我們今天自己做學問，卻只要做一個史學家或文學家。要做史學家，也便不管文學了。在史學中，又不管禮樂或儒家這許多。講求儒家，是思想方面的事，和我們研究史學不相干。則試問我們所要的史學，究該如何才算做史學？倘使今天來一個唐太宗，他要用讀書人，要找幾個大學裡一輩研究史學的，諸位只能說：我對政治沒興趣，我正在寫博士論文。在寫博士論文裡，卻可恣意批評，說中國歷史、中國文化根本要不得，自秦以下的政治，則只是專制皇帝在一手幹。但中國歷史如何有此五千年，五千年中如何有此貞觀之治，則究為當時及此下人所看重，此刻大家都不管。我想我們講歷史的人至少該來管。又如我們今天要講新文學，那麼男女戀愛便成了主題。從前中國文學裡究竟講些什麼，現在我們也不管。我們大學裡的國文系還是陳舊的一套。而社會上所流行的所謂新文學，則和大學國文系分道揚鑣，誰也管不了誰。不過從前中國人也有文學，大學國文系抱殘守缺，擺個樣子在那裡，也還未可厚非。而歷史系則力追新趨，把大學裡的一套，和舊歷史上的一套，也就分道揚鑣了。我們只看在唐玄宗時，朝廷上還有這樣一個人來寫一部《貞觀政要》，可見唐朝人大大小小都對政治很重視。固然《貞觀政要》不能和《通典》相比，可是在將來的歷史上，這部書也給後人大家看重。所以我今天講《通典》，特別附帶提出這部書，以見唐代人縱在最高的學術思想方面，他們對儒學、經學並不能超過前人，而社會一般人則只是信仰佛教。但他們跑上政治去的人，我們還不能一例看輕他們。即舉杜佑《通典》、吳兢《貞觀政要》做例，諸位便知倘使要研究唐代史，還是要從歷史的背後去尋這個人。

唐朝人畢竟和魏晉南北朝時的人不同。諸位如回頭看看像《世說新語》中那些人，便知和唐朝人不同在那裡。到了宋代，那時人就又和唐朝人不同。諸位要懂得這樣來讀中國歷史的話，諸位才知道今天我們的中國人，又是一個樣子，在整個五千年歷史上，該佔一如何地位，卻大值我們一番研究。我們不要把我們今天的大學生、大學教授，乃至整個學術界，看成是中國開天闢地以來第一個好樣子，我們是第一個好時代。我想我們最好也不過能讀幾本外國書，知道了一些外國情形，但不能說從前中國歷史上這許多人全不像樣，全未讀過外國書，要把向來整個理論推翻。循至跑進政治做官的人，也全不讀中國書，不要以往一切學問，看不起從前做學問的。我想在外國也並不這樣。我想我們該懂得悔過，這是我們的錯，我們這幾十年來的學術界實是錯了，我們不能過而不悔，永遠像此般下去。

我今講唐代史學，只舉這兩部書，諸位試去一讀，也可知唐代確是了不得。但我並不是說唐代的史學了不得，只由此可以看到唐朝的時代了不得。《貞觀政要》很省力，很易看。《通典》恐怕難看，不過也不妨大略地一看，且看一大概。實際上，中國古書，真要細讀的也並不多。如諸位照我所講，讀《尚書》、《春秋》、《史記》、《漢書》，以下便可不要都全讀，便讀杜佑《通典》。我也並不勸諸位定要去細讀，只先懂一大概也得。下面我們就要講到宋代了。可見要我們讀的書並不多，如遊臺北，中山北路、陽明山，總該看一下，卻不要私家小巷到處儘去鑽。諸位研究史學，幾部大書便夠，還有工夫，不妨還讀點文學，讀些儒家經典，如《論語》、《孟子》之類。為什麼定要圈出一個小圈圈，在這小圈圈裡拚命找材料，做一篇論文，也得二、三十萬字，這只是現前的時代風氣。大家想做劉知幾，不想做杜佑。劉知幾只是存心要做史學家，杜佑卻並不存心在做一個史學家。但諸位要存心做個史學家，也已經了不得。可是我再勸諸位放高一層，豈不是更好。諸位只看劉知幾《史通》，這也可就使諸位生害怕。他把以前一應歷史都讀過，他所批評的也是相當苛嚴，這部書終是廢不掉。可是這部書最多也是史學中第二流的書，像杜佑《通典》才算得是第一流。我定要給諸位一個更高標準來讀書、來批評古人，才好。

歐陽脩新五代史與新唐書

我們上一堂講的是杜佑的《通典》和吳兢的《貞觀政要》，唐代就只講這兩部。現在講到宋代。講中國學術史，宋代是一個極盛時期。上比唐代，下比明代，都來得像樣。唐代富盛，明代亦然。而宋代衰貧，講國勢當然宋不如唐，也不如明。但是學術恰恰不同，唐朝只是佛學大盛的時代，宋不能及。若論文學，唐詩、宋詩各有長處，唐詩並不一定就是在宋詩之上。如講古文，雖然由唐代韓、柳開始，可是宋代的古文盛過了唐代。經學、史學各方面，唐朝都遠不能與宋相比。明代也一樣不能同宋相比。今天我們對於所謂「宋學」，大率有兩種錯誤的見解。一為清代學者的門戶之見，他們自稱為「漢學」，以與宋學分立門戶。尤其是乾嘉以後，是看不起宋學的。民國以來，接受了清代人這一種門戶之見，還加上了一套淺薄的實用主義觀點，認為若是宋代學術好，為何不能救宋代的衰與窮。這話其實講不通。孔孟儒家，乃至於先秦諸子百家，也並沒有救了春秋戰國。我們現在佩服西方人，但如蘇格拉底、柏拉圖、亞里斯多德也並沒有救了希臘。羅馬帝國後來也已經遵奉耶穌教，但耶穌教也並沒有救了羅馬。像此之類，可見我們不該用一種淺薄的實用主義來批評學術。孔孟儒家乃至先秦諸子的學術，自有它的價值。縱算不能挽救春秋戰國時代之亂，但為後來中國學術史上建立了一個很好的基礎。宋代的學術，固然也不能救宋代之衰亡，但亦為宋以下的中國建立了一個很好的基礎。等於我們講希臘這幾位大哲學家、或者耶穌教，也不專在希臘羅馬時代發生作用，它們的作用還要在後發生。這些我們暫時不多講。

我們要專講到史學。再回頭來看看以前，周公的〈西周書〉此刻也暫不講。中國史學從孔子《春秋》一路下來，經過《春秋》三傳、《國語》、《國策》，到太史公《史記》，這一段是中國史學的極盛時代，正是起在亂世。當然，學術史的年代，同普通史的年代，不能劃得恰平，中間有些參差不齊的。如太史公《史記》，已經到了漢武帝時，可是我們可以把史學從孔子《春秋》一路到太史公《史記》，這是中國史學的一段黃金時代。而此一段黃金時代，則正起在春秋戰國衰亂之世。

第二段就是上面幾次講的，根據《隋書・經籍志》從東漢末年一路講到唐初劉知幾《史通》這一段。從普通史講，又是中國的一個中衰時期，然而史學在那個時期則很盛。我們能不能這樣說，時代衰，史學會盛。好像一個人，跑到前面無路，發生了問題，會回過頭來看看，那就是在衰亂世史學會盛的一番理由了。自東漢末年、魏晉南北朝一路下來，是一個中衰時期，而史學確盛。只是那時史學雖盛，但不夠理想。對於當時，乃至後世，並無甚大貢獻，這我已在上面講過。

第三個時期就是宋代。拿中國漢、唐、宋、明、清五個大時代來講，宋代最弱，也可說宋代在中國歷史裡邊，是一個比較中衰的時代。所以這時代能有史學復興了。而這一時期的史學，比較上，他們能針對著時代要求，在史學上有很多有意義有價值的貢獻。較之東漢末到隋唐統一一段，宋人的史學確要好些。但為何宋代還是不行，這問題我們已經講過，乃是另一問題，不能把普通史來一氣抹殺了學術史。再下，到了明代末年，清室入主，那時候可說是中國歷史上一個極大的轉變，而那時又有史學興起，新的史學又見曙光。可惜下面滿洲政府政治上的高壓力量使我們這一番新的史學只見萌芽而又不能發旺滋長。後來乾嘉以後，時代是盛了，而學術反走上了一條不理想的路，史學也一樣。

我們講到第五個時期，應該是清末民初我們的現代，這正是我們國家民族又在一個艱苦多難之秋了，又是一個時代的大轉變。照例，我們在這個時期也該有史學興起。換言之，我們又該要回頭看一看啊！我們到了今天，該要回頭看一看我們這兩千年、四千年來究竟是什麼一回事。這個回頭看，便是史學興起之契機。可是我們現代這一段史學，可說並不能滿足人的想望，而只有使人失望。到今天，我們這時代的史學，並未能對國家社會有些好的影響、大的貢獻，反而橫生枝節，發展出很多壞影響。關於此明末乃至民初的兩段史學，我們到以後再講。今天我們下面幾講，則都是講宋代的史學。

宋代學術，不是單單史學一項，只是在全部宋學中有了史學一項。我在宋代史學中，想首先舉歐陽脩的《新五代史》來講。我們去年講了四史以後，不再講此下的許多所謂正史了。因其在體制大節上，沒有什麼可講。而歐陽脩的《新五代史》則不然。我們要拿一大題目講宋代史學，那麼首先就該提到它。而且從唐代以後中國人修史，都是屬於官修的。至於私家著史，則只有歐陽脩的《新五代史》這一部。上面所講《史記》、《漢書》、《後漢書》、《三國志》，四史都不是官修的。歐陽脩《新五代史》，則是後代唯一的一家私人著作。他生存時，這部稿子並不曾送上朝廷，也不是朝廷要他寫的。等他死了以後，朝廷上才下詔把他這部稿子在國子監開雕出版。這是第一點值得我們提出的。第二點，歐陽脩的《新五代史》是上法《春秋》的。後來人批評此書，說它「褒貶祖《春秋》，故義理謹嚴，敘述祖《史記》，故文章高簡」，又說「史官秉筆之士，文采不足以耀無窮，道學不足以繼述作，惟歐公慨然自任遷固」。這是說一般正史，從四史以下文章都寫不好，也沒有一種高的觀點，足以成為標準的著作。只有歐陽脩《新五代史》，可謂遷固以來未之有。這都是極端稱讚歐陽脩的《新五代史》，文章比《史記》，而書中義理又是學孔子《春秋》的。在歐陽脩的《新五代史》以前，已有了薛居正的《五代史》，這是奉政府命編修的。歐《史》一出，就變成了兩部。一部稱曰《舊五代史》，就是薛居正寫的。一部稱曰《新五代史》，則是歐陽脩寫的。就兩書的篇幅材料來講，《舊五代史》比《新五代史》多得多。也有人對此兩書作了各有得失的批評，說是：「薛《史》如《左氏》之紀事，本末賅具而斷制多疏。歐《史》如《公》、《穀》之發例，褒貶分明而傳聞多謬。」此是說薛《史》像《左傳》，從頭到尾紀事詳細。歐《史》是學孔子《春秋》講義理，褒貶分明而記載多不可靠。這話好像很公平，但拿薛《史》比《左傳》，拿歐《史》比《公》、《穀》，實際上是比擬不倫。即論紀事，歐《史》也不能同從前的《公》、《穀》相比。《公》、《穀》確是紀事很疏，歐《史》所記，只能說他簡潔嚴正，多所刪略，不能說他都有錯。歐《史》當然亦有記載錯誤處，這從太史公《史記》一路下來，從前的歷史都如此，沒有一部歷史從頭到尾沒有錯，當然不必專講薛居正的《五代史》。所以我們要有「考史」工夫。但歷史不單是一堆材料，清代講史學的人，就有人贊成《新五代史》，有人贊成《舊五代史》，把此兩書來詳細比較。諸位也可自己把此兩書仔細去對看。但史學上更重要的，是寫史人的義法所在，這可說《舊五代史》根本不能同《新五代史》相比。

趙甌北的《廿二史箚記》，比較似乎推尊《新五代史》。他說：「不閱薛《史》，不知歐公之簡嚴。歐《史》不惟文筆潔淨直追《史記》，而寓《春秋》書法紀傳之中，雖《史記》亦不及。」薛《史》網羅一大堆材料，當然記載是詳了，可是寫史還得應該「簡」。趙甌北說歐《史》文章乾淨，直追《史記》，而他的紀傳裡邊都有《春秋》筆法，連《史記》也不能及，可見是很看重《新五代史》的。而王鳴盛的《十七史商榷》，則似乎有許多地方偏重《舊五代史》。甚至即在宋代，司馬溫公的《通鑑》，寫到唐史，也比較多用《舊唐書》，少用《新唐書》。《新唐書》就有歐陽脩在內。他對於五代史，也比較多用薛《史》，少用歐《史》。照這樣講，豈不是司馬溫公在史學上也並不很看重歐陽脩嗎？這問題到下邊再說。總而言之，《舊五代史》是一路跟著上面從四史以下的諸史來，他只是網羅材料歸納起來便是。而《新五代史》則有寫史的一套義法，不是歸納一堆材料就算歷史的。這一點，我們覺得該特別看重。

我們且把歐陽脩《新五代史》裡所謂寫史的「義法」舉幾點講一下。五代是梁、唐、晉、漢、周。梁代第一個〈本紀〉是朱溫，後來唐朝賜他名字叫「朱全忠」，薛《史》開頭就稱朱溫為「帝」，而歐《史》則開頭稱他是「朱溫」，後來唐朝賜了他名字，纔稱他「朱全忠」，再後來封了王，然後始稱他是「王」，更後來他篡位做了皇帝，那才稱之曰「帝」。單舉這一點，諸位把此兩書比看，就是一個大不同。薛《史》也有它來歷，如從前《南史》宋、齊、梁、陳四代，每一個皇帝，〈本紀〉一開始就稱「帝」。而歐《史》則是學的《史記》，沛公到後來才稱「帝」，為沛公時不稱「帝」。最先也不稱「沛公」。若我們只讀薛《史》，正名定義都稱「帝」，一讀《新史》，才知本末。朱溫本是一個很下流的人，然而還好。更有外國人跑來在中國做皇帝的，諸位一讀歐《史》，原原本本、清清楚楚，都知道。這些只讀〈本紀〉就知。所以歐陽脩自己說：「孔子作

《春秋》，因亂世而立治法。余述〈本紀〉，以治法而正亂君。」春秋是個亂世，然而孔子《春秋》裡面，有一種書法，故說因亂世而立治法。但到歐陽脩寫史，那時是已經有了治法了，孔子以下治國平天下豈不已有了大綱大法嗎？孔子《春秋》是因亂世立治法，現在歐陽脩寫史，乃是拿孔子一套治國平天下的大法來正這些亂君。我從前就最喜歡拿歐《史》〈本紀〉來同薛《史》兩面對讀，一個一個皇帝，在這邊都見得清清楚楚，在那邊則都是「帝」，只做了皇帝，一開頭就是「帝」了，豈不這兩書的高下一看就見了嗎？

五代很短，一個時期，就有八姓十三君，只有梁、唐兩代，每一代有三十多年。此外的各代，都只幾年、十幾年。因此在五代時做臣的，很少只在一個朝代做，普通都是一個人做了幾代的官。倘使拿我們今天的話來講，好像這個人做了清朝的官，又做袁世凱時代的官，又做國民政府的官，或許再做到共產政府的官，這是一個亂世現象。薛《史》則只要這個人死在那一朝代就寫在那一朝代裡，好像此等事不成一問題，這就把五代史所應有的特殊點沒有把握到。歐陽脩的《五代史》，若其人專是一朝之臣，就入〈梁臣傳〉、或入〈唐臣傳〉。但這樣的人少得很。〈梁臣傳〉、〈唐臣傳〉中所收真是極少。一個人都做幾個朝代的官，歷事數朝，歐《史》便把來另立一個〈雜傳〉，亂七八糟地拉雜作傳，這真是多。也有人批評說：這樣寫法，只看目錄，便感到不好看。怎麼每一朝代只有兩三個臣？這種批評，實是可笑。一部《五代史》，真是一段漆黑的歷史，難得有幾個人在一個朝廷做臣，而一個人兼了做五代之臣、四代之臣的，卻很多。那我們豈不只看目錄，便可想見了這一個時代的特殊現象了嗎？這亦可說是歐陽脩《新五代史》的創例，為從前所沒有。

照舊史之例，一篇傳後有論、有贊。而歐陽脩的《五代史》，則論贊不苟作。每篇後有論贊，都是很重要的一篇大議論，不是隨便循例而寫。最有趣的一點，在歐《史》寫的傳贊裡，每以「烏呼」二字開頭。先嘆了一口氣，再往下講。也就有人批評說，從前歷史傳後的贊，沒有拿「烏呼」兩字開頭的。這種都是學的劉知幾，只在小處批評，而並不瞭解寫史人的特別宗旨。歐陽脩自己說：「此衰世之書也。」既如此，那有什麼可「贊」，但照例史傳到最後要贊幾句，他卻不是在「贊」而在「嘆」。所以歐陽脩又說：我用《春秋》是用其法，師其意，而不學其文。其實有許多人，是可「嘆」而不可「贊」的。在五代這個時代無可贊只可嘆，那有何不可呢？我小孩時，在小學裡讀書，寫了一篇文章，先生大為稱讚。那時我在初級小學，有高級小學年紀大的學生就圍著這先生說：他寫的文章先生說好，但文章總沒有開頭就用「烏呼」兩個字的。先生說：你們不知，歐陽脩的《五代史》，開頭就用了「烏呼」二字。當時的小學先生，學問也博，多能讀過史書。那時在我腦裡就有了個歐陽脩。其實我那時也沒有讀過《五代史》，不曉得怎麼開頭就用了「烏呼」二字。但在歐陽脩以前，是沒有人用「烏呼」二字作文章開頭的，所以有人要批評我，而那位先生可以替我辯，說歐陽脩就這樣。但若有人批評歐陽脩，那又有什麼辦法呀！

諸位讀史書，於「考史」外，又要懂得「論史」。不僅要知從前人對其當時及以往的一切批評，還要有眼光針對自己時代作批評。不能人云亦云，前人如何批評，我也如何批評，該要有新意見，新批評。但也不能像五四運動以來那樣信口批評，如「打倒孔家店」、「全盤西化」等，一筆抹殺了全部歷史，那實無所謂批評。到今天，已到了全部歷史更無可批評了，遂只有作搜集材料的工夫。但搜集這些材料又有什麼用，若使一部二十四史全是帝王家譜，全是專制政治、封建社會，那麼還要讀什麼中國史？可見「評史」不能省，但批評歷史要能有見解，要知道從前人的批評，還要能來批評從前人。我們且隨便再講幾點歐陽脩的《五代史》。如說軍事，五代正是用兵時代，歐《史》用攻、伐、討、征四個字來分別記載。兩軍相交，處在同等地位者稱「攻」。以大壓小，一大國攻打一小國，或中央政府的軍隊攻打一地方，這叫「伐」。對方確實有罪稱「討」。天子自往稱「征」。這就是《春秋》筆法。只看他用那個字，便知是那樣一回事，很簡單。兵事成果亦有不同。用兵獲地，或稱「取」，或稱「克」。易得曰「取」，難取曰「克」。又如敵人投降，以身歸稱「降」。帶著他轄地來歸稱「附」。你只看一「降」字，便知他一人來，或僅帶著家，乃至隨從少許人。倘見「附」字，便知他帶著地方一併投降。又如「反」與「叛」。「叛」是背叛了這裡歸附到那裡，在此稱「叛」，在彼稱「附」，如背梁附唐。若在下反上，不是歸附到別人那裡去，只在裡邊作亂、造反，這是「反」。又有「自殺」與「死」不同。「死」是死節，為國為公而死，「自殺」則還不到「死」的程度。自殺當然死了，但還不夠稱「死」。死是一種忠節，「自殺」則僅是自殺而已。「他殺」亦與「伏誅」不同。有大罪，應該殺，這稱「伏誅」。僅是殺了他，這又不同。像此之類，歐陽脩《五代史》講究這些用字，很有趣味。

諸位可看從前人講《新五代史》與《舊五代史》顯有分別，《新史》裡有他自己的許多「例」，現在我們不看重這些，只拿書中材料來作研究。一件一件事，不分輕重大小是非得失，那就沒有趣味。現在人講歷史，都只講了下一級，不向高處尋。所以我特別要再講《史記》、《漢書》。一樣都寫漢代人的事，但兩書體例不同，此因背後作者人物不同，學識不同。我們現在都不管，從來不去研究到整部書，更沒有研究到書背後的那個人，只研究書中間的事情，而有些事情又更無研究意義。如這個人究是「死」，還是「自殺」，我們都不管，只知他死了便算。我們覺得，研究歷史，只是些舊東西，只是一堆舊材料，但從前人如何來寫此歷史，你不能說這些不值一論。孔子作《春秋》，也是一部歷史，若只看材料，當然遠不如《左傳》，《左傳》裡材料詳細得多，《春秋》還有什麼價值？所以孔子便遠不如左丘明。那麼從前人為何要推尊孔子，我們說這只是一種舊觀念。這樣一來，我們今天的史學，先有一個新舊觀念的分別橫梗在裡面。我們又要拿西方人的史學觀念來講中國人的歷史。但西方歷史遠為簡單，為了這一點，至少使我們今天無法有史學了。從前人爭論的問題，今天一律都不管了。什麼「死節」呀，以及治亂興亡呀，我們似乎都沒有工夫和興趣去講究。大問題不講，只找一些極小的題目，這就意味何在呢？

現在我再講到歐陽脩第二部史書。在五代時就有一部《唐書》，但到宋仁宗時，又命宋祁、歐陽脩來重寫一部，稱《新唐書》。五代時劉昫所寫稱《舊唐書》。後來讀史的人，既有《新》、《舊五代史》的比較，又有《新》、《舊唐書》之比較。從前人都花著極大工夫，零零碎碎，一條一條地研究，可是我們今天也都不管。只知研究唐代歷史，只在《新》、《舊唐書》裡翻查材料，更不管兩書得失。在《新唐書》裡，大概從前人一般的批評，就是〈志〉與〈表〉最好，而〈志〉與〈表〉則是歐陽脩所寫，〈紀〉、〈傳〉乃是宋祁所寫。可見歐陽脩對《唐書》貢獻更大。當時朝廷派歐、宋兩人寫唐史，是有一番規定的。將來這部《唐書》的作者，只由一個官爵較高的署名。如《隋書》署魏徵所著，其實這一部書並不是魏徵一人著，不過由他一人來署名。宋人也照此規矩，《新唐書》的作者，歐陽脩官位高，應由他署名。但歐陽脩卻說，宋祁是前輩，年齡比較大，我是比較的後輩，這書他也花著很大工夫，不應該專署我的名。因此《新唐書》是分別署名的。〈志〉和〈表〉署歐陽脩的名，〈紀〉與〈傳〉署宋祁的名。宋祁說：我沒有碰到這樣子謙虛，而尊重別人的朋友。但朝廷上待那一部書寫成以後，還要請一個人，等於如現在總編輯一般，來總其成。〈紀〉、〈傳〉寫好了，宋祁把來交給歐陽脩，請他再仔細改定。歐陽脩說：宋先生所寫已很好，他應一字不動。這件事從前人很看重，直傳下來，成為一種佳話。但我們今天，又認為這樣究是對不對呢？我不知諸位對此事如何感覺。〈志〉、〈表〉既署歐陽脩之名，〈紀〉、〈傳〉則署宋祁之名，朝廷也答應了。但要歐陽脩全部看一遍，而他竟一字不改，諸位認為他是不盡職呢，還是敷衍客氣而已呢。其實他就來改一遍的話，老實說，也未必一定全是。各人有各人的學問，各人有各人的見解，歐陽脩的態度還是可佩。今天我不過偶然舉此例。總之從前歷史上這種佳言美行，零零碎碎傳下來的，不曉得多少。今天我們根本也沒有在那裡用意為這時代寫歷史，倘使為這時代寫歷史的話，有沒有那些佳言美行可傳呢？固然我們今天是一亂世，但有沒有一個人講了一句話，而可以傳之後世的呢？或許有，但有沒有人能為他寫下呢？我們今天都是拿了一大堆材料，你這裡錯了一點，幾年幾月之下寫錯了一個「日」字。如此之類，將來這史學究於國家何補呢？倘使諸位治史學，有意要學從前人的這一套，那諸位的學問態度該要大大地改變。該就先要讀《論語》、《孟子》大義所在，要懂得這樣纔算好，纔叫做「謙虛」。不能就只是舊啊，新啊，外國對，中國不對，這樣籠統武斷是不行的。你如來講袁世凱，你該怎樣講法？你如來講唐紹儀、講伍廷芳，又該怎樣講法？當時國民政府派個伍廷芳，袁世凱派個唐紹儀，兩個代表在上海開會，此兩人，諸位也該懂得研究。這樣治史學，對國家社會自然慢慢兒的會有貢獻。現在出了一好人，諸位既不懂，也不管。做官人沒有好不好，教書先生也沒有好不好，所謂亂世，就先亂在我們的心上。

歐陽脩修《新唐書》，也不只是謙德可風。他還有許多大理論，大意見。如《舊唐書》沒有〈兵志〉，《新唐書》添了〈兵志〉。《舊唐書》沒有〈選舉志〉，《新唐書》添了〈選舉志〉。這當然都是非常重要的。《舊唐書》裡有〈志〉，無〈表〉，《新唐書》裡還添進〈宰相世系表〉，添進〈方鎮表〉，添進〈宗室世系表〉。特別此〈宰相表〉與〈方鎮表〉用處極大。從這些地方講，當然《新唐書》應該在《舊唐書》之上。在《新唐書》裡的每一篇〈志〉，歐陽脩還有一篇很大的文章寫在前面。如〈藝文志〉，如〈禮樂志〉，前面皆有大文章。在〈藝文志〉前，他說古代的書，到今天流傳的少，失掉的多。他從這上面發了一番大理論。諸位試就此看《隋書‧經籍志》裡面的書留下到唐代的有幾部。我們試問，今天的書到明天還留下的有幾部？今天出版能保留著三十年、五十年的有幾部，保留著一百、兩百年的有幾部？書求出版，不求保留，認為時代在那裡進步嗎？其實何嘗是進步，實只是變化而已。變到今天，在西方，連上帝都迷失了，人與書自然不必講。這是整個人類文化中可以爭論的大觀點。西方人最近又公開的把人稱「前一代」、「後一代」，後一代的看不起前一代，這又是時代進步嗎？諸位也會立刻就生小孩，又要後一代來了，又看不起前一代，諸位立刻將會被子女看不起。而且年代間又認為一定要有衝突。這樣的人類社會，還有什麼意義與趣味，還有什麼歷史可講？在這樣的時代中間，諸位實也不該學人文科學，一點價值都沒有，學些自然科學還好。其實自然科學也不值得學，學做生意賺幾個錢，也麻煩，不如買股票，或者鬥馬，這樣賺幾個錢過一輩子，現在社會就多這樣的人。這是人類一個極大危機。諸位如去讀歐陽脩《新唐書・藝文志》前面這篇長論，已是慨乎言之。當然歐陽脩一生著作，一字一句幾乎都留到今天。其他宋代人留下的也比唐代多。又如歐陽脩在〈禮樂志〉前有云：「由三代而上治出于一，而禮樂達于天下。由三代而下治出于二，而禮樂為虛名。」只看這兩句，便見史學家大理論。諸位要知，中國歷代史籍每有許多大理論。如此兩句，我們便不容易懂得。如何是「前世禮樂本於一，後世禮樂為虛名」，我們要評史，也要能發揮像這樣般的理論才是。當然，歷代能具這樣見解來講歷史的人是不多。宋代的史學，我們就拿歐陽脩來做代表的話，歐陽脩在經學、文學各方面都有大修養，所以他的史學也有個博大的基礎。並不像他人，只要跟著《史記》、《漢書》，也來寫一篇篇的〈本紀〉、〈列傳〉，拿許多材料彙聚在一起便是。像我們民國初年寫《清史》，這部《清史》實在要不得。可是我們儘知道它要不得，卻沒有人能出來重寫一部。今天我們共有正史二十五部，此下第二十六部新史該如何寫，現在還沒有人想到此問題。下面我們只要新，但問如何般新法。父母死了，或者買口棺材，或者送火裡燒，總得要有個了結，不能不理就算。我們要講新史學，那麼清代一亡，我們也該寫一部像樣的《清史》纔是。清代還好，已算有了一部《清史》，以下民國更不得了，民國史怕沒有人管，置之不論，那不荒唐嗎？所以今天諸位要來學史學，我得告訴諸位，先要立一個志，為什麼要來學史學？我們且看宋代，他們經過五代大亂之後，慢慢兒跑出亂世，重創治平。諸位且看一部歐陽脩的《五代史》，這裡面「烏呼」二字到處可見。宋代是像一個樣子了，他直在搖頭、嘆息前代。但今天我們罵祖宗，不是專罵五代，遠從周公、孔子直到今天都要罵，還不止用「烏呼」二字。在我們就是只懂稱讚外國，倘使諸位博極群書，確實很熟外國史，能如此，我也佩服，說你通了西洋。但諸位實也並不是，那麼何必要在這裡空口罵古人。所以我們最重要的，自己祖宗究是那樣，我們這個現代又是那樣，諸位學史學，先應於此有所知，千萬不要無知憑空罵。

我在此特別提出一部歐陽脩《新五代史》，只是很薄一部書，看了讓我們曉得黑暗亂世究是什麼一回事。我恐怕將來我們有人來寫中華民國六十年史，也會來個歐陽脩，寫了許多烏呼，只嘆氣我們跑到此地，大陸變成這樣子，總有人應該負這責任。我們亦該回過頭來看看，想想我們今天在大學裡讀書做學問，有沒有人能從此民國六十年來知道我們走錯了路而想要換個方向。我們沒有這樣的人，只是跟著下去。諸位只說要反共，但不能不問共產黨從何來，為何從前在大陸許多青年信共產主義，我們又該拿什麼東西來反？諸位講歷史，定要講到整個的大的文化傳統、國家社會，要能關心在這個地方，千萬不能只限在自己一個狹小的論文題目之內，說就是我要做的學問了。我已再三講，諸位現在不能聽我話。到你們論文作完得到博士，有了一個職業，卻不要忘掉我今天的話。到那時，慢慢兒再做學問。雖說這個國家社會責任不在我，但我也是其中的一個。天下事，不是一根木頭可以撐一所房子的。諸位學歷史的，當知漢高祖得天下，也不是由漢高祖一人得之。將來諸位講史學，也該對國家社會有個貢獻。人才從學術中來，要從學術來培養人才。今天我們看不起宋人，但唐朝時代盛，到最後，弄出五代黑暗亂世，所以宋人要一反唐弊。而尤其如歐陽脩可說是開始第一批中人。歐陽脩以前，還有像孫復（泰山），他寫一部《春秋尊王發微》，當時很出名。因為到了唐末，不再有王者，都是軍閥，孫復來提倡「尊王」，這是一部由經學轉到史學來的書。接著就是歐陽脩的《五代史》。諸位懂得這一點，再回頭來看劉知幾《史通》，「疑經」、「惑古」，只管歷史，不管經學，相差遠了。所以劉知幾只能做魏晉南北朝下來的一個人，而孫復、歐陽脩是開出宋代下面的人。我們不要做前面拖下的「渣滓」，我們要迎接新時代，參加下面的新中國。諸位不要認為我以前早如此，諸位該放開眼更往前。我勸諸位學歷史的先學明末清初，再學宋人，往上直學孔子《春秋》、司馬遷《史記》。我想我們將來所需要的新史學，應該在這些地方，對國家、對民族、對整個文化傳統，要有一個寬大的胸襟，要有一番懇摯的感情。好了，今天講到這裡。

司馬光資治通鑑

今天我們接講宋代第二部史學名著，司馬光的《資治通鑑》。上面從太史公《史記》下來，中國有了所謂紀傳體的正史，這以後，編年體孔子《春秋》比較在中國史書裡的地位是在正史之下了。可是不斷還有人寫編年體，如在漢代就有荀悅的《漢紀》，南朝有袁宏《後漢紀》，這兩書一路傳下到現在，而且荀悅《漢紀》是很出名的。此外還不斷有。在《唐書．藝文志》裡，編年史有四十一家，九百四十七卷，也不算少了。可是還有不在這裡面的，如梁武帝曾叫他群臣寫一部編年的《通史》，卷帙很大，後來沒有傳。就是《唐書．藝文志》裡這四十一家的編年史，傳的也不多。直要到宋代司馬溫公出來寫成《資治通鑑》，才是等於孔子《春秋》以及《左傳》以下第一部最成功最像樣的編年史。以後的史家，特別看重此書，所以常稱「兩司馬」，一個是司馬遷、一個是司馬光。

《通鑑》共兩百九十四卷，上面並不直接《左傳》，實際上也等於是直接《左傳》，下面到五代，共一千三百六十二年。除掉本書兩百九十四卷以外，還有《目錄》三十卷、《考異》三十卷。《目錄》是所謂「年經國緯」，實際上學的《史記》的〈表〉，預備我們容易查。《考異》三十卷，現在附在《通鑑》本書裡面。有些是這書這樣講，那書那樣講，下了考據工夫來定其得失。這書是司馬光奉詔編集的，開始在宋仁宗時，他編了八卷，叫做《通志》。後來宋神宗要他繼續編下去，直到他編成，神宗賜書名為《資治通鑑》。說它對政治上有幫助，可資以治國。

司馬光編集此書，朝廷許他「自辟官屬」，又許他借用政府館閣藏書，最後又許他「以書局自隨」。司馬光脫離了中央政府，去到別處，這個書局也可以跟著他跑。所以這書雖不是一部官修書，但是由政府詔修，並用大力資助。

司馬溫公編集這部《資治通鑑》，特別重要幫他的有三人：一是劉攽（貢父），一是劉恕（道原），一是范祖禹（純父）。這三人都是當時有名的學者，當然特別是史學了。照從前說法，兩漢是劉攽幫忙，三國下來一路到隋這一段是劉道原的工作，唐五代是范祖禹的工作。他們三人，或許劉貢父責任更大些，此外兩人助編部分，劉貢父也預聞到。此書自宋神宗命他續編起，到全書完成，前後十七年。尚有仁宗時開始的戰國一段，《通志》八卷，前後共化了十九年。這一工作，實在是相當繁重。待全書編完，原稿保留在那裡，共有兩屋子。黃魯直（山谷）說他曾去看過，在洛陽的兩屋子草稿，他看了幾百卷，沒有一個字是草寫的，可見當時所花工夫之審愼而認眞。司馬溫公自己說：他自限三天刪定一卷。若今天有事中斷，明後天定要補足。他又說：我生平精力盡於此書。他先要他三位助手先寫一個「長編」，把一切材料都編進，最後的刪定則是他自己的責任。有〈與范內翰祖禹論修書帖〉，詳細說明怎樣地修法。先編集一切有關材料。實際上從前人寫歷史，都是一樣，必先彙集史料。如其發生問題，互有異同，就要考異工夫。在作長編之前，還有「草卷」。由草卷而長編，而考異，大概這三人都參加工作。最後刪定，就由司馬溫公自己一人任之。所以這部書雖是四人合作，實際上等於司馬溫公一人功力。因為最後的決定在他，這裡要，那裡不要，都是他一個人的眼光和見解。

這一書，大家知道，當然絕大部分是根據十七史來，把紀傳體刪改為編年體。其實根據正史外，還添進很多書。宋代高似孫寫了一書名《史略》，他曾查考《資治通鑑》參據各書，除正史外，還有兩百二十多家。高似孫自己說：他前後花了七年工夫去查考每一條史料，把來開一目錄。這些添進的部分，卻多見《通鑑》之著意處。王船山曾說：《通鑑》能於十七史之外，旁搜纖悉，以序治忽，以別賢奸，以參離合，以通原委，蓋得之百家之支說者為多。這是說：政事之治亂，人物之賢奸，事情之原委離合，往往在添進去的那些小文字中見出。若譬溫公《通鑑》如繡成的鴛鴦，船山這番話，卻把繡鴛鴦的針法線路指點出來了。我們要研讀《通鑑》，船山的話，不失為一絕大的指示。

但諸位試想，一部十七史一千三百六十多年，他只用兩百九十四卷都拿來寫下，可見他的重要工作，不是在添進史料，更重要是在刪去史料。但在他刪去很多史料以外，還添上兩百幾十種書的新材料進去，這工夫當然是極大的了。善讀《通鑑》者，正貴能在其刪去處添進處注意，細看他刪與添之所以然，纔能瞭解到《通鑑》一書之大處與深處。

然而真講起來，他所更重要的還是在刪掉史料方面。因為在宋仁宗時，他開始寫《通志》八卷，本名其書為《編集歷代君臣事蹟》，這是全部《資治通鑑》最重要的重心。不關這重心的他當然不要。如講制度，我們上一次講過杜佑《通典》，他的主要內容，當然在君臣事蹟裡邊也可有，因一切制度都是歷代君臣討論定下，但《通鑑》的重要處則不在制度方面。又如各正史中〈藝文志〉、〈地理志〉、〈禮志〉、〈樂志〉等所收，《通鑑》都不要。因此書所重，只是講歷代的君臣事蹟。我們且先講《資治通鑑》所不要的東西。有人說：《通鑑》不載文人，又如在《東漢書》裡有很多隱士、高士之類，他多不載，這也不能怪。他書的原來重心是要寫「歷代君臣事蹟」，都與政府有關係的。亦有許多大學者，根本沒有進政府做事，或是個隱士，或是個文人，當然他書裡沒有。特別給人家注意的，如他書裡沒有屈原。直到今天，屈原在歷史上的地位非常高，屈原的文學，溫公《通鑑》當然可以不要，但屈原有一段時間與聞楚國的外交，特別是同張儀爭議這一件事，溫公《通鑑》也都沒有。《左傳》也不載顏淵，那是為編年史體例所限，但屈原究與顏淵不同。今人因《通鑑》不載屈原，遂疑屈原無其人，那就更不對了。其次如魯仲連，在戰國時，魯仲連從沒有做過官，但「義不帝秦」這一件故事很是重要。魯仲連在中國歷史上的地位也很高。後人時常稱道他。只看《文選》裡所收許多詠史詩，多有歌詠到魯仲連的，這人好像是為後來人特別看重的人物，而《通鑑》裡也沒有。又如漢初的商山四皓，《史記》上說：漢高祖要廢太子惠帝，張良設法教太子去請當時隱居商山的四個老人，到太子宮裡作客，有一天給高祖看見了，從此就知道太子不可廢。這個商山四皓的故事，也是直到今天為大家所傳誦，可是《通鑑》裡也沒有。又如漢景帝時吳楚七國造反，漢朝派周亞夫帶了軍隊去征討，在路上見到劇孟，周亞夫說：我得到此人，這問題就解決了。劇孟是在太史公《史記・游俠列傳》裡邊的人，他在當時勢力影響之大，也是轟動一時的人物，但是《通鑑》裡又沒有。又如東漢光武帝有一同學嚴光，光武做了皇帝，就物色嚴光，請他來，又請他住在宮裡，和光武同睡一床，睡中嚴光把腳放上光武肚子上去，明天主天文的官，因看天上星象獲知此事，光武既不以嚴光為罪，嚴光也終辭光武歸隱。固然夜看天象一節有不可信，而嚴光之終辭歸隱，則其事可信。這個故事，極為後世傳誦，但《通鑑》裡也沒有。像此之類，我們歷史上很多故事，所謂膾炙人口的，《通鑑》多刪去。唐代玄宗時，要姚崇做宰相，姚崇先提出了十件事情，所謂「十事開說」，他要皇帝先接受他這番意見，這也是一篇大文章，但《通鑑》裡也沒有。後人說，溫公「不采俊偉卓異之說」。凡屬後人所喜歡講的那些「俊偉卓異之說」，往往溫公都刪了。姚崇提出十大事，對於當時現實政治並無發生很大關係。對現實政治有關的，如唐初魏徵的諫書，又如後來陸贄的奏議，《通鑑》裡都載得很詳。他不僅依照著《新》、《舊唐書》，還另外去翻著魏徵、陸贄的原書，直從原書裡去採材料。可見司馬溫公寫《通鑑》，他自己有一個主張和標準。要的便要，不要的便不要。可是在他不要的中間，如一部《通鑑》裡沒有屈原，總覺得是一件憾事。後世相傳，屈原投水死節，溫公或許不看重這事，但屈原總是中國歷史上一個人物，他的〈離騷〉直到現在被一輩文學家傳誦，他勸楚懷王不要聽張儀的話，有關戰國大局，溫公《通鑑》裡沒有他，也沒有說出其所以然。其他諸人，雖說有些對當時實際政治並無具體影響，但在當時乃及後世的政治和社會上，在心理方面、風氣方面，無形影響也甚大。溫公《通鑑》裡不載，所以引起了後人的注意和討論。

溫公《通鑑》另有些地方使後人不滿，如他特別看重了揚雄、荀彧，便是一例。當然《通鑑》短處決不只此。不過我們對於一書，只能多採其長，不當專指其短。一書總有缺點，也是舉不盡舉。我們試再舉一例。漢初晁錯的〈賢良對策〉，《史記》、《漢書》都有，但溫公《通鑑》一字不著。董仲舒〈對策〉，《通鑑》載得很詳。這種地方，可見溫公是有其別擇之用心的。等如他不採姚崇的十事開說，而於魏徵、陸贄的奏議則採錄極詳。所以我們讀一書，要了解此書精神所在。

任何書不會都使人全體滿意。我們做學問讀書，要能採其長，不是要索其瑕疵，來批評它的缺點。今天我們則反其道而行之，不懂得一書長處，而喜歡來找它短處。或許所找出的也並不是它短處。特別如講《通鑑》裡的所謂「正統論」。中國歷史上早有正統論，我們前面已講過。《通鑑》在三國時以魏為正統，後人多致不滿，如「諸葛亮入寇圍祁山」之記載等。陳壽《三國志》固是以魏為主，但書名《三國志》，平稱〈魏志〉、〈吳志〉、〈蜀志〉，也不能說它定是尊魏。在〈魏志〉太和五年有「諸葛亮入寇」一條，在〈魏志〉敘魏事，自應如此下筆。《通鑑》太和五年「漢丞相亮帥諸軍入寇」，明是跟著陳壽《三國志》來。不過陳壽《三國志》是禿頭的，說「諸葛亮入寇」，《通鑑》加上「漢丞相」三字，並不稱他為「蜀」，這是對了。所以這一條的筆法，亦很難辯其是非得失。〈魏志〉又有一條說：「諸葛亮出斜谷，屯渭南。」而《通鑑》青龍二年卻說：「亮悉大眾十萬由斜谷入寇。」是陳壽〈魏志〉裡沒有寫「入寇」，而溫公《通鑑》反寫了「入寇」字眼，就引起了後來朱子寫《通鑑綱目》之動機。像此之類的事情還有三國時孔融死了，范蔚宗《後漢書・獻帝紀》「建安十三年曹操殺大中大夫孔融，夷其族」。這一年是漢獻帝建安十三年，若孔融犯罪，應是犯了漢朝的罪，而范書卻說：曹操殺孔融，這是所謂據事直書，殺孔融者實不是漢獻帝，而是曹操。而在《通鑑》裡卻說：「大中大夫孔融棄市。」我們單看這條，當然覺得是《後漢書》好過了《通鑑》。《通鑑》裡又有一條，獻帝建安十八年，五月丙申，以冀州十郡封曹操為魏公。一路向下，《通鑑》就稱他「魏公」，不再稱「曹操」。若照《後漢書》看，不是漢獻帝封曹操做魏公，乃是曹操自封為魏公，兩書筆法大不同。顯然又是《後漢書》好過了《通鑑》。又如班固《前漢書》，漢平帝封王莽為安漢公，但下面都只寫「王莽」，不寫「安漢公」。這因班固是東漢初年人，王莽已失敗而死，班氏當然不稱他「安漢公」，以後也不稱他帝。但王莽、曹操向來為後人相提並論，如說曹操、司馬懿一樣，而溫公在《通鑑》裡卻說，曹操的天下是自己打來，不是取之於漢，這未免不足以服後世人之心。溫公在當時，又另有一件事使後人覺得怪。溫公不喜歡孟子，因孟子說齊國可以王天下，溫公很不贊成此說法。在溫公一意提倡尊君，擁護統一的中央政府，在五代十國以後，再能有宋代之一統，在歷史上真是一件了不得的大事，無怪宋儒要對此盡力衛護。但溫公究不免視此過重，雖然在三國時，實際上並未統一，而《通鑑》定要推魏做正統，又反對孟子以齊王的意見，特著《疑孟》一書。在他是一個極端主張尊君的，主張尊君，為要維護大一統的政府，這是我們該對他瞭解的。然而終不免有過分處，不能得後世同情。《通鑑》裡還有很多例可商量。如記年號，一個皇帝在一年中間改年號的很多，不是定到明年開始改，而《通鑑》所記年號，都以最後一個做決定，這樣就有很多毛病。如在十月十一月改的年號，而《通鑑》卻提前在一月二月就都用這新年號了，這樣就容易把事情弄亂。以上我舉出幾點《通鑑》為後人批評的地方，一是有好多事刪除不入《通鑑》，二是《通鑑》的正統觀，三是他的年號記載等，有不能叫人滿意的。

其次再講到《通鑑·考異》。我常說有寫史、有考史、有評史，《通鑑》這三部分都完備。他的三十卷《考異》，有的考得非常精細。此一部分，甚為後人看重。但我在此，不擬舉例細講。說到評史，從前正史上有「贊」、有「論」，《通鑑》裡常見有「臣光曰」，對一人一事有評論。他因此書是獻給朝廷的，故自稱「臣光」。《通鑑》一開始就是周命魏、趙、韓三家為諸侯，上接《左傳》，中間還缺了幾十年。《通鑑》為何不從《左傳》直接寫下，他自謙不敢接《春秋》。但為何挑著這一年開始？因溫公認為這是一件大事，乃當時天下之大變，從此周朝就再不能和春秋時代之東周王室相比。下面便有「臣光曰」一篇長論，暢發其義。在當時，魏、趙、韓三家實際已成為諸侯，晉國早已分掉，東周天子的承認不承認，似乎無關係。承認了，他是諸侯，不承認，他也還是諸侯，可是我們直到今天，卻感覺司馬溫公這一篇長論，還是非常有眼光，有意義的。我們今天都要講承認現實，但共黨在大陸實際統治已過二十年，聯合國久在討論此問題，今年又吵要承認。我們在此時此地，身處其境，才可深切的感覺到，這是一個道義法律屈服於事實勢力之下的問題。公開地承認了便是屈服，要正義昭彰，則惟有不屈服，不承認。我們上面講孔子《春秋》，已經講過這一層。這是中國文化傳統中一項極偉大的精神。所以在史學上必要爭正統，到今天我們還是要爭，而如東周君之命魏、趙、韓三家為諸侯這是大不該。溫公選此年作為他《通鑑》

的開始，而便有一篇很長的「臣光曰」大議論，我們到今讀來，正可覺得他的寫史，所佔的地位是極偉大、精神是極高遠的。近代學人看不起「臣光曰」，那只是眼光短淺，對溫公用意深長處不瞭解。

我們再舉一例。《通鑑》第二百九十一卷五代周世宗時，那年馮道死了。五代八姓十三君，實是亂世之極。馮道迭做歷朝大臣，自稱「長樂老」。他一輩子富貴、得意，人人推尊他，認為了不得起。直到宋朝，還如此。如范質是宋朝大臣，卻稱讚馮道，說是：「厚德稽古，宏才偉量，雖朝代遷貿，人無間言，屹若巨山，不可轉也。」范質也不是個壞人，而那時早已是宋朝的天下了，但正義未顯，馮道依然受人崇拜。直要到歐陽脩出來修《新五代史》，纔把馮道大大批評了一番。第二人接起的，就是司馬溫公。在《通鑑》馮道死的那年，他就全部抄下了歐陽脩《新五代史》裡一篇批評馮道的文章，下面再加「臣光曰」，自己又一篇大文章，再加批評，直到今天，馮道為人，纔算論定。這也算是當時一個大是非，我們該提出注意。《通鑑》裡溫公一切批評，當然也有的地方為後人不滿意的。如溫公辨才與德，未免太看重了德而不看重才。有才固不能沒有德，但有德也不應無才，兩面不能太偏。但《通鑑》中有些評論，我們究不該全把現代人眼光來反對。現代人往往看不起《通鑑》中那些「臣光曰」，所以我今天也特地要同諸位一講。我們學歷史的，不僅要能考史，還要能寫史，也要能評史。對歷史要能有見解，能批評。

再說到司馬溫公之寫史。諸位當知，把紀傳體正史改成編年體，這裡面有許多困難很要費工夫的。如《三國志》赤壁之戰，牽涉到三個國家，文章該從那裡寫起？曹操、孫權、劉備、諸葛亮、魯肅、周瑜，有關係的人多得很，《通鑑》寫赤壁之戰，從魯肅同孫權講話開始。魯肅說：現在事情很緊張，我請到荊州去看看劉備方面怎樣態度，再決定我們對付曹操的策略，諸位讀了《通鑑》，纔知魯肅是當時很有眼光的一個大人物，他到了荊州，諸葛亮才跟著到吳國來，下面吳國纔決定同劉備聯合抗拒曹操。赤壁一戰以後，就成為三國鼎立。魯肅是此轉變中一樞紐。可笑的是後來明代人的《三國演義》，全把史實寫錯了，諸葛亮也不成為一個諸葛亮，而魯肅則變成了一個最無用的愚人，給諸葛亮玩弄於股掌之上。周瑜應是個英雄，而《演義》裡也寫得他十分可憐。諸位若看王船山《讀通鑑論》，他極論當時人才，懂得國際局面天下大勢的，在蜀有一個諸葛亮，在吳有一個魯肅，在魏有一個曹操。因在吳、在蜀有諸葛亮與魯肅兩人，吳、蜀才能聯合起來抵禦北方。到了魯肅一死，在吳國方面，就再沒有人懂得此大形勢。而劉備派關羽守荊州，關羽也不懂天下大勢重要所在。他去荊州，諸葛亮告訴他「北拒魏東聯吳」六個字，乃他一意拒魏而不懂得要聯吳。以後吳、蜀失和，呂蒙渡江，關羽死了，從此吳、蜀對立，劉備就自己去征吳，又失敗了。諸葛亮重來聯吳，實因非此不足以拒魏。王船山此一看法，非常深刻。其實《通鑑》上早已寫得明明白白，船山也只是讀《通鑑》而有得。諸位讀書，應懂得像此般用心，自己見解慢慢也就高了，纔能來討論上下古今，自己也變為一個有用的人。千萬不能照現在的讀書法，只揀一個題目找材料，自己的見識學問不得長進。此是讀書做學問一最大分歧點。諸位讀書又應有一種無所為心理，只求細心欣賞。如讀《通鑑》赤壁之戰那一節，試去把陳壽《三國志》〈諸葛亮傳〉、〈曹操傳〉、〈孫權傳〉、〈周瑜傳〉、〈魯肅傳〉有關各篇分從四面看，看能拼出怎麼樣一段事蹟來，如此始能兼通編年史與紀傳史雙方體例與各自的得失長短。

我又特別喜歡讀《通鑑》寫安史之亂這一節。安祿山、史思明的軍隊，打進唐朝的兩京以後，當時李泌有一個主張，且暫不要用力收復兩京，只佯作攻勢，可使安史軍隊常在這東西兩京一帶作防。然後從陝北祕密派軍隊渡河直搗其後方，去攻安祿山、史思明的老巢三鎮，三鎮既下，他在前線的軍隊可以不戰自潰。若如此作戰，以下唐代便可沒有藩鎮之禍。但唐肅宗覺得老皇帝還在，他急得要拿下長安、洛陽，收復兩京，纔可告無罪於天下。不悟取下長安，安史軍隊還可退到洛陽。取下洛陽，安史軍隊還可退回北方。下面就變成了一個苟安之局。在當時，李泌這番話，也許是一番空理論，並未見之事實，而溫公《通鑑》卻把這番理論詳細記下，正為這番理論影響到唐代此下大局面。此處可見溫公史識了不起，他纔把此一番並未見之事實的空理論詳細記下。如姚崇十事，溫公不取，而李鄴侯的這番理論，他卻取了。這番理論，只在《李鄴侯家傳》中，而不見於《新》、《舊唐書》。溫公《通鑑》取材之博，用意之精，有如此。宜乎這一部《通鑑》，成為宋以下一部極偉大的史書，只舉如上面赤壁之戰、安史之亂的事，便可見得。

再說到南宋時，有朱子起來作《通鑑綱目》，又有袁樞來寫《通鑑紀事本末》，這兩部書，我們下面還要講。到元代有王應麟，有書名《玉海》，書裡面有一部〈通鑑答問〉，可見王應麟對《通鑑》也是用過很大工夫的。在王應麟同時有胡三省，他一生就注了一部《通鑑》。現在我們讀《通鑑》，都是胡《注》本。後來到了明代，有嚴衍，寫了一部《資治通鑑補》，此書也是很花工夫的，其實也等於是《通鑑》的另一番注。我們從這許多方面，可以看到《通鑑》一書對將來的影響，所以此書直到清代乃至今天，還是一部學歷史的人所必讀的書。而後人要想寫《續資治通鑑》，卻始終寫不出一部可以接得上溫公《通鑑》的。清代已有不少人下工夫，到今天，我們能不能再有人來寫一部《續通鑑》呢？我們當從宋元明清直寫到現代，這也是一番了不得的大工作，我想一時絕對沒有這樣的人來勝任此工作。因我們今天的史學，已經到了一個極衰微的狀態之下了。

我剛才講的王船山《讀通鑑論》，也是一部很了不得的好書。特別是在清末民初，這部書大家非常看重。我有一位朋友，是留學法國的，他年齡比我大。抗戰時，有一次，我們同住在重慶，我的《國史大綱》初出版。我上午有課，他讀我《國史大綱》。吃了飯，兩人午睡後，出外散步，便討論我的《國史大綱》。他忽然背起《讀通鑑論》，我十分驚訝地說：你怎麼還記得能背。他說：他年輕時讀過。他留法回來，是一個老教授，但所教不是歷史課程。此時他已過六十，他還都記得能背幼年所誦，這真使我喫了一大驚。在清末民初那時，凡是開新風氣的人，幾乎沒有人不讀《讀通鑑論》。從民國以來到現在，六十年中間，一切都大變了，《讀通鑑論》便少人理會。但《讀通鑑論》實是一部好書，值得讀。諸位治史學，更不可不一看。我希望慢慢能有少數人起來，再改變風氣，能把史學再重新開發出一條新路。特別像我這兩次講到的歐陽脩、司馬光，特別在《五代史》裡講到馮道，司馬光親自把歐陽脩的批評抄進他的書，抄了又自己再加批評，其他溫公《通鑑》裡五代一段，抄歐陽脩的不止一處，屢見有「歐陽脩曰」的評語。民初以來，大家看不起歐陽脩《新五代史》，認為材料少，要研究五代，應看《舊五代史》，這種見解，我認為有些不妥。《舊五代史》裡材料儘多，但我們讀了《舊五代史》還該讀《新五代史》。否則像馮道其人，或許還是中國歷史上一個大人物，受人敬羨，此下也變不出宋朝，變不出此下的中國。諸位要知道，宋明兩代，雖經亡國之禍，異族入主，其間可歌可泣的史事著實多。不能不說歐陽、司馬兩位史家有他們的影響。我怕我們此下，又要變成五代，馮道的時代又來了，歐陽、司馬為宋代開出新史學，也只是少數人在努力，我盼今後也有人來努力，開出新路，讓我們這個史學能對國家民族將來有一番大貢獻。所以我要說唐代無史學，而宋代的新史學實是了不得。我們即以此兩人為例，便可見當時新史學精神所在。我們今天就講到這裡。

朱子通鑑綱目與袁樞通鑑紀事本末

今天我們要講朱子的《通鑑綱目》。《通鑑綱目》共五十九卷。溫公作《通鑑》，另外有《目錄》三十卷，其實只等於一張表，上次已講過。後來溫公嫌《通鑑》本書太詳，《目錄》又太簡，又另作一書，名《通鑑舉要曆》，共八十卷。到了胡安國，又另寫一書，名《舉要補遺》，來補寫《通鑑舉要》之遺。朱子說：胡安國這部《舉要補遺》，比起溫公《通鑑舉要曆》，是「文愈約事愈備」。朱子又根據了司馬溫公同胡安國兩人《通鑑》、《目錄》、《通鑑舉要》、《舉要補遺》這四部書，再來寫他的《通鑑綱目》，乃是根據這四部書「增損隱括以就」。他又說：他這部書，「表歲以首年，因年以著統，大書以提要，分注以備言」。年則如貞觀元年、二年、三年等，歲是另外加上甲子、乙丑等，從前中國另外有專用的歲名，今不多講。所說表歲以首年，即如現在說辛亥民國六十年那樣。這本是一件極簡單的事。但到了列國分爭時，增進了正統之爭，那就複雜了。因年以著統，是編年。「大書以提要，分注以備言」，是綱目。用大字寫的是「綱」，分著小字注的是「目」，「綱」如《春秋》的「經」，目就如《左氏》之「傳」。實際上，諸位讀溫公《通鑑》，也是同樣寫法。如一人死了，那一句就等於一個「綱」，下面就講他怎樣死的，這一大段文章，就等於一個「目」。我們寫文章，也有開頭幾句作提綱，後面再詳細寫的。但朱子《綱目》是倣《春秋》，在其綱中，寓有褒貶意義。今舉兩例，如在三國時，溫公《通鑑》，以正統屬魏，朱子《綱目》以正統屬蜀漢。朱子自己說：他開始寫這《綱目》，就為看了《通鑑》裡「諸葛亮入寇」一語，感到不稱意，才存心要來改寫。實際上，在朱子前，也早有人把蜀漢作正統的，如晉代的習鑿齒，他寫一書名《漢晉春秋》，裴松之《三國志注》裡引到此書。他稱「春秋」，是編年的。稱「漢晉春秋」，就是把三國裡的蜀漢作正統。現在我們都稱「魏晉」，但他卻稱「漢晉」。此其一。又一例。如在唐代武則天朝，唐中宗廢了，不能再留中央政府，避到房州，武則天自己管理政府事務。這在以前歷史上也有過，如漢惠帝下面有呂后，可是這裡有個不同。在太史公《史記》裡就有〈呂后本紀〉，此因惠帝已死，他的兒子實在不是他兒子，而且也不姓劉，這時既是呂后掌權，當然可稱〈呂后本紀〉。但孝惠帝是死了，而唐中宗則並沒有死。他給武則天廢了，貶在房州，將來他再回來復位，唐朝皇位還由他接下，此和孝惠帝下邊沒有皇帝只有呂后不同。武則天奪權，唐中宗還在，並且將來中宗還是做皇帝，這在歷史上又該怎麼寫法呢？這裡便有一個「統」的問題。唐人沈既濟主張：武后雖然稱帝，但正名定義還該是唐中宗。近代人看不起此等爭辯，認為歷史事情還是一樣，何必爭此名。但不知名有時必當爭。正如現在我們之與大陸，在我們是中華民國，今年是中華民國之六十一年。但在大陸則是沒有中華民國了，只是「中華人民共和國」，也並非六十一年。過一時候，我們重回大陸，這時歷史該怎麼寫？還是在中華民國三十八年下便寫「中華人民共和國」。再過多少年，又再寫中華民國呢？還是一路寫中華民國呢？此處豈不依然仍有一爭論。而且此爭論，在意義上也極重要。可見我們非身當其境，輕率對古人作批評，往往可有誤。遠在春秋時也曾有過這樣事。魯昭公給三家驅逐出國，但此下《春秋》記年稱「公在乾侯」。現在唐代事正可適用。唐中宗年號「嗣聖」，歷史上應寫「嗣聖幾年帝在房州」，豈不甚好。但實際上這個「嗣聖」年號已廢不用，那時只稱「垂拱幾年」、「天授幾年」，都是武則天的年號，《通鑑》溫公只是就實書之，但同時范祖禹為溫公助編《通鑑》之唐代部分，他又自寫一書名《唐紀》，卻只寫「嗣聖幾年」，不寫「垂拱」、「天授」。朱子的《通鑑綱目》，則是照著范祖禹寫法來改正溫公《通鑑》寫法。此在沈既濟已經有此主張，而在實際上，則此事似乎很勉強。因當時武則天已正式革命，把唐朝廢了，她自定國號曰周，武則天在的時候，唐代既沒有了，當然也沒有唐中宗，而我們寫歷史的人，偏要加上一個唐中宗的年號來記年，那就有違歷史要寫實的主要原則。上面講過陳壽《三國志》不該把「蜀」來代替「漢」，劉先主、諸葛亮並未自稱「蜀」，寫史的便不能改稱他為「蜀」。如此說來，司馬溫公這樣寫法也不算錯。但另外一講法：唐中宗本是皇帝，武則天把他廢了，他將來再做皇帝，中間那一段的武則天統治只是一番篡亂，不能也認他是一個正統。所以後代人多認沈既濟、范祖禹、朱子這樣的書法比較合適些。可見凡屬關於這類的爭論，可以有兩方面意見，要斟酌論定是很難的，但也不能認為這裡面沒有問題，不該有爭論。民國以來人，認為此等處過去中國人所討論都是些不成問題的問題，則實為淺視。卻不知此項問題到今還存在，將來寫歷史的還要討論，哪能一筆抹殺。

又有一例，我們本不是一個耶教國家，為什麼要用西曆紀元？現在又不稱之曰「西曆」，而改稱曰「公曆」，這也是一問題。將來若要為世界人類歷史定一個公曆，怎麼定法，現在還不知。而且此刻用西曆，也有麻煩。西曆的第一世紀已在漢代。漢武帝前用西元，須前一年前兩年的倒推上去。在西方歷史時間比較短，事情也簡單，習慣了也還不妨。中國史要從春秋、戰國一路推上去，豈不是自找麻煩。今天我們用陽曆是一件事，要歷史用西曆，又是另外一件事。在我們學術界，中日抗戰那年每不稱民國二十六年，定要說西曆一九三七。我們到臺灣來，也不說民國三十八年，定要說西曆一九四九。好像中國自己夠不上有一個自己的年代，這真是亡國現象，為何我們定要講西曆多少年呢？豈不是中國人好像不承認了自己有這個中華民國之存在。這事有關教育，政府應有個抉擇，不能儘讓人自由。所以朱子《綱目》說：「表歲以首年，因年以著統。」這兩句話，我們驟看似乎不像是歷史上一問題，其實乃是歷史上一個大問題。我們無志寫歷史，而僅志於考史，那也無所謂。但一個國家、一個民族總不能不寫歷史，總有人會出來寫，到那時該如何寫法？這是個大問題。在民國初年，新文化運動未起以前，多有人主張用黃帝紀元、孔子紀元，這還比較有意思。

朱子《綱目・序》，收在《文集》裡，此〈序〉寫在朱子四十三歲，下邊還有二十八年朱子始卒。但朱子《綱目》究是寫完了沒有？朱子有一個慣例，往往序先寫好了，而書還在那裡改。開始寫書已有序，不是寫序時書已完成了。朱子的書，往往朱子生前早都刻了，如像《論孟集注》、《詩集傳》、《易本義》都是。這也不是朱子要刻，乃是被人偷刻，流傳。而《綱目》則始終沒有刻本，要到宋寧宗嘉定十二年，那時朱子已死了二十年。刻《綱目》的人，一是李方子，一是真德秀。李方子是朱子學生，真德秀也是治朱子學的。不過這朱子《綱目》的刻本，實際上並非朱子自己的定稿。朱子最大弟子黃勉齋曾說：「《綱目》每以未及修補為恨。」而李方子在刻《綱目》的〈序〉上也說，朱子「晚歲欲加更定，以趨詳密，而力有未暇」。所以朱子《綱目》只是有了稿子，而最後刻本，實不是朱子的原稿，而出於另外一人趙師淵（幾道）之手。趙師淵亦是朱子學生，當然他是照了朱子意思來修補。在朱子晚年，趙師淵寫了多少卷就寄給朱子看，朱子只說好，說我是沒有工夫再來下筆改了。他屢次寄稿來，朱子回信總說「未暇觀」。所以趙師淵寫的，朱子並未仔細看，更不必講到改。論到趙師淵學問，當然不能和司馬溫公寫《資治通鑑》時的劉攽、劉恕、范祖禹相比。劉攽、劉恕、范祖禹寫成了長編，經過溫公自己一手寫定。現在朱子《綱目》雖有一個初稿，而趙師淵跟著朱子初稿去添，完成了現在這個本子，卻未經朱子詳細看過改過，當然中間多靠不住的地方。即是溫公《通鑑》，也有很多錯，也有靠不住的，明人嚴衍作《通鑑補》，有《通鑑》錯了，而嚴衍加以改正的。嚴衍有一學生談允厚，嚴衍和他合作，《通鑑補》實際上出兩人之手。談允厚有一篇〈序〉，說他做這工夫，把十七史同《資治通鑑》從頭對讀，《通鑑》當然根據十七史，但有的地方，明明不是改的十七史，而是《通鑑》有錯誤，這樣的例也很多，大概不止一、二十條，諸位讀嚴衍《通鑑補》就知。當然《通鑑綱目》的錯一定更多，後來也有人對此一條一條的來講正，此處不多談。

《通鑑綱目》還有一個〈凡例〉，說朱子怎麼來作《綱目》的。現有《通鑑綱目・凡例》共十九門，一百三十七條，可是這〈凡例〉實在更靠不住。《綱目・凡例》印在宋度宗咸淳元年，差不多在南宋末年了，這書是王柏刻的。王柏也是講朱子學的人，距朱子之死已快七十年，王柏從那裡看到此〈凡例〉？從朱子死到〈凡例〉刻成，中間有沒有改動增添呢？因此這個《綱目・凡例》是更靠不住了。

因朱子大名，元明兩代，大家推尊朱子，所以朱子《綱目》雖非朱子自己最後定本，實際上可算是趙師淵的著作，而極受社會上重視，所以此書愈刻愈多。全書不到六十卷，翻刻很省力，愈刻愈多，裡面自不免有其他人添添改改的也弄進去了。如我們舉個例。真德秀有書名《大學衍義》，邱濬有書名《大學衍義補》，這兩書也給當時人非常看重，於是在《綱目》裡就有很多引到邱濬的話。邱濬是明朝人，第一個刻《綱目》的是真德秀，真德秀寫了《大學衍義》，邱濬根據真德秀《大學衍義》來寫《大學衍義補》，怎麼他的話會引到《通鑑綱目》裡去，可見這是後來人添進去的。我們現在無法得到一部宋本的《通鑑綱目》，現在看到的大都只是明代的本子，此事無法細論。但我們縱得宋本，也還是趙師淵的本子，不是朱子的原本。可是也有人說，《通鑑綱目》是趙師淵所作，與朱子不相干，這話也不對。因朱子確實用過工夫寫《綱目》，他在四十三歲時，自己寫了一〈序〉，〈序〉裡明明說他是根據著《通鑑》、《通鑑目錄》、《通鑑舉要》、《通鑑舉要補遺》四部書，來寫他的《綱目》的。並且有很多朱子寫這《綱目》時的意見，在《朱子語類》、《朱子文集》裡可以查出。我現在寫的《朱子新學案》，就把這許多講到《綱目》的都抄出來，固是不多，只幾十條，但是證明朱子自己是花著工夫的。現在不擬詳講。後來《綱目》定本出於趙師淵，可是仍託名朱子。朱子名大，所以此書流傳很廣。兩百九十幾卷的《通鑑》讀來究竟不方便，讀《通鑑綱目》則不到六十卷，省力，大家當然喜歡讀，到後來遂有像《綱鑑易知錄》一類的書。我們的歷史年代愈久，內容愈複雜，愈需要有簡要的讀本，像《綱鑑易知錄》之類。清代末年，我小孩子時，一般老先生們多讀《御批通鑑輯覽》。今天我們大家忙了，事情多了，可是歷史還是不能不讀，該要知道一個古今治亂興亡、人物賢奸的大概。固是我們現在觀點變了，詳的有些處可以略，略的有些處應該詳。原來有的可以刪，原來沒有的應該補。那麼我們應該來一個《新通鑑》、《新綱目》、《新易知錄》、《新輯覽》，這樣可使大家讀，大家有益。可是到了民初以來，大家看這種書，認為一文不值。我們儘要提倡通俗，其實如《通鑑輯覽》、《綱鑑易知錄》之類，不就是通俗化了的史書嗎？而我們又看不起，又不肯自己動手來寫新的、更通俗而更簡化的史書。於是民國以來的學術界，遂分成兩部分。一部分是老頑固、舊學者，他們儘用工夫，如我上面講的王先謙《漢書補注》等書，但社會上不能看，書則仍藏在圖書館，大家要用還得去用。社會上看得起的人，見稱為新學術界中大師們，卻又不肯寫。偶而寫些新體例的，在社會上也偶而流傳一下，但不久便沒有了。實多是粗製濫造，經不起時代考驗。但時代有先後，老的不能在死後來反對新的，而新的則能不斷反對老的。淺人不知，則總認為新的對，老的不對。而且舊書都用大字木刻，普通人不去讀。新的書，鉛字小本子，大家都看。所以老的書不流行，而新書儘流行。大家又都以書的流行量來定書的價值，這實是學術上一件無可奈何之事。現在我說，民初以下的許多新學者的史學，其實他們的成績不如前清一般老先生們，這不是我隨便批評，我只想說句公道話。但怕再過幾年，連說公道話的人也沒有了，學術更沒有一個標準，只有社會的現在便是一個標準，這實是太危險。所以我們要破壞一種學術，纔省力。要復興一種學術，則相當困難。不僅是史學，文學及其他也一樣。

現在我講了朱子《通鑑綱目》，要另講一書《通鑑紀事本末》。此書是袁樞（機仲）所寫，共四十二卷。袁樞和朱子同時，朱子曾看過袁樞的《通鑑紀事本末》，有兩句話批評他這書，說：「錯綜溫公之書，乃《國語》之流。」我們已講過，中國史書有兩個大體例，一是編年，如《春秋》、《左傳》；一是紀傳，如《史記》、《漢書》。紀傳體成為中國的正史，編年史便比較少。到了溫公《通鑑》，就是《春秋》、《左傳》這一體例之復活。不過溫公《通鑑》學《左傳》，而朱子《綱目》是兼學孔子《春秋》的。現在袁機仲來了第三個體例，稱「紀事本末」。此體以事為主，從頭到尾只是紀事，中國古史裡有沒有這體例呢？像《尚書》，就是記言記事的。不過在實際上，如〈西周書〉，應是更重在記言。今文《尚書》如〈堯典〉、〈禹貢〉這許多篇，實際上是後來人偽造，則是記事的。《國語》中如〈晉語〉，記載晉文公流亡等，本是記事的，如〈吳語〉、〈越語〉記載吳王夫差、越王句踐的事，則亦是記事的。《國策》僅於載言，而《國語》卻多是記事，所以朱子說《通鑑紀事本末》「乃《國語》之流」。清代《四庫全書》的《提要》裡說到袁樞《通鑑紀事本末》，說：「紀傳之法，一事而複見數篇，賓主莫辨。編年之法，一事而隔越數卷，首尾難稽。編年、紀傳貫通為一，實前古所未見。」這是極稱讚袁樞《紀事本末》的體例的。劉知幾《史通》所謂「六家二體」，一體就是紀傳，一體就是編年，現在中國歷史裡開始有第三個體例出來，這真是了不得。一件一件的事，分著紀其本末，可以救紀傳、編年兩體之缺失。這書一出，以後大家都學他。因袁樞的《紀事本末》以《通鑑》為限，《通鑑》只到五代，於是就有《宋史紀事本末》，以至《元史紀事本末》、《明史紀事本末》等。在《通鑑》前，又有《左傳紀事本末》。此下又有《清史紀事本末》，又有人寫《遼史紀事本末》、《金史紀事本末》、《西夏史紀事本末》等。此一體例，共有了九部書，合稱「九朝紀事本末」，這實是中國史學上一開新。

此外，我再講一書，清初馬驌寫了一部《繹史》，這書是一部一百六十卷的大書，從開天闢地起到秦末為止，也是一件一件事分開著，從頭到尾，也該是一紀事本末體。不過馬驌的書同袁樞的書又有不同。袁書只是根據《通鑑》，把《通鑑》裡的材料，一件事一件事分寫。馬驌的書，則把一切古書裡的材料都搜羅來，排在那裡。如《左傳》裡有、《國語》裡有、《公羊傳》裡有、《穀梁傳》裡有，他都排在一起。如兩書有不同的地方，他再加以辯論。他的書是一個史料彙編。諸位若要研究秦以前的中國古史，這些材料，差不多馬驌《繹史》裡都收了。他當然也有考證、按語。這樣以外他另有一個《別錄》，《別錄》裡有〈天官〉、〈律呂通考〉、〈月令〉、〈洪範五行傳〉、〈地理志〉、〈詩譜〉、〈食貨志〉、〈考工記〉、〈名物訓詁〉、〈古今人表〉等。因《繹史》都是講事情，如周武王革命、周武王開國等，都把事情為主題。《別錄》裡如〈天官〉，是講天文的，〈律呂〉講音樂的，〈月令〉講氣候的，〈洪範五行傳〉講五行的，如是以至〈地理志〉、〈詩譜〉、〈食貨志〉、〈考工記〉、〈名物訓詁〉、〈古今人表〉等。只有〈古今人表〉沿用班固《漢書》裡〈古今人表〉這一篇。恰恰班固的〈古今人表〉把秦以前的中國古人都一起包括在內了，馬驌不再需要別的補進。《四庫全書提要》說：馬驌《繹史》，與袁樞所撰，均可謂卓然特創，自為一家之體。

實際上，《通鑑紀事本末》以前，宋人還有一書就很像紀事本末，這書名《三朝北盟會編》，這也是一部大書，專講北宋同金的關係。把很多事歸在一起，也等於是一個紀事本末，這一體可說是中國史學裡新興的。到了清代章實齋的《文史通義》，他極力提高《尚書》的體裁，其實就是講的紀事本末的體裁。在《四庫全書提要》裡，早已很推崇這一體，這一體總算是一個特創的新體，經過章氏《文史通義》的提倡，大家更注意。恰恰此下西洋的史書傳到中國來，他們主要的就是紀事本末體。他們也有編年，實際上還是紀事本末。紀事本末裡本來也是編年的，在一件一件事之先後，都加著編年。我們今天論到史書，就像只知道有個紀事本末體。所以我們中國的舊歷史，到了《清史》，就像要告一段落了。我們中國舊傳統，一個朝代有一部正史，今天以後，只是中華民國，就沒有朝代更迭，這好像不成問題了，但將來究將怎麼來寫歷史，似乎沒有人用心注意到這件事。好像只要拿一個題目去查材料，寫論文。有考史，而沒有了「著史」。若要寫一本歷史的話，又好像只有一個寫法，就是紀事本末。所以特別到了清末民初，一般學術界，特別看重章實齋《文史通義》。可是我得告訴諸位，《通鑑紀事本末》那一部書，講史體，是一個創造的，對將來有大影響，如九朝紀事本末一路下來便是。可是袁樞實當不得是一個史學家，他這書的內容也不能算是一部史學名著。除掉紀事本末這一個新體以外，他的書實不很好，不好就在他這紀事上。一部《通鑑紀事本末》四十二卷，兩百三十八題。我們只看此兩百三十八題，便知此書有很大問題在裡面。如看第一卷：「三家分晉」、「秦併六國」、「豪傑亡秦」三題。第一題是因《通鑑》開始就是東周天子承認三晉為諸侯，溫公認為一大事，故《紀事本末》亦以此開始。但下面許多戰國史極重要，而他都闕了。不知三家分晉乃所以開出此下戰國之新局，而歷史重要處是在演變到戰國史之後。他書不詳講戰國，接下就是秦併六國了，則不免把全部戰國史都忽略了。有了一個頭，有了一個尾，中間的身段不見了。秦併六國後，纔有秦始皇統一政府，此中國史上從古未有的統一政府究做了些什麼事，他也不列專題，卻接著便是「豪傑亡秦」。又是有了一頭，有了一尾，沒有中段。把該重視的放輕，把可輕視的放重。這是一大顛倒。秦始皇怎樣滅六國，陳勝、吳廣、項羽、沛公怎樣亡秦，這些都該是次要的事。秦始皇做了皇帝以後，他在政治上做了些什麼事，好的、壞的，大該詳列。如像焚書坑儒這許多事，他書中並非沒有，但歸在豪傑亡秦一題目之內。我們讀此書，便會給他書中所定題目引起了我們一個不正確的歷史觀，把歷史真看成一部相斫書。

我們再看他第二卷，一共七題：「高祖滅楚」、「諸將之叛」、「匈奴和親」、「諸呂之變」、「南粵稱藩」、「七國之叛」、「梁孝王驕縱」。但漢高祖以平民為天子，這又是中國歷史上從天地開闢以來未有的大事情，也和秦始皇統一中國同為開天闢地以來所未有。他既不看重秦始皇統一了中國以後做些什麼，而漢高祖以一個平民為天子，不僅如此，他手下像蕭何等人都是平民。古代中國只是一個封建貴族政府，一個新的平民政府跑出來，如何樣來統治中國？這又是一個開天闢地以來的大事，但他書中也沒有注意。經過漢高祖、惠帝、呂后諸呂之變以後，大家知道有所謂「文景之治」，但這個題目也沒有。若我們如此讀史，則只見歷史上一些變動紛亂，不見歷史上的一些治平建設。認為這些變動紛亂是歷史大事，如說漢高祖怎樣打天下，他手下許多將如韓信、黥布、彭越等怎樣叛變，又怎麼對付匈奴，下面又有呂產、呂祿等出來叛變，下面又有趙佗稱王，幸而沒有打仗，而和平稱藩了，下面又有吳楚七國之變，下面又有梁孝王，雖未作亂，而驕縱幾乎生事。他書中題目都揀一些動亂之事，不見安定之象。文景之治，究是漢初一個安定局面，漢之所以為漢者賴有此，但他不懂，至少他看輕了。正如我們每天看報，報上大概多載些動亂的事。如某處車子撞了，傷了一個人，或某處失火，燒了一所房子，大抵報上所載，多是這些事。至於如我們此刻在此地講學，這些在報上不能載。試問哪能登出今天下午四時到六時某先生在何地講《通鑑紀事本末》？這些事絕不可登。但新聞究竟不就是歷史，它只登載些臨時突發事項，今天這事，明天那事，事過就完。颱風來了，那是大事，來三天必要登載三天。若如今天般風和日暖，天氣非常好，報上便不登。若如新立一學校它要登，待此學校成立後，它便不管。但歷史不能只管突發事項，只載動與亂，不載安與定，使我們只知道有「變」，而不知有「常」。又如第三卷：「漢通西南夷」、「淮南謀反」、「漢通西域」、「武帝伐匈奴」、「武帝平兩越」、「武帝擊朝鮮」、「武帝惑神怪」、「巫蠱之禍」、「燕蓋謀逆」這九個題目，就如我所說，仍是只講變、亂，不講安定、不講常。他只注重講外面，如通西南夷、通西域、伐匈奴、平兩越、擊朝鮮等題。但不講內面，如漢武帝立五經博士等。使人只知道史之「外圍」，不懂得歷史的「核心」。又如記載一人，只記這人病了，進醫院他要記，這人的日常生活他不記。等如諸位寫日記，也如此。早上起來、晚上睡覺，照常每天三頓飯，這有什麼可記。這是日常生活，等於無事。那天肚子痛跑進醫院，那是大事，該記一筆。昨天出了醫院，這事就沒有了。但歷史上的事情決不是這樣子。又如說齊桓公霸諸侯、晉文公霸諸侯，這些都偏在外面，還有更重要的事情，是在齊與晉之內部。又如孔子，七十二弟子跟著他，但《左傳》不載孔門教學，編年史裡就有許多事要丟掉。若讀《論語》，子貢問、子游問、子夏問、曾子問，孔子一一回答，都寫下。只有顏淵，孔子說：「吾與回言終日，不違如愚。」就寫不下。所以孔子的學生，別人都好寫，顏淵似乎無事可寫，但卻特別重要。歷史上有許多無事可寫的人，而特別重要的。太史公《史記》就懂得這個道理。紀傳體的偉大，也偉大在這裡。無事可寫的，他寫了。如說周武王領兵去打商紂，路上跑出來一個伯夷、一個叔齊，說：你不要去打。若我們寫編年史，周武王領軍隊渡河去打商紂，這是一件大事。中間橫插進一段，說是路上跳出兩人勸他不要去打，這似乎不關重要，有時也無法寫。到了周武王得了天下，他們兩人不食周粟，餓死首陽山，這更無法寫進去。周武王當時有多少國家聯合，怎樣領軍隊去打商朝，商朝的軍隊倒戈了，怎麼血流漂杵，周武王怎樣打進商朝的都城，商紂被殺了，這些易寫。忽然加進伯夷、叔齊兩人，這一段事，不好寫。所以太史公要作紀傳體，而把伯夷、叔齊作為七十〈列傳〉之第一篇。為什麼太史公特別看重伯夷、叔齊兩人，這是另外一問題。而在我們中國歷史裡無話可講的人，而寫進歷史的特別多，不曉得有多少，中國歷史之偉大正在此。又如蕭何、曹參的故事，漢初所謂「蕭規曹隨」、「無為之治」。又如董仲舒怎麼同漢武帝講一大番話，而漢武帝因此來表彰六經。這許多事，在袁樞的《通鑑紀事本末》裡，看他的題目就都沒有。至其內容，諸位自己去看，有的只隨便一提，有的連一提都沒提。

又如看到他第四卷，有一題目「成帝荒淫」。但成帝前面的宣帝、元帝呢？他不列題目了。如我們說「宣元中興」或「宣元之治」，那都很重要，但袁樞的《紀事本末》裡沒有，而特來一個成帝荒淫。若諸位只讀了袁樞的《紀事本末》，來寫一本《秦漢史》的話，那就決不會像樣。若諸位來看我所曾寫的《秦漢史》，其中材料也只根據《史記》、《漢書》，也是找幾個題目從頭到尾寫下。

但袁樞不寫的我寫了，我寫的袁樞不寫。也不是說袁樞已經寫了他這許多，我再來寫這許多。這決不是這樣。歷史有輕重，要寫歷史，先要一識事。歷史上有很多事，沒有史學知識的人，他所知道的事只如我們從報章上看到的這些，這實是不懂得歷史，即是不懂得事情。所以我們要讀袁樞的《紀事本末》，只要先讀他書的目錄和標題，便知他實在完全不懂得歷史，不懂得歷史裡的許多事。所謂的歷史，並不是只有動和變和亂，才算是事。在安定常態之下，更有歷史大事。即如說漢光武如何打天下，袁樞《紀事本末》也有好幾個題目，打這裡，打那裡，然而光武打天下以後有東漢中興的一段，「光武明章之治」，他便沒有了。下面只見有宦官，有朋黨，有董卓、袁紹這許多人來了，而東漢的許多名士，他書裡反而沒有。

講到唐朝，共有二十二題，唐高祖、唐太宗怎樣得天下，以後一路下來，完全是變動和亂。只有一個題目講到近乎內政的，就是「貞觀君臣論治」，這是袁書裡特別的一個題目。因《通鑑》所收這一套材料很多，所以袁書也不盡刪。那麼《通鑑》從哪裡收來這許多材料的呢？我們講過《貞觀政要》這部書，便是《通鑑》這一部分之來源。除此以外，還有開元之治，袁樞書裡便沒有。他只有一個題目，為「李林甫專政」，可見袁樞這部書實是荒唐。他專舉些不尋常的、反面的、壞的，認為這是事情。正面的、平常的、好的，他抓不出來做一件事情看。當然有的可以詳細大幅地講，如說漢武帝伐匈奴，原原本本說下一大幅。但如漢武帝表彰六經、立五經博士，只一條便夠，他更無法分寫出一個本末來。

諸位懂得如此來讀歷史，歷史裡往往有很重要的事，幾句話就過去。歷史裡不重要的，反而可以長篇累牘寫不完。還有到後來纔變成重要的，而在當時歷史裡寫不進，只在紀傳體裡可以寫。如陳壽《三國志》寫鍾繇，沒有寫鍾繇能書法，連裴松之的《注》裡也沒有。如講華歆、管寧同學這一故事，《三國志》裡沒有，裴《注》裡也沒有，而這事傳誦千古，直到今天。可見這是一件事，而且也可說是重要的一件事。鍾繇能書法也是，可是若寫紀事本末就無法寫。或者一句便完，只成一零碎事，不倫不類地寫下。所以紀事本末不容易寫，先要分事情輕重，識歷史大體，而袁書不足以勝此任。章實齋《文史通義》雖稱道袁書，亦發此意。謂：「本末之為體，因事命篇，不為常格，非深知古今大體，天下經綸，不能網羅隱括，無遺無濫。文省於紀傳，事豁於編年。決斷去取，體圓用神。……在袁氏初無其意，且其學亦未足與此，書亦不盡合於所稱，故歷代著錄諸家，次其書於雜史，自屬纂錄之家便觀覽耳。但即其成法，沉思冥索，加以神明變化，則古史之原，隱然可見。兼有作者甚淺，而觀者甚深，此類是也。」諸位讀袁書，重變不重常，重外不重內，並亦沒有制度，沒有人物，若把此書同杜佑《通典》作比，《通典》是一部特創書，我們已經極力稱讚它，《通鑑紀事本末》似乎也是一部特創書，而實是要不得。諸位治史，《通典》不可不看，《紀事本末》竟可不看。因他之所謂「事」，其實有些並不成一事。而當時許多大事他看不到。諸位當知歷史上之所謂事，是很難懂的。紀事本末雖是一種新創之體，而在中國歷史裡，還沒有這一體的好書。但看到西洋史，其體例確乎同我們的紀事本末一般，同是動和變和亂，一些不尋常的，而沒有寫出長治久安，安安頓頓的歷史。實際上西洋史也正是如此，故西方人重外不重內，知變不知常。如英國史就是重在對付法國，法國史就是重在對付英國。去了這些，雙方都將覺得無事可書。或許諸位不信我言，但若真熟西洋史，當可信我此言並不虛說。因他們的歷史，都在小圈子之內，自應重外。精神用在外面，內部自多動亂。今天我們卻反說中國人的歷史不進步，老是這樣，不曉得在「老是這樣」之內，卻大有事可尋。袁樞就不懂得這道理。如唐太宗有什麼可講呢？纔要來講武后、韋后。唐玄宗有什麼可講呢？纔要來講李林甫、安祿山。外國史恰恰這些多居了重要地位，中國歷史則有一套幾十年一兩百年不動不變的。一項制度，像《通典》、《通考》裡所講，甚至可傳下八百一千年不變。《通鑑》已經少講制度，而袁樞的《紀事本末》則連人物也沒有了。他之所謂「事」，嚴格言之，亦非所謂「事」。諸位試把我此所論去翻《元史紀事本末》、《明史紀事本末》等，看他書中題目，是不是較袁書進步了些，是不是還不夠我此所講之標準。時代變，我們的學問也都要變。舊史材料只這般，但新時代的新要求，卻要求人能從舊材料中來提供新知識。今天的我們，能不能有人來寫一部新的歷朝紀事本末呢？如《春秋戰國紀事本末》、《兩漢紀事本末》、《魏晉南北朝紀事本末》等，其體例就如袁書般，只要題目找得好，材料用得好，將來慢慢兒就能產生一個新的歷史觀來應時代需要。可是袁樞的地位也不該抹殺，因他還是此體創始第一人。只其書中內容，我們不能同意。要將袁書內容改造，則要我們的見識，即是我們的史學。好了，我們今天講到這裡。

鄭樵通志

今天我們講鄭樵的《通志》。鄭樵字漁仲，和朱子同時稍早。我曾講過杜佑《通典》，這是中國史學裡相傳三通的第一部，鄭樵《通志》是第二部。不多年，下到元初馬端臨的《文獻通考》，是第三部。在馬端臨《通考》未出以前，大家看重杜佑《通典》。自《通考》出世，一般人都讀《通考》。《通志》比較最不受人注意。但到了近代，像梁任公，就特別推尊鄭樵《通志》。因《通典》實際上是一部講制度的書，而《通志》意義則大不相同，範圍擴大，非復可為制度所限。

《通志》有一〈總敘〉，開首即說：「會通之義大矣哉。」他特別提到這會通二字，究應作何解，我們首該注意。他又說：孔子六經之後，惟有司馬遷的《史記》，「所可為遷恨者，博不足也」。做學問要能會通，就先要能「博」，博了才能通。學愈博，則所通愈大。鄭樵嫌司馬遷不夠博，乃是就他所寫的《通志》來作批評。實在《史記》與《通志》兩書體制不同，本屬未可相擬。

大抵鄭樵之學，博而求通，而不免於多偏，其開始〈總敘〉即可見。

鄭樵又說，著書都不免要採前人之書，然亦「必自成一家之言」。像司馬遷《史記》，即是能成一家之言者。從孔子《春秋》以後，能有制作規模，成一家言的，就該是司馬遷的《史記》。至於班固《漢書》，則並不能成一家言，遂失會通之旨。蓋須博而能通，始成一家言。若一開始便專門在一條線上，不於博後求通，則不能成為一家。

鄭樵又說遷、固像是一龍一豬。後代史家都棄遷而用固，斷代為史。像劉知幾更是尊班抑馬。在鄭樵意思裡，很看不起斷代為史，把一代一代隔斷了來寫歷史，則「無復相因之義」，也就不見有會通。

他曾舉出幾點，如曹魏定稱吳蜀為「寇」，如北朝就指東晉作「僭」，南朝則謂北朝為「索虜」，北朝又稱南朝為「島夷」。又如《齊史》稱梁軍曰「義軍」，這就更不通，應稱叛軍纔對。只因《齊史》由梁人來寫，遂呼梁軍作「義軍」，正如《隋書》亦稱唐兵作「義兵」，亦因《隋書》由唐代人寫，這和上面北稱南為「島夷」，南稱北為「索虜」，又不同。在《晉史》裡，晉篡魏，目忠於魏的為「叛臣」，但在魏則是忠臣，如王淩、諸葛誕、毌丘儉等。齊接宋，《齊書》裡稱忠於宋的為「逆黨」，像袁粲、劉秉、沈攸之等。如此之類，據鄭樵意思，都是失掉了會通，都只因斷代為史之故。但鄭樵這講法，也有不盡然處。如我們民國時代人編修《清史》，卻反而忠清蔑民，該不該呢？如把張勳、康有為合傳，這更離奇。只因此兩人同謀復辟，但此兩人之斷不當合傳，則是顯然的。把來合傳，則只藉以發洩其忠清之私。如今我們讀了這一部《清史》，只是看不出清朝為何而亡，看不出當時中國社會為何要革命，好像慈禧、光緒都不錯，而無端地亡了。這實是很荒唐，太違背了史法。寫歷史人儘要有斟酌，不能一意偏私。在清初修《明史》，那時明室已亡，清朝找了許多學者來修《明史》，這許多人，心中還是不忘宗邦，對明室還是有一番忠心，但他們能痛定思痛，把明室之所以亡，都在《明史》裡傳達出來，所以這部《明史》給後人看重，正因當時那許多人都有學問，都通史學。到了清末，學術已衰，都不能懂得史學大義，所以這《清史》就難修了。

今再說，斷代寫史當然有很多毛病，在南朝梁武帝時，就命吳均來修一部通史，上自太初，接著《史記》修下。隋代楊素令陸從典續《史記》直修到隋代，此皆是有意修通史的。但和司馬光《資治通鑑》不同。《通鑑》是編年體，上述兩史並不是編年，當是採用太史公的紀傳體。照鄭樵意思，也想繼此兩人來修一部通史。他的《通志》，共有兩百卷，開始是〈本紀〉，接下是〈年譜〉，此如《史記》之有〈表〉。接下是〈列傳〉，還有〈載記〉，則是《史記．世家》之變。如五胡十六國，前趙後趙、前秦後秦之類，分題敘述，稱曰〈載記〉。所以鄭樵《通志》體例還是沿襲正史，有〈紀〉、有〈傳〉、有〈年表〉、有〈載記〉，而書中最重要的則是所謂「二十〈略〉」。梁代江淹說過：修史之難，無出於「志」，其次才是「表」。其意認為紀傳比較志、表為省力。把各史的〈志〉彙合成書的，首推杜佑《通典》，次是鄭樵《通志》。惟《通志》兼有〈紀〉、〈傳〉、〈年表〉、〈載記〉，則與杜佑書體例不同。《通志》中之〈志〉則稱〈略〉，他共作了二十〈略〉。他的〈紀〉、〈傳〉，只照抄《史記》、《漢書》一路下來，不過稍有省益，而且亦只到隋代，唐以下大概是沒有工夫續下。其書最要在二十〈略〉，即〈氏族〉、〈六書〉、〈七音〉、〈天文〉、〈地理〉、〈都邑〉、〈禮〉、〈謚〉、〈器服〉、〈樂〉、〈職官〉、〈選舉〉、〈刑法〉、〈食貨〉、〈藝文〉、〈校讎〉、〈圖譜〉、〈金石〉、〈災祥〉、〈昆蟲草木〉等。後人對《通志》這二十〈略〉也特別看重，也有把來單行的，即稱之曰〈通志二十略〉，共五十一卷，佔全書四分之一。鄭樵自己很得意他的二十〈略〉，他說：「總天下之大學術，條其綱目，名之曰略。其五〈略〉，漢唐諸儒所得而聞。其十五〈略〉，漢唐諸儒所不得而聞。」這就全是他的創作了。其中如〈職官〉、〈選舉〉、〈刑法〉、〈食貨〉等略，均是因襲漢唐各史，也只是根據杜佑《通典》，而其他十五〈略〉則他認為是漢唐諸儒所不得聞。平心論之，他的這些，實也不失為在中國史學中一部有極大創見的書。

首先講他的〈氏族略〉。他說：「生民之本在於姓氏。」中國人一向很看重姓氏，直到今天，宗族觀已漸淡忘，而姓氏則仍保存，這是研究中國社會史一個極大極要的項目。所謂中國民族，究竟來歷如何，演變如何，有絕大部分，我們該從姓氏方面下工夫去研究。鄭樵說，姓氏來歷，

《左氏》所言惟五，今所推有三十二類。在此方面，我們不能說鄭樵沒有貢獻。他先已作過《氏族志》五十七卷，後來又作《氏族源》、《氏族韻》又七十五卷。他先已有了一百多卷的書，而《通志》裡的〈氏族略〉共只六卷，是已把他研究所得，精要地寫入了。我們治史的，於此一門，實當注意。如在古代，治春秋史，我們當通春秋時代的氏族。《左傳》裡所載各國氏族，驟難分別條貫，可看清代顧棟高的《春秋大事表》。戰國前氏姓分，秦漢以下氏姓合。東漢下到唐代，又有所謂門第，這是中國中古社會新興的一些大家族。《唐書》裡還有〈宰相世系表〉，每一個大家族都有他們的歷史來源，這時遂有所謂「譜牒」之學。古代的譜牒是封建貴族，中古的譜牒是世家門第。宋以後，中國進入了平民社會，許多大家族都消失了，於是譜牒之學慢慢兒不講究，而鄭樵特地來研究這一問題，寫他的〈氏族略〉，真可謂有眼光。實際上，古代譜牒之學，宋明以下直到清代，還是存在。各有家譜，時加修輯，要到民國才斷。但如最近《青年戰士報》上有一位臺灣女記者寫了一部新的姓氏書，她只把以前幾本舊書拿來簡要地抄出一些材料，但可使我們知道臺灣某一族某一家在先從大陸那裡來，某一族某一家又從那裡來，簡單地指明，也可一看，所以此書也很受社會一般人注意。

我以前曾想根據馬驌《繹史》，就其所搜羅的古書傳說來看中國古代究有多少姓氏，每一個姓氏又分別在多少地區，和其間的盛衰遷徙，憑此來治古史，來推究中華民族之成立與轉變。在我們古史中的氏，就是一個國土，或是一個政治朝代，而姓則是一個血統。在春秋前，中國究有多少姓，一姓中有多少氏，分在多少處，我想慢慢在這裡面可以約略推論中國古代民族的分合。但我終於沒有在此方面真實下工夫，而別人也似乎沒有注意到此，這是可惜的。要之姓氏之學確是我們學歷史人所應從事的一項大節目，而由鄭樵開其先。

《通志．姓氏略》下面是〈六書〉五卷，〈七音〉二卷，這七卷是講的文字與聲韻。鄭樵說：「書契之本見於文字。」我們要在文字書本上來研究較早的自然人，首應注意血統，研究其氏姓。我們要研究繼之而後起的文化人，更該注意到其所用的語言和文字。西方文字是一種音符，只用來代表聲音，中國文字則是象形的，如畫圖一樣。實際上，古代西方文字也以象形開始，後來方法窮了，畫不勝畫，象不勝象，而且一切事物無可畫，無可象，只有易途向前。中國文字則在象形之後，又衍變出指事、會意兩體，這就花樣大了。又兼著有形聲，把聲音與形象配合，道路益廣。又兼著有轉注、假借，則變化益活。所以中國的六書，乃是中國文字的一個綜合研究，直從許慎在東漢時寫了一部《說文解字》，文字學已成為一種專門學問。而研究文字，又必研究到聲音。在中國文字中便有代表聲音的，而聲音又跟著地域年代而變。如英國人講話與法國人不同，法國又與德國不同，等於我們廣東人講話不同福建人，福建人講話還是不同臺灣人。既跟著地域變，還要跟著年代變。一百年前人講話，同一百年後人講話聲音不同。西方文字既僅作聲音的符號，所以文字不能統一。又是一百年前的也要和一百年後不同。只有中國文字，不單是象形，而兼有六書，把字形來統轄語音，各地講話土音不同，還能有一共同的國語。又以文法來統轄語法，所以幾千年來，中國各地人說話也還差不多。幾千年來，在這樣廣大的地域中，而語言不分散太過，就因為有文字在那裡統轄著。將來若能把中國文字遍及世界，這將貢獻於世界人類文化者其大無比。即如科學上用中國字，也極方便。因中國有形聲字，如從金、從石、從火、從土、從水、從气，化學、生物學、礦學都可分類，一目瞭然。而且中國一個字，可以代表很多意義。層出不窮的新材料、新發現、新創作、新器物，用中文來寫出是最方便的，可以不另造新字。否則將來科學字愈造愈多，認識記憶非常困難，只有拿中國字來應用，則很簡單。而且一字一音，英國人看也懂，法國人看也懂。今天只為中國不像樣，大家不注意。萬一有一天，世界人類懂得中國文字妙處，採用中文，此事非純屬空想。

我們且不要講得太遠，我們國家幾千年的文化，都寄託在文字上。最要的，我們該要通得歷古相傳之文字。清代人對於文字學化著大工夫，他們所講，有許多鄭樵早已講過。他說：「經術之不明，由小學之不振。小學之不振，由六書之無傳。」此即後來清代人提倡小學的主張。但清代人花著大工夫在那裡講小學，到今天，這一點遺產可惜又都丟了。自我們發現了龜甲文，大家爭來研究，其實基本工夫仍應在許氏《說文》，說明六書，否則就無法來研究龜甲文。而且龜甲文僅是中國文字的開始，許叔重《說文》則是中國文字之正式完成。研究龜甲文只是最先階段，而非完成階段。今天我們只要聽說到龜甲文，便認為有莫大價值，卻不再有人能把我們今天的新知識、新觀念，再來接著清代人的舊工夫，來研究中國文字，這真是很可惜的。我們也可以說，文字不明，便一切書本都不明，這是諸位今天讀書一個最大缺點。讀書讀不到深處，正為對書中每一個字的正確意義不清楚。鄭樵只說：「經術之不明，由小學之不振。」今天我們可以說，古書不明，由小學不振。而且通文字不僅為讀書，從更大意義講，研究民族文化種種要點，有許多從語言文字入手，是極富很深意義之蘊藏的。也可說：此下中國文化不復興，也就因為我們的不識字，或識字識得太粗淺、太浮薄，不能從精細深奧處去了解。

第三是〈七音〉兩卷。固然中國文字是講形，實際上中國文字裡邊還涵有音。所謂音，是指其音亦涵義言。我年輕時讀《說文》，對於形聲字忽發生了疑問。如「壁」字，從辟、從土，上面這半個「辟」是聲音，看了就知道讀「辟」，看了下面半個，則知壁是一堆泥土。形和音分開，所以說是形聲字。有一天晚上睡了，窗外月光照到我床上，醒回來，一腳就踢在床邊壁上。我忽然想起我們的「臂」膀，不是也從辟聲嗎？臂膀在身體的兩旁，壁也正在房的四旁。我就一個一個想出，凡從這偏旁的都一樣。如「劈」，用刀一劈，不是就分成兩旁嗎？如「譬」，我講話你不明白，我從旁用個譬喻，使你明白，也便是從旁來說。又如「璧」，古人佩玉掛在身旁。又如「避」，就是避在旁。再由此推想，如我姓「錢」，看它一邊知是金屬，右邊半個「戔」是聲音，其實「戔」音也有意義。凡屬「戔」旁的都是薄薄小小的，如「盞」、「箋」、「殘」、「淺」、「棧」等字皆從「戔」，便都有薄薄小小的意思。可見中國字一旁聲音都有意義。我曾為此寫了一本書，可惜抗戰時遺失了。其實宋代人講右文，已先我言之。更有些，是只聽聲音就知道了意義。如說「矢」，是一枝箭發出，「施」是我給你，都是向前的，同音便有同義。又如說「輸」、「水」，像此之類還很多。「水」字蘇州人讀近「施」、「輸」、「矢」，可知凡讀「矢」音的字都有一共同意義是向前。又如說「宏」、「鴻」、「洪」等同音字有好多皆有大義。可見研究文字，接著便該研究聲音。鄭樵又說：「文有子母，生字為母，從母為子，作字書以母為主，作韻書以子為主。」鄭樵把字之形體聲音分別同研，這是極對的。講氏族，便知人的來源與分別，講語言文字，便能懂得文化思想的要點與特性，下面歷史才可講，我想這是鄭樵一種偉大的想法。

下面就是〈天文〉兩卷，〈地理〉一卷。講過了人，人在天地間，接著講天文地理。鄭樵講地理，也和一般講法不同。他說：「地理之家在於封圻。」封圻就是封疆。他說：「封圻之要，在於山川，〈禹貢〉九州皆以山川定其經界。九州有時而移，山川千古不易。班固〈地理〉主於郡國，致此一家俱成謬學。」鄭樵認為〈禹貢〉九州是講山川自然地理的，《漢書‧地理志》講的是郡國政治區域、人文地理。此番話，以前劉知幾已曾講過，但我認為研究山川固是重要，但政治地理講郡國區分，也非要不可。鄭樵講地理，重要在根據水道，也有他的特見。但取捨之間，也有他的偏見。

〈天文〉、〈地理〉之下，繼之有〈都邑略〉一卷。都邑乃指一個國家建都所在。如齊國在臨淄，魯國在曲阜，西漢在長安，東漢在洛陽，這亦是一個極大值得研究的問題，這亦是人文政治地理。歷代建都不同，隨著影響到其他不同，這是我們讀史的人應該注意的。但為何都邑該注意，郡國便不該注意呢？都邑建置有其人文影響，郡國區分同樣有其人文影響，鄭樵厚此薄彼，所以說，這裡有鄭樵之偏見。

接著〈天文〉、〈地理〉下面是〈禮〉四卷、〈謚〉一卷、〈器服〉二卷。當然鄭樵《通志》裡講的禮，遠不能同杜佑《通典》相比。《通典》講禮一百卷，這是他極大的貢獻，鄭樵在這方面並無大貢獻可言。鄭樵在禮之中特別提出一個謚法來，本來認為是皇帝死後，根據他平日行為，給一個謚，所以謚有美有惡。秦始皇說不能由臣下來批評帝王的美惡，所以他自稱始皇帝，下面二世、三世皇帝都可不要謚。到了漢代，再恢復舊傳，不過再沒有好壞分別，皇帝死後之稱，則都是好的。鄭樵說：不忍稱其名，豈忍稱其惡，「幽厲桓靈之字，本無凶義」，但這話似不一定對。諸位不要認為鄭樵書多創見，喜其新而忘其有不是。謚法稱幽、厲，實不很好。照鄭樵講法，沒有一個謚法有壞的意義，豈有先秦人不知，秦始皇會那麼說？舉此一例，諸位可知鄭樵的話也多有可批評的。

下面是〈器服〉二卷，專講禮中間的器服。他說：古人的祭器本來都是古人的一種飲食之器。他雖所講不多，但在歷史上，器服實也是一項重要的。我們講食貨經濟史，講文化社會史，都該注意到器服，但鄭樵則只講到祭器而已。

下面〈樂〉二卷，鄭樵在這裡似乎有故作高論之偏見。他說：「詩以歌，非用以說義。」這是說古詩只是用來唱，不是拿來講道理，我想這話又是過偏了。孟子就說：「詩言志。」用詩來表達我們的情意，不能說詩只就是一番唱。鄭樵又說：「詩在於聲，不在於義。」更說義理之說既勝，聲歌之學日微，又說：漢儒不識風雅頌之聲，而以義論詩。這些都是抑彼昂此，故作驚人之偏見。當然古代的詩都可以唱，到後來，《詩經》三百首都變成了讀的詩，而專來講詩中的意義，再不會唱了，這是一變。照理，詩該唱，應配上音樂，但不能說詩只要音樂，可不管其中義理。如說：〈關雎〉樂而不淫，哀而不傷，鄭樵說：這是說〈關雎〉的歌聲和平，這講法豈不免又是太偏了？「求之不得，輾轉反側」，這就是哀而不傷。「琴瑟友之」、「鐘鼓樂之」，這是樂而不淫。固不能不講詩之義，而僅講詩之聲。鄭樵書裡像此樣一類的過偏之見也不少，我們不能在此詳細舉。要之鄭樵能為創見，他敢大膽開出前古未有之說。而在他的創見裡也不免有偏見，這是我們應該知道的。

以上〈禮〉、〈樂〉、〈謚〉、〈器服〉為一類，下面〈職官〉、〈選舉〉、〈刑法〉、〈食貨〉四類。歷代正史裡的所謂「志」，所謂制度，主要是這些，杜佑《通典》裡重要的也就是這些。在鄭樵《通志》裡，〈職官〉有七卷、〈選舉〉兩卷、〈刑法〉一卷、〈食貨〉兩卷，這些遠不如讀杜佑《通典》，或讀後面的《文獻通考》。這是他所謂漢唐諸儒所得聞，在他自己所並不看重的。

再下面是〈藝文〉。《漢書》就有〈藝文志〉，鄭樵《通志》裡對此又有許多特別見解。他首先批評劉向、劉歆的《七略》「收書不收圖」。他說：「即圖而求易，即書而求難。」很多東西一定要圖。講天文若不畫圖，你怎麼懂？地理也要圖，其他好多東西要圖。書裡不兼圖，恐怕是我們中國學問很大一個缺點。西方人一路下來，圖書都連在一塊。中國人不知何時起偏輕了圖，這實是大大一個缺點。他又說：書目應分兩類，一記其有、一記其無，當時有此書固當記，前代有此書，當代沒有，也當記。記今之所有者，則知不可不聚。記今之所無者，則知不可不求。而且前代有此書，現代沒有了，在史學上講來，記下有極大作用。如《漢書・藝文志》裡有的書，到《隋書・經籍志》裡沒有了的很多，這對我們研究學術、文化史演變極大有用。亦有《漢書・藝文志》裡沒有而《隋書・經籍志》裡忽然有了，這不是說漢以後之新書，乃說漢以前之古書，忽然在漢後始見，這裡就有問題。怎麼會漢代人沒有見到，隋代纔始見了呢？這裡多有些靠不住。如說蘇秦、張儀師事鬼谷先生，但《漢書・藝文志》裡沒有《鬼谷子》其書，而《隋書・經籍志》裡有了，其實此書乃是後人假造。像此之類。當然鄭樵的歷史見識要比劉知幾高明得多了，劉知幾認為《漢書・藝文志》可以不要，而鄭樵則極重此一〈志〉，又能提出許多有價值的意見來。

《通志・藝文略》八卷下面還有〈校讎略〉一卷。鄭樵在此一卷中有極大的發揮。後來清代章實齋就跟著鄭樵，而於《文史通義》之下有《校讎通義》。我們可以說，章實齋的史學，有許多是從鄭樵方面得來。說到「校讎」，並不止是校幾個錯字，主要在「編書目」。鄭樵說：「編次必謹類例，類例既分，學術自明。」中國人講學問，常稱「學術」，每項學問應有一條路，「術」字就是指這一條路。學問固要自己學、自己問，從師只是從他這條路。在此路有創闢、有循從、有開新、有轉向。鄭樵在史學上也創了一條新路。因於學問各有路向，乃有所謂學術。各項學問道路不同，於是可為分類。要為書籍編目，主要在分類。故曰「編次必謹類例，類例既分，學術自明」。這事大不易。今天我們圖書館的分類，只是摹倣外國，求便檢查，書名、作者名，各別分類，照筆劃次序，一查便得。如要尋鄭樵《通志》，可查作者「鄭」字幾筆，或查書名，「通」字幾筆，又如圖書十分類法等，皆與中國書籍傳統分類不能相配合。中西學術不同，則分類亦該不同。為書籍分類，這裡面有一番大學問。書目分得好，便可使讀者因書目分類而懂得學術大體。如講經學，鄭樵說：「讖緯之學，盛於東都。」「音韻之學傳於江左。」「傳注起於漢魏，義疏成於隋唐。」覩其書可以知其學之源流。讖緯、音韻、傳注、義疏皆在經學內有此幾條分路。只要書目分得好，不啻把一部學術史大略告訴了你。所謂學術源流者，如經學是讖緯、音韻、傳注、義疏之源，此四者則是經學之流，而亦得合稱經學。又如讖緯之學最先，在東京，音韻之學在晉，傳注在漢魏，義疏在隋唐，各類之源流亦都告訴了你，其實是一查書目便知了。他又說：「學術之苟且，由源流之不分。」故曰：古人編書必究本末。上有源流，下有沿襲。鄭樵能把學術史的眼光來論究各項學術，此又是他在史學上之大眼光大見識。此後章學誠《文史通義》、《校讎通義》兩書能跟著鄭樵此意發揮，還有很多講得非常好的，這也是學問上一條路。

要知論學必要懂分類，要知每一項學問之演變應懂得他的源和流。今如我們講史學，應知中國史學可分幾類，每一類之源流演變又如何。又如講中國學術史，當如何分類，又該如何論其源流演變。試姑簡單言之，諸位試從章學誠《文史》、《校讎通義》進而看鄭樵《通志》之〈校讎略〉，更進而看《漢書．藝文志》，這也是一條路，可以使我們約略知道這路上的一切。諸位要講地理，也有幾條路，各條路各有講法。諸位要講文字學也有幾條路，也是各條各有講法。

如今諸位做學問，不先摸清道路，只要一個方法，那就錯了。當知各項學問各有方法，而且每一項學問中，可有各項方法。此等方法，今天如此，明天又會變。諸位不信我說，認為諸位所要乃是科學方法，不知科學方法也復在那裡變。從牛頓的力學，變成愛因斯坦的相對論，那有不變的。並當問所謂科學是哪一種科學，各項科學亦有各項方法。今天我們做學問，不先問一條大路，只要問方法，這即是鄭樵所謂「學術之苟且」。今天諸位只希望先生能指導你一個方法，不知儘有指導，此一方法也只在你所要研究的這一個小圈圈之內。如此而止，將決不會懂得學術之大、源流之變。如鄭樵在《通志》裡把《易》分成十六種，《詩》分成十二種，道家分成二十五種，醫方分成二十六種。此等分法是否確當，乃是另一問題。但論學必當懂得分類，每類中必當知其源流演變，此是至當不易之大道。今姑舉一淺例言之，如諸位研究《詩經》，當知各家治《詩》便有不同，不當隨便找兩三本參考書，不加分別。當知這一家做《詩經》的學問同那一家本不同，那可隨便引用，不加分別。又如諸位自己要寫一篇〈中國史學名著〉的論文，不能隨便查書目，更不宜隨便跑書鋪，積集著幾本參考書，便可下手。今天諸位似乎認為只要有幾本參考書，並有一套方法，便可做學問。如要寫〈中國史學名著〉，主要便在材料上，次要則在方法上。有了材料與方法，實也不需要學問，學問即在材料與方法中。以此來講自然科學，或猶可說得過去，以此來治文史之學，那就斷不是這回事。今天我們只叫著科學方法，因此而埋沒喪盡了我們年輕人治文史的聰明，再也不會有學問。諸位聽我如此講或許會感到困難，但對將來諸位的聰明自有用，循循不倦，自可以成學問。若還是儘要一個科學方法，試問你要的是什麼科學呢？諸位有沒有知道現在的科學共已分成多少科，每一門的科學分門別類，也是各有方法，全不同。文史學與自然科學又不同。每一項文史學問中又可各有方法，如鄭樵所舉《易》學十六類、《詩》學十二類、道家二十五類、醫方二十六類，不僅是學《詩》不能用學《易》方法，而學《詩》學《易》其中亦各有方法不同。如學道當然有許多花樣、學醫亦有許多分別。光看鄭樵《通志》裡的〈藝文略〉，可見鄭樵在此方面有其特見。他的〈藝文略〉與其〈校讎略〉，乃是鄭樵一家之學。我們不能只認《通志・藝文略》與《漢書・藝文志》、《隋書・經籍志》同只是一部書目、一堆材料。推廣言之，我們讀書應當它是一門學問去求，不該當它是一堆材料去撿。若某書僅可作一堆材料待人撿，那即是此書無學術價值。

《通志》在〈藝文略〉、〈校讎略〉之下，有〈圖譜略〉一卷，這也可說是鄭樵一個極高明的見解。他說：圖譜之學，學術之大者。圖譜之學不傳，則實學盡化為虛文。他又說，總天下之書、古今之學術，各有其所以為圖譜之用者十有六，其細目不備舉。這卻可說是鄭樵的一種科學方法與科學精神之表現。但他又說：《七略》收書不收圖，歆、向之罪上通於天，這似乎下語又太重太偏了。讀鄭樵書，對他下語太重太偏處，極當注意。

〈圖譜〉以下是〈金石〉一卷。從前正史只有〈藝文〉、〈經籍〉，沒有〈圖譜〉、〈金石〉。鄭樵認為，有書無圖是一缺點，有藝文無金石，又是一缺點。到今天，大家都講金石，此一風氣實始宋代，歐陽脩是第一人。下到清代，而金石之學大盛。講金石可以補講歷史種種未備。在鄭樵《通志》裡又舉了另外兩句話說：「觀晉人字畫，可見晉人之風猷。觀唐人書蹤，可見唐人之典則。」這可說鄭樵又講到另一方面去，他能把一種藝術眼光來看歷史。看晉代人的字畫，可以想見晉代人的這種風度。看唐代人的書法，可以想見唐代人的這種規模。這也可說乃從藝術史來會通到文化史。只在藝術的很高境界裡，便可認識到當時這一個時代與當時這一輩人的大概。似乎清代人講金石，多在史料方面著眼，而對鄭樵所提，沒有太注意到。

下面是〈災祥〉一卷。以前史籍上都講的是〈五行志〉，而鄭樵改為〈災祥略〉。講五行不免幾近迷信，講災祥則是有關史蹟。這也是不錯的。

最後一卷是〈昆蟲草木〉。他說：「農圃之人，識田野之物而不達《詩》、《書》之旨。儒生達《詩》、《書》之旨，而不識田野之物。」他這一卷用意略等於孔子所謂的「多識鳥獸草木之名」。如此一來，他把史學範圍放得非常廣大。我們今天懂得要講學術史、文化史，其實鄭樵《通志》早已給我們一個更大的範圍。他在學術文化史上面的眼光，或許比我們今天還更廣大。我已告訴諸位，清代章實齋的《文史通義》受到清末人推尊。章書一方面推尊袁樞《通鑑紀事本末》，提倡史學上一個新體例，一方面推尊鄭樵的《通志》，把史學灌輸進一種新眼光。尤其清末學者如梁任公，更非常推尊鄭樵《通志》。但最近的學者，似乎總是圖省力。若要去讀《通志》，讀它一〈略〉、兩〈略〉，已夠麻煩，誰也懶得走此路。其實在我們現代，較之鄭樵，已有很多的新知識。再來做這套學問，豈不比鄭樵要省力。然而我們今天很少人肯跟著鄭樵走。不僅是鄭樵《通志》，即如杜佑《通典》、馬端臨《文獻通考》，那人在跟他們路走，連他們書也都懶看。我們只不愛講通。今天講歷史，只在全部二十五史、十通這一大堆書裡選一個時代，在此時代中找一個題目，題目愈小愈好，在現在的圖書館裡去找書是省力的。諸位如此想來，從前人做學問真是可驚。鄭樵是一個老儒，也曾做過很小的官，他一輩子住在鄉裡，也不是個大富翁，他要搜羅許多參考書，不省力。我們今天自以為比前人進步、偉大，要書看，從前任何一個時代也沒有我們現在易得這般許多書，這真是進步了。但諸位不要誤認我們做學問的方法也進步了。書本多，要找材料，取之無盡，可是做任何一種學問該知有一條路，如我們要研究鄭樵，該知道他做史學是走了那樣一條路。若把鄭樵同杜佑比，或把鄭樵同司馬光作比，可知他們各人路向不同。自己有路向，這始可叫「創造」，因他們都能自己創出一條新路，為別人所沒有走過的。若我們僅知追隨時代，那又如何能創造。好了，我們講到這裡。

馬端臨文獻通考

今天講馬端臨（貴與）的《文獻通考》。我們講過杜佑《通典》、鄭樵《通志》，《文獻通考》就是中國所謂「三通」的最後第三部。馬端臨已是元朝人，但宋是亡了，國家傳統斬絕，而學術還未中斷。所以元初很有幾個大學者，如王應麟，寫《玉海》、《困學紀聞》，胡三省寫《通鑑注》，稍前尚有黃東發寫《黃氏日鈔》，這些都是宋元之際的大儒，對史學都有極高成就。馬端臨也還可算是其中一個，其人其書雖稍晚，我們也可把來看作是宋代的史學，還是宋代史學的後勁。

我們且講此書為何取名《文獻》？他在自己〈序〉裡就講了：文，典籍也；獻，賢者也。他說：「敘事本之經史，參以歷代會要及百家傳記之書。」所謂文，即指這些。最主要的，當然就是六經和十七史。歷代會要是講求政治制度方面的重要參考，如《唐會要》、《五代會要》、《宋會要》，還有後人補集的《兩漢會要》等，然後及於百家傳記之書，此皆所謂「文」。凡馬氏書之記載，主要根據這些材料。在記載之外，還附帶有評論，則先取「當時臣僚之奏疏，次及近代諸家之評論」，「以至於名流之燕談、稗官之記錄」，此即所謂獻。每項制度，以及每一種措施，在當時實際從政的人，他們所有意見，則都見之奏疏。我們當知，每一時代所發生的事，固甚重要，而每一時代人對於此等事所發生之意見，亦同樣重要。只是後人對前代事所發生之評論，不僅著在文章，亦有燕閒間之談論，而記錄在各種小說筆記上的。此等皆所謂獻。

所以「文」與「獻」是兩件事。簡單講，「文」是指書本，「獻」是指人物。我們當知，做學問，書本固重要，人物也重要，或許人物要重要過書本。我曾再三告訴過諸位，讀書要一部一部書的讀，並要讀到這部書背後寫書的這個人。這個人比這部書，我們更應該要注意到。而且在我以前，長時期內，許多別人讀這部書的，我們也應該注意到。書本寫下，這是一部死的，而寫這書本的人物，才是一個活的。但活的人則藉這死的書而傳下。所以做學問，應該文獻並重。這「文獻」二字，最早見於《論語》。孔子講過：「夏禮，吾能言之，杞不足徵也；殷禮，吾能言之，宋不足徵也。文獻不足故也。」《論語》裡又有一段說：「文、武之道，未墜於地，在人。賢者識其大者，不賢者識其小者。」這裡的「賢者」就是指的人物。在每一個社會上，有些是大賢，他能懂得傳統大道。也有些不賢的人，那就是指的普通人，也必有傳統大道留在他們身上，只不過是傳統大道中比較小的地方而已。上引《論語》前一章所講「文獻不足」的獻字，就是指的識其大者的「賢人」。在孔子所講的文武之道，乃及講到夏禮、殷禮，把我們今天的話來講，也可說就是我們所謂的文化。孔子說：商代的文化，我能知道，可是沒有材料來證明我的講法。因為商代遺下的宋國，已經是文獻不足了。夏代的文化，我也能知道，可是夏代遺下的杞國，也已是文獻不足了。所以也無從來證明我所要講的。只有周代的文化，到今天還是有書本、有人物，所以比較容易講。在我們一所大學裡面，要研究學術，一定要有兩個條件。一是圖書館，要藏有很多的書，這即是「文」。又一定要合理想的、標準的教授，這就是「獻」，無此兩項，便是「文獻」不足。如諸位要研究孔子的道理，當然要讀《論語》，《論語》就是「文」。或者讀《春秋》，《春秋》也是「文」。但僅此還不夠。尚有如左丘明、孟子，這許多人就是賢者，就是獻。要兼此二者，纔能懂得《論語》和《春秋》。我們若要學孔子的道理，讀《論語》，便該連帶去問問孟子。讀《春秋》，也應該連帶去問問左丘明。所以「文」與「獻」該相提並論，兩面俱到。若使我們只看重了「文」，不能看重到「獻」，那就如我今天所批評的說：這是一種故紙堆中的學問，又說這是讀死書，死讀書，不成學問。但若你碰到了一個大賢，得他指導，你就知在這故紙堆中，藏有精深的涵義，死書便變成了活學問，只要有人能講。今天有人說，我們要研究中國學問，怕要到外國去，如像日本、美國，在他們那裡，所藏中國書很多，但亦僅是一堆書而已。有書而無人，有「文」而「獻」不足。諸位到日本、到美國，也只是讀死書，沒有什麼了不得。又如我們今天在臺灣，論起書本來，也並不輸於到日本、美國去。小小的一個臺北市，有故宮博物院、有中央圖書館、有中央研究院、有臺大圖書館在那些處，除掉從前在北平，別處便不易找到這麼許多書。我們要從許多書中來研究中國的歷史文化，也該儘夠了。但諸位要知，還有一件重要的是先生。書要瞭解，書多了，要一個能指導我們入門的人。我們讀此等書，也該聽聽他的意見。我們不能坐井觀天，只是死讀書。諸位今天的時代，已經和我做小孩子的時代大不同。那時我們蹲在鄉下，小孩子讀書只苦「文」不足，書很難得，然而尚有「賢者」，他們能講些中國東西給我們聽。今天諸位「文」是足夠了，要書本，省力得多。然而在今天中國的社會上，其實也像去日本、美國一般，真個要有幾個中國的老師宿儒能講中國東西的，可是不多了。有文無獻，那就只能讀死書，死讀書，就不免倍加喫力了。

那麼，正如諸位要研究孔子，便該從先秦孟子、荀子一路下來，歷漢唐到宋、元、明，直到清代，從來研究孔子的人有多少，這許多人所講也即都是「獻」，但積久了，所謂獻的，也都成了文。在我們現代，又要來找一個也能像孟子、荀子、朱子、陽明般一樣能講孔孟之道的，那就不易了。所以儘說有文化傳統，我們還得要一個活的「獻」，那纔是真傳統，僅在圖書館求是不夠的。圖書館究不是一個活東西，要有人物，要有學者，要有了「獻」，那「文」纔都發揮光華，都見精彩了。

剛才我所講，是普泛的講到一般的做學問上面去。現在回到《文獻通考》這部書，是專注意在講政治制度的。如《論語》裡說「夏禮，吾能言之，……殷禮，吾能言之」這個「禮」字，廣義地講，就是「道」。也可說，就是當時的文化。狹義地講，就是當時的一些政治制度。我們要研究每一種的政治制度，不僅要研究這些寫在文字規定下來的所謂制度，還應該懂得在當時此一制度之起源，乃至此一制度之演變。並有許多人對於此一制度所發揮的種種意見和議論。這纔是研究到了一活制度。這也是我們研究一切學問都該懂得的。讀《文獻通考》，便該注意到此處。其實馬端臨的《文獻通考》此一著意之點，乃是跟隨杜佑的《通典》而來。我們已經講過杜佑《通典》，不僅講到每一種的制度，還詳細地講到對於某一制度經歷了各個時代的許多人的意見和評論。這是杜佑《通典》的極見精神處，而《文獻通考》則把此承襲了下來。我們今天，則似乎只看重這些寫定的書本，而更不看重這些寫書本和讀書本的人。從前人讀《論語》，必然會看重孔子，乃至先秦、兩漢、唐、宋、元、明、清歷來凡是講《論語》的人，都會同樣看重。今天最多是來講《論語》，而對於從先秦下迄清代這許多比我在前的講《論語》的，我都看不起。更可怕的，是只講《論語》，不講孔子。換言之，在我們心中，只有《論語》其書，更沒有孔子其人。亦如講歷史，講制度，也僅止於歷史制度而止。在我們講的人心中，實也沒有我們所講此歷史此制度下的許多人。這實在是我們做學問一個極大的心理上的病。在我們心理上有了這種病，我們便無法做一種高深的、博厚的學問。因在這個人的學問狀態上，已經有了一種不僅不謙虛，並且不厚道的大心病。對於這一本書，從前人用功這本書的，對於這一項制度，從前人注意這項制度的，他們的意見，我們全不理會。甚至於我們對於這一部著作，對於這一個制度的本身，我們也並不是用一個研究的態度來研究，而更主要的，是用一個批評的態度來批評。好像總要找到它一些毛病，纔表示出我讀書有得。若我不能找出它一些毛病來，豈不是在我一無所得嗎？這一種的觀點，實在是極大錯誤。而且我們常說，秦前是封建，秦後是專制，早把中國歷史上一應制度批評淨盡，則杜、馬兩書宜可擱置不理了。

我隨便題外講幾句話。最近有一位政治大學的學生寫信來，說要討我一本講老莊的書。他說：他做學問，最喜歡先秦諸子，想讀老莊的書。我復信說，我並沒有這本書，且你為什麼很注重老莊，而不看重《論》、《孟》呢？我有寫的《論語新解》一書，你見過沒有？我只是隨便這樣寫了作復。他再來信，我才知道他已是大學畢業，在哪裡不知讀碩士還是讀博士，他說《論語》、《孟子》，照現在社會風氣，不許我們自由批評，便不能作論文，那種書還有什麼可研究的？可見他所謂的「研究」，主要是要作批評。今天大家正在講復興文化，要講孔子、孟子，要提倡，不要批評，他就覺得這種書不值得研究。我不過隨便舉一例，怕絕不只一人這樣想，做學問就要能批評。但據我的想法，做學問總該要瞭解。即不講瞭解，也該能「記得」。所謂「賢者識其大，不賢者識其小」，「識」字讀如「志」，便是記得，記在心裡。所記的也有大，也有小，但總該先能記，再能知。記得了，知道了，不能批評也不妨事。沒有知，儘求批評，批評過，也就放一旁，不再記得了，那豈成為學問。這因講《文獻通考》，為解釋這「文獻」二字而講這許多話，其實這許多話也不能算是題外之言，在讀書做學問上是很有關係的。

馬端臨的《文獻通考》，共有三百四十八卷，分二十四門。〈田賦〉、〈錢幣〉、〈戶口〉、〈職役〉、〈征榷〉、〈市糴〉、〈土貢〉、〈國用〉、〈選舉〉、〈學校〉、〈職官〉、〈郊社〉、〈宗廟〉、〈王禮〉、〈樂〉、〈兵〉、〈刑〉，十七門，馬端臨自己說，都是根據杜佑《通典》。〈田賦〉、〈錢幣〉、〈戶口〉、〈職役〉、〈征榷〉、〈市糴〉、〈土貢〉、〈國用〉，是杜佑《通典》裡的〈食貨典〉。〈選舉〉、〈學校〉是《通典》裡的〈選舉典〉。〈職官〉以下，〈郊社〉、〈宗廟〉、〈王禮〉就是《通典》裡的〈禮典〉。但《通典．禮典》有一百卷，《通考》只有數十卷。這十七門以外，還有〈輿地〉、〈四裔〉兩門，其十九門，都是根據杜佑。此外另有〈經籍〉、〈帝系〉、〈封建〉、〈象緯〉、〈物異〉幾門，不是杜佑《通典》裡所有，乃是採摭了另外的書所成。在他自寫的〈序〉上，只推尊杜佑《通典》，但並沒有講到鄭樵的《通志》。但《通考》裡的〈經籍典〉，此非杜佑所有，也不是講的政治制度。鄭樵二十〈略〉，本是超乎政治制度之外的，如〈氏族略〉、〈六書略〉等，皆與政治制度不相干。鄭樵講歷史，已把範圍擴大，可說是一個文化史的範圍，而不僅是一個制度史的範圍了。現在馬端臨的《文獻通考》，他是純粹根據了杜佑《通典》，看重制度，那麼像〈經籍志〉之類，就不需放在裡邊。我們也明知他的〈經籍考〉是根據鄭樵的〈藝文〉、〈校讎〉兩略而來，在他的《文獻通考》裡，二十四門，每一門有一篇〈小序〉，全書有一個〈總序〉。在他〈輿地考〉的〈序〉上，就特別引到鄭樵，很稱讚鄭樵的意見，認為講輿地應該講山川，講自然地理，不應該講郡國，講政治地理，這一番話，我以前已經講過，自然地理變化比較少，政治地理變化比較多，漢代一百零三個郡國，若只講山川，則並無大變，當時的地方行政區分，到唐代就完全變了。這兩方面，我們認為都需要講，只為鄭樵和馬端臨都拿一種通史的眼光來寫，所以看重在山川。若使照斷代史的體裁來寫，《漢書．地理志》分寫當時郡國，並不算錯。特別像馬端臨《通考》裡的〈象緯〉、〈物異〉，就等於鄭樵的〈天文略〉、〈五行略〉，而他又來個〈封建〉。「封建」也可說不失為一種制度，不僅秦以前有封建，秦以後也不斷有封建。漢有封建，唐亦有封建。這是馬端臨自己添進去的一門，為杜佑、鄭樵所沒有。他又有〈帝系〉一門，講歷史當然很要看重帝王系統，但不應該放在講制度的書裡面。父傳子，子傳孫，亦是一個制度。而某王下面是某王，這是歷史，與制度不相干。所以我們看他這二十四門，大體說來，實不能超出杜佑的九個門類之外去，當然也不能和鄭樵的二十〈略〉這樣有寬廣的角度，但後人卻特別喜歡讀馬端臨的《通考》，這也有幾個理由。第一，杜佑《通典》只到唐代中期，而馬端臨的《文獻通考》則直到宋末，年代長了。尤其在《通考》裡有很多材料乃《宋史》所沒有。元人編《宋史》編得並不好，而馬端臨在元代初年，他的《通考》所寫宋代制度，有很多材料為《宋史》所未收，這是人家看重他書的一點。而且他書中材料也比杜佑《通典》來得多。時代久了，材料又多了，所以後來的批評都說《通考》比起《通典》來，「簡嚴不足，詳贍過之」。其實杜佑《通典》，並不是「簡嚴」二字可盡，這我在講杜佑《通典》時已經講過。他的九門類之先後排列，便見有一份極深的對於政治制度的一種意見，先〈食貨〉，再〈選舉〉，而後〈職官〉，這等見解，便是非常高明。至於《通典》也有不如《通考》的，如《通典》裡講「兵」，只根據《孫子兵法》，引用歷代軍事來證明《孫子兵法》裡的話，那就不是個制度。如說我們每一人幾歲應當兵，幾歲可以退役，漢代的兵制和唐代的兵制各怎樣，宋代改成了募兵制又怎樣，這許多，馬端臨的《文獻通考》是遠在杜佑《通典》之上了。我們另外從一點講，杜佑《通典》最後一門是〈邊防〉，國家的國防，也成一個制度，國防的對象則是外面的四裔，《通典》很看重國防問題，而《通考》卻把〈邊防〉改成了〈四裔〉。當然我們講歷史，也該知道北宋時的遼國和西夏，和後來的金國各怎樣，這纔所謂是「四裔」，但我們的書是講制度，不是講一般的歷史，與其注重在四裔，不如注重在邊防。像這種地方，我們就見得讀杜佑《通典》，確可長進我們的知識，至少可以刺激我們，或者暗示我們以一種政治上的理論和意見。他書中九個門類，把他的全部政治意見，輕重先後，全都放在裡面了，而我們讀馬端臨的《文獻通考》，就不免要感到其意義不精，僅是增添了材料，而不見其精義所在。

清末，阮元提倡讀兩部書：一是《資治通鑑》，一是《文獻通考》。讀了《通鑑》，才知道歷代的歷史，讀了《通考》，才知道歷代的制度，這兩部書，阮元稱之曰「二通」。本來是《通典》、《通志》、《通考》為「三通」，阮元改稱「二通」，也是別有用意。到了曾國藩，編《經史百家雜鈔》第二類〈敘跋〉，就把馬貴與《文獻通考》的二十四篇〈序〉，一篇篇都收進去，可見當時人之看重此書。所以此後的學者幾乎大家都要一讀《通考》這二十四門的〈序〉，約略對於這一門古今上下的變化得失，可以知道一點簡單的情形。如《通考》第一門〈田賦〉，古今田賦是怎麼一回事，在它中間大的得失何在，在這〈序〉裡大概都有講到，這就變成我們一個讀書人的一種普通常識。諸位當知，以前的讀書人，他僅是從事於科舉的不算，若真是讀書，他們的常識卻很淵博。並不是說專要學歷史裡面的制度，可是馬端臨的《文獻通考》，總要翻一翻。就算是不翻，這二十四篇〈序〉也都會讀的。即如說曾國藩，他不是一個史學家，更不是在那裡專研究歷代制度，然而在他的《經史百家雜鈔》裡，就把這二十四篇〈序〉都抄了進去。他的《經史百家雜鈔》，當然為後來讀書人所看重，所以到清代末年，一般讀書人還多讀一些中國舊的政治制度，知道一大概。自從光緒時代變法維新下到後來辛亥革命，卻把從前舊的完全不知道了，都廢掉了。直到今天，我們可以說，在我們政府上下從政做官的人，懂得外國制度的可能還有，懂得中國傳統制度的，儘可說已沒有。就是在我們大學法學院政治系，研究西方政治制度的，這是一門正式的課程。研究中國政治制度的，那就很少了。如此般把我們中國舊的以往歷史一刀橫切，腰斬了，下面一切從頭做起，其實是從頭摹倣人家。這總是在我們歷史文化的生命上一個莫大的病痛。我們本是一個五千年歷史文化綿長的大國，現在則是一個不到百年的新國。今天我們也可以說，關於講中國歷史裡面的傳統政治制度，真是「文有餘」。接著三通有九通、十通，還有列朝的會典、奏議及其他的書，材料是汗牛充棟。但我們的傳統制度，多含有甚深精義，絕非封建專制兩語可盡。今日所苦，實苦於「獻不足」，現在已經沒有人懂得了。若講新的，則更是文獻兩不足，只有仰賴別人。

有一天，有兩位青年來問我，他們拿了一本我寫的《中國歷史研究法》，因我在此書中說：我們應該對於自己的傳統政治制度，有人能來好好寫一概略，介紹給大家。他們來問，怎麼叫傳統政治制度，並說他們正想要來寫一部這樣的書。我問他們在大學讀什麼系，一位是新聞系，一位記不清，他們似乎沒有讀過中國舊書，不知其中困難，所以要來寫《中國政治制度史》。但這總算有志。此外，根本沒有人來理會。讓我且講從前人如何來研究政治制度。杜佑是唐代一宰相，馬端臨在宋亡入元，沒有在政治上涉足，但他的父親也是宋末做過宰相的。一個普通的讀書人，不一定就懂得政治，要懂政治，應該另有一合適環境。這是照一般人講法。當然也有傑出的人，我們可不論。簡單的講，如漢代開國以平民為天子，漢高祖手下許多開國功臣，都來自田間，有些是十足的鄉下佬，這在中國歷史上可算極了不得，很少有。他們也能治天下，居然能使天下太平下來。到後來，慢慢兒有董仲舒等許多人來提倡儒學。其實當時的太學教的課，也只教一經，或《尚書》、或《詩經》、或《春秋》。教書的博士，固然不一定只通一經，但他們只教一經。十八歲就可入學當學生，二十歲就畢業，便回到他們自己地方去做一個「吏」，要他在實際的政治事務上磨練，將來再選舉到中央。漢代人常說「通經致用」，所謂通經，也只通得其大義，一部經兩年功夫能懂得多少？然而他那一點大綱領是懂得了，便可以致用，這真是了不得。漢代的政治人才便是這樣子來的，而漢代的吏治，亦最為後世所推。唐代人接著南北朝下來，在南北朝時的中國，是一個大門第的社會。在那大門第的傳統下，世世相傳，都高踞政治地位，連他們的親戚也如此。所以一個門第中的子弟，容易懂得政治。不僅懂得政治現況，更懂得政治傳統。所謂「王氏青箱」，乃是把數十百年的政府檔案藏著一箱，傳給子孫。所以政治上的事情，他們都懂。唐代一般普通的知識分子修習文學，可以應考試。又學佛學，預備將來退休。但其間有不少門第家傳，使他們了解得政治。所以唐代人在政治上顯出很大的才能，有極能幹的宰相，乃至其他各門的人物。

到了宋代，自唐末五代下來，大門第都衰了，沒有了，民間只就科舉制度考試，而跑上政治，實際都是外行。直要到范仲淹等起來，范仲淹「為秀才時，即以天下為己任」，「先天下之憂而憂，後天下之樂而樂」，開出了宋代的士風，此下的學者都是以學問來從事政治的，與漢代人不同。漢代人的政治知識和才能，乃是先從下層的地方政治磨練出來。當然不是說他們不讀書。唐人考進士，僅通一點文學、詩賦，又喜歡研究佛學，政治上的知識，乃從門第中來。到了門第衰落，政治也就完了。所以唐代人像是不講經學、史學，但他們實際上有一套學問，可以來在政治上貢獻杜佑就是一個。到了宋代，門第沒有了，都是一輩讀書人自己立志要改好這時代。然而漢代的讀書人和唐代的讀書人乃至宋代的讀書人，顯然各不同。真是要憑學問來跑上政治的，比較是宋代人更如此。所以宋人在政治上多理想、議論，不如唐代人有一種實際的事功。不論是王荊公也好，司馬溫公也好，都是書生從政，他們同樣是理論多、思想多，而未必能配合上實際。在此一點上，遠不如漢、唐，能和實際相配合。漢人是從郡縣做吏磨練出來，唐人是在大門第傳統下薰陶出來，而宋人則是由民間在學術上露頭角。

宋人講學問也可分成兩派：一派像王荊公，他是經學一派。像司馬溫公，他是史學。經學可說是等於孟子之所謂「法先王」，史學派可說是等於荀子之所謂「法後王」。經學派總是偏重理想、多議論，王荊公就是這樣一個人。史學派重實際、重經驗，司馬溫公就是這樣一個人。也可說經學家常看重制度，要擺出一大套來，因為他喜歡理論，而史學家則多重人事，人事和制度是兩回事。像司馬溫公，在制度方面看他便像無多主張。他寫的《資治通鑑》，就是一部偏重人事的書，不像杜佑《通典》，是一部偏重制度的書。我們也可說宋朝人學問所以和唐朝人不同，而也各有得失。

到了後來，元代不用講，明朝呢？其實明朝人已經都談不上，明朝人都是空疏的。尤其到後來的理學家們，更見空疏。我們也可說，真是一個大理學家，則無有不通經、不通史。明代的理學，乃是變成了一種非經學、非史學，而另外來一套。這正等於今天我們講「思想」只講思想，似乎可以不要學問。或者稱之為「哲學」，在西方有哲學這一套，在中國這一套比較少。只有理學，其流弊則是空疏不學。因此在明代，經學也衰，史學也衰，政治上也沒有大表現。直要到明末，才再有「經世大儒」出來。他們講制度、講歷史、講經學、講文化。然而在那時，已是清人入主，滿洲異族來管中國，文字獄大興，一般人做學問的慢慢兒變，到了乾嘉時代，就都變到訓詁、考據，「故紙堆中」去。訓詁、考據，便是在一堆材料裡邊做學問。我剛才說的，學問要同人配合，所謂「文獻」。這種學問，修身、齊家、治國、平天下，都得「活學活用」。清代乾嘉之學就不是這種學問了，那時也還是「獻不足而文有餘」。直要到了清代末年民國以來，那就是所謂「學絕道喪」，都沒有了。

譬如說吧，一個政府，在裡邊可以代表學者的人是最少數，政治不從學術出身，而從黨的訓練出身。若說學術人才經考試院考來，他們的分發，等於如從前做一個「吏」，這是有的，但就很少從考試院出來而在政治上變成一個高地位的。民國六十年以來我們的政治上可以分成兩種人：

一種是黨裡邊來的，一種人是外國留學生，英國、美國、法國、日本都有。我們的政治，就擺在這個基礎上，這可以說和向來歷史傳統上的基礎是不同了。

我們做學問，就要懂得以前人怎麼做，我們現在又怎麼做。我們要講政治，也要懂得以前我們的傳統政治是怎麼樣，今天我們的政治又是怎麼樣。若要講到社會，也要懂得以前的中國社會是怎麼樣，今天我們的社會又是怎麼樣。諸位在臺北市，無論在學校、在街上，或者跑回家，懂得這個是中國社會，固不錯。然而是今天的中國社會，同幾十年前的中國社會大不同。我試舉個例。六、七十年前，我小孩子時，很少有女人在家裡打麻雀。打麻雀是有了，但很少女人打。西方文化傳來，女人解放，女孩子多去學校讀書，但讀書後做事的還是極少數。在家裡沒有事，不教小孩，不管家務，只得打牌。現在我們十個家庭，總有五個家庭的老太太、太太，甚至於小姐們，都迷醉在打牌。這真是時代不同，社會也不同了。如說諸位在國內大學畢業，要找個職業相當困難，若在外國要找職業，便省力了。留學生，到了暑假到一個旅館裡當個茶房，到一個小飲食店裡做個洗盤洗碗的，三個月賺一點錢，再回到學校裡讀書，大家不以為奇。若使諸位在國內，說現在暑假了，也跑到一個觀光飯店去端菜，做一、兩個月吧，這不能，這就是社會不同。我們像是有一個身分，外國社會沒有這身分。又如美國，家庭用女工的絕少，一百家中很少有一、兩家用工人，和我們絕不相同。我們要從小地方看，大地方更應該看。要懂得今天的中國社會同百年前的大不相同。做學問定要從這種地方著眼。但一百年前何從著眼呢？那麼我們至少要讀書。如我今天講《文獻通考》，直從古代唐、虞、夏、商、周一路到宋代末年，田賦怎麼樣，學校怎麼樣，清清楚楚，講得很詳在那裡，讀之自會長見識。只讀一部書，就長了我們的見識了。但我們今天則一筆抹殺，說中國古代，都只是一個封建社會，一套專制政治，全要不得，一口氣罵倒了，沒有了。但不是沒有了中國的古代，卻是沒有了我們各自的聰明和知識。沒有聰明而去學外國，縱是深通英、法、德文，在外國住下十年、二十年，但沒有親身在外國政治圈子裡做事，也恐不會深懂得外國的政治。講到中國古人，漢唐兩代人比較懂政治，宋人不懂政治，為什麼？因其沒有經驗。諸位要懂政治，而條件不合。當然，喜歡研究歷史，喜歡研究傳統制度，也可懂一點。但跑進政治去，或許要出毛病，像王荊公便是一例。我們現在，舊的一切不要，新的呢？我請問：哪一人是在西方大學確實研究了政治？這已很少很少。更何人具備了西方政治的真實經驗？我們今天真是所謂「不學無術」，沒有一條路。至少諸位研究史學，要懂得拿舊歷史給人看，中國不是一個封建社會，也不是一個專制政體，至少不要讓我們隨意開口罵。又如講王荊公、司馬溫公，也不應該儘講思想理論，總該懂得一些他們的政治實情。外國社會同中國不同，外國傳統也和中國不同。又懂中國又懂外國，不是不能有這樣的人，將來總該有。我們不希望站在政治上層、學術上層的，永遠是到了外國去回來罵中國人，先也希望有幾個能為中國辯護的人。你說中國是一套專制政治，我說不是。這當然僅是「抱殘守闕」，然這個殘和闕，還須有人抱和守。宋朝亡了，元朝來了，還是有像馬端臨那樣寫他三百幾十卷的大書。直到今天，這部書還是中國一部有價值的大書。杜佑是在唐的全盛時代，鄭樵已在南宋岌岌可危的時代了，但也能有表現。而馬端臨則是在亡國之餘，而能表現出他不朽的名著，更是難得。從另一方面講，杜佑本人是個宰相，馬端臨父親也是個宰相，至於鄭樵則是在鄉間一老儒。但鄭樵所講在傳統制度方面，實不如杜、馬兩人講得好。《通志》所長，乃是在〈氏族〉、〈六書〉、〈藝文〉、〈校讎〉諸略。可見講政治，最好還得與政治有實緣。中國歷史有一個士人政權的大傳統，所以能有像《通典》、《通考》那樣專講政治制度而又講得這樣好的書。諸位試去找外國史籍，絕對找不出同樣如此偉大的書來。這個事實，應可證明些什麼？諸位試加思索。我今天講到這裡。

黃梨洲的明儒學案、全謝山的宋元學案

我在宋代，已經講了好幾部書，實在元代馬端臨的《文獻通考》，還可說是宋代史學傳下。現在要講到明代。明代人在學術方面，比較漢、唐、宋各代都要差一點。中國這幾個大一統的朝代，漢、唐、宋、明，論到學術，惟明最差。這雖沒有人詳細講，但顯然是事實。我從上講來，漢、唐、宋三代都有他們學術長處，但又多不同。為何明代又要比較差？這些處，都是我們自己讀書應該注意的大問題。固然我們立刻不會能有答案，也不容易下此一答案，但此問題總不應該不留心注意到。

此下我們講明代，我想特別只舉出一部書，即是黃梨洲（宗羲）的《明儒學案》。實際《明儒學案》已不是明代的書，這書在清代才完成。這樣講來，我就在明代想不出舉哪一部書來作史學名著講。其次，諸位或許會認為《明儒學案》是一部理學書，用今天話來講，是一部講哲學思想的書，不是一部史學書。這觀點卻是要不得。今天我們做學問，都跟著西方人道路，都要講專門之學。可是諸位讀的是中國書，由讀中國書來做外國學問，這中間也很困難。如讀《論語》，《論語》究竟是一部哲學書呢？還是文學書呢？還是史學書呢？很難定。今天諸位倘使是學文的，當然不讀《論語》，因《論語》不算一部文學的書。又如學史學的，也不會讀《論語》，諸位總覺得學史學，孔子《春秋》應該看一看，《論語》便不要看。似乎只賸下要討究中國哲學思想的人，纔來讀《論語》。但我得告訴諸位，諸位究竟還沒有脫離了中國，而且此下也將還在中國，做一中國人，乃至一中國學者。如諸位要講中國歷史而《論語》一書都不曾讀得懂，此人的史學知識，可能是淺之又淺，或許早就可說不會有很大的價值。所以若我們一定要把學問分疆劃界，指定這是史學、這是文學、這是哲學，這樣一分的話，如韓信軍入趙營，拔趙幟，立漢赤幟，趙營早破，不能再存在。所以諸位要覺得我今天講史學名著而來講到《明儒學案》，似乎有些奇怪，其實《明儒學案》也可說是一部中國的學術史。講歷史本有多種講法：一種是講通史，一種是講專門史。如我們講《通典》、《通考》，這是講政治制度的一種專門史。《明儒學案》則是講學術思想的一種專門史。但今天諸位則認為，學歷史不能不懂政治制度，不能不看《通典》、《通考》，卻沒有想到學歷史也該懂得經學、理學這一類。如諸位讀《兩漢書》而不懂得經學，這就非常困難。至少諸位讀《明史》而不懂得《明儒學案》，也就很困難。《明儒學案》就是講明代一般學者的思想。諸位縱不想做一通人，一意要做一專家，但在你所專之內總該通。諸位若專治明代史，而不懂得《明儒學案》，豈不在專中仍有缺。

其實中國歷代的正史，從司馬遷《史記》開始，本是無所不包的。只要在這個時代、這個社會裡產生過大的影響的人物與事情，那都在他歷史上記載下來。如《史記》、《漢書》裡有〈儒林傳〉，凡屬經學儒學這一方面的人和事和著作，都特別收在〈儒林傳〉裡邊。《東漢書》以下又有〈文苑傳〉，凡是關於這一時期文學方面的人也都收在這裡邊。那已經是有了學術史的雛型了。但中國的學術史，反而在佛教方面，好像最先具有一種規模。為何呢？因中國正史裡不記載佛教方面的事情，因而纔有單獨來寫出的需要。如我上面為諸位舉到魏晉南北朝以下的《高僧傳》、《續高僧傳》，一路下來，等於是一部佛教史，也就是專門學術史的一類。更特別的，是在佛教中間的禪宗，自唐以後，所謂「教外別傳」，他們自己創立了一種說法，不立文字，遞傳遞盛，派別分歧，更顯得有為他們寫一種禪學史的需要。最著名的如《傳燈錄》，禪宗各祖師思想的傳授、分派、分宗，都在這裡。我們也可說，宋代的理學受了禪宗很大影響，至少如宋代理學家的「語錄」，便是從禪宗祖師們的語錄轉來。要講二程思想，最重大的材料，就是他二人的語錄了。周濂溪、張橫渠還自己寫書，但他們所寫也都是一條一條的。雖然多用文言寫，其所寫也就是語錄的體裁。只不過由他們自己一條一條的寫下而已。而二程的語錄，則顯然是白話的，又不是自己寫，而由其門人弟子記下。這種語錄，當然起於唐代的禪宗。所以我們絕不能說宋代人的理學和唐、五代的禪宗沒有關係。但我們也不能換一句口氣，說宋人的理學即是佛學，或即是禪宗，這話又根本不對。但我們也不能說理學是講孔孟儒家思想的，和佛家禪宗絕無關係。可見一切學問不能粗講，應該有個仔細的分別，此所謂「明辨」。

今說到學案，其實「學案」兩字，也就是禪宗裡邊用的字。語錄起於禪宗，「學案」也是起於禪宗。明代人第一個最先做的學案，叫做《聖學宗傳》，寫這書的人是周海門，周海門就是一個學禪宗的人。從周海門的《聖學宗傳》下面繼起有孫夏峯的《理學宗傳》。此兩書都在黃梨洲《明儒學案》之前，《明儒學案》則是接著此兩書而來。此兩書，我們現在都還看得到，但我們大家讀的只是《明儒學案》，《明儒學案》的價值遠超在《聖學宗傳》、《理學宗傳》這兩書之上了。《明儒學案》前後共六十二卷，他在材料方面搜羅極廣，比之周海門、孫夏峯兩書廣大得多。到今天，有好多明人的集子已經不容易看到，我們讀《明儒學案》，就可以看到很多。

明人講學，一家有一家的宗旨，其實這也都是跟著禪宗來的。講學有一個「宗旨」，如王陽明講「致良知」，這「致良知」三字，就是陽明講學的宗旨，這就是他思想系統裡一個最中心的地方。後來陽明的許多弟子，各人講學，還是各人有一個宗旨。《明儒學案》的有價值所在，就在他能在每一家的集子裡提出他一家的一個講學宗旨來，這是極見精神的。固然，明人講學各有宗旨，但我們也可說從前人講學一樣的有他一個宗旨。如墨子講「兼愛」、楊朱講「為我」，孟子講「性善」、荀子講「性惡」，這是我們知道的。我們要能知孔子所講的宗旨是什麼、老子所講的宗旨是什麼、莊子所講的宗旨是什麼。像此之類，你要對每一人所講，都能找出他一個最扼要、最簡明的宗旨，這是一件極重要的事。那麼，第一，《明儒學案》能對明代各家各自提出他講學的一番宗旨，那是一件極重要當注意的事。

第二點，各家講學，各有一番宗旨，也就是有其某種一偏之見。或許他的這番一偏之見，正和別人的處於相反之地位。如我們說，楊朱為我和墨子兼愛，各是一偏，又是相反。但學問成家，此等處總不能免。即是明儒講學，他們雖只在理學的傳統中，只要他們成了一個「家」，依然免不了各佔一偏，或各自相反。而黃梨洲能在他們的全部著作裡，各為他們找出各自的精義，不論是一偏的，或是相反的，他都把來寫進他的學案裡去，這是《明儒學案》最了不得的地方。

後來有人為《明儒學案》作序，如莫晉刻《明儒學案》寫了一篇〈序〉，這已經在道光時候了。他在〈序〉上說，《明儒學案》「言行並載，支派各分」。記載一個人，不僅記載他的思想，同時還記載他的行事。而每一家的思想又為之分家分派，「擇精語詳」。說他所選材料很精，而所發揮又很詳。諸位要懂得這「擇精語詳」四個字，初看好像是不同，實際只是一個意義。選擇不精，你就無法講得詳。要講得詳，就先要選擇得精。如我此刻同諸位講「史學名著」，倘使我不加一番選擇，光是二十五史、十通，一年哪裡講得完。所以擇不精就語不詳，講學術史也一樣。凡是我們對於每一家的學術思想，不能從頭到尾滔滔不休。我們須要能「提要鉤玄」，那就是擇精語詳了。所以我們讀了《明儒學案》，能對「一代學術源流，瞭若指掌」。莫奮如此般講《明儒學案》，可以說他一點都沒有講過了分。我們要研究明代一代的理學，就得看這部《明儒學案》。在清代雍正時，湯斌有一句話，說「黃先生論學如大禹導山，脈絡分明」。諸位當知，每一代的各家學術，正如一堆大山聳峙在那裡。我們要在這一大堆山裡分出個脈絡，清清楚楚，這非對此一堆山的形勢真有瞭解不可。我們治學術史，首貴有見解。如講古代學術，定要講《漢書．藝文志》。它在那裡講王官之學與百家之言的分野，在百家之言裡又分出儒、道、名、法、陰陽、墨各家，這許多非劉向、劉歆能如此加以一大分別，我們就很難弄清楚。

諸位要讀《明儒學案》，最好能讀《明儒學案》以外的書。如讀了《王文成全書》，再來讀《明儒學案》中之陽明學案，便知其所謂擇精語詳者是什麼一回事。最好又能讀《明儒學案》中所未收各集，便更知其所謂擇精語詳者是什麼一回事。所以我們來讀《明儒學案》，不僅是可以知道明代一代的學術思想，即使我們並不是在要做學術思想工作的人，讀了這書，也就懂得像如現在諸位所講「如何來駕御材料」這一回事。一大堆的材料放在這裡，都是死材料，如何來駕御，使其活起來，如一個大將帶兵，如何來統率三軍，能叫他們上陣殺敵。所謂「韓信將兵，多多益善」，軍隊一多，更難帶領。諸位只知要軍隊多，不知多了更難辦，至少你要有一個編排。今天我們讀書，僅求在一部書裡找一個小題目，然後去找很多材料來講這個小題目。這樣的學問，至少是一種小學問，諸位只能做排長、旅長，不能做師長、軍長。我們做學問，要能從一大堆材料裡面來支配、來調度，約略等於說是由博返約。講歷史不能截斷講一段，我講漢史、你講唐史，在一段裡面再講一件事，我講漢朝某事，你講唐朝某事，拼起來並拼不成一部中國史。我們要能見其大、能見其全。要如此，便該讀從前有此見識的人來寫的書。縱是你只要做小學問，也該在學問大處去接受領導。如排長、旅長必該接受師長、軍長的命令，我們自己的力量纔能有正當之使用。

當然黃梨洲是一個講陽明之學的。他的《明儒學案》，只以陽明為中心。但我們也不得認為這是他的偏見，或者說他的主觀。因明代理學本來是以陽明為中心的，恰恰梨洲是這一傳派，他的書當然以陽明為中心。既非偏差，而由他寫來，也能勝任。如諸位研究清人的學案，那就一定該通考據學，一定該通經學考據，因清代學術最重要的成就便在此。你若不通經學考據，如何來講清代人的學問？所以《明儒學案》偏重王學是應該的。

在《學案》裡，每一學案前有一篇〈小序〉，每一學案中許多家，每一家各有一篇小傳。在這小傳的後面，定附梨洲自己對此一家的批評。即在他《學案》裡，也隨時插進了幾句批評或解釋。這些都是梨洲的意見。所以這部書固是一部歷史，是一部敘述的書了。然而裡面不斷有論斷、有批評，不斷有梨洲自己意見穿插。而梨洲意見即是根據著陽明學派的意見為意見的。梨洲說：「古人因病立方，原無成局。」講學著書，也就等於一個醫生開方治病，要看什麼病，才開什麼方，那有一定的方案。所謂「學案」，亦就是在當時學術中各個方案，都因病而開。梨洲又說：「通其變，使人不倦，故教法日新，理雖一而不得不殊，入手雖殊而要歸未嘗不一。」這是說，時代變，思想學術也該隨而變。所以要變，乃為來救時病。反其本，則只是一個真理。這幾句話，我覺是講得非常有意思。即如今天諸位做學問，也該反問一句我如此做學問有沒有毛病呢？諸位一跑進史學研究所，便把文學、哲學、政治、經濟、社會各門，全置腦後，認為都同我不相干，全無興趣，更不動心。以前孟子四十而不動心，今天諸位一進學校便就不動心。《論語》、《孟子》、程朱、陸王，想來諸位不肯讀，因對你們想求的學問沒關係。在這一層上，我要告訴諸位，這就是今天學術界一個大毛病。我們也應該要「因病立方」。曾有人和我討論我所寫的《國史大綱》，他說：你書中只多講中國好處，不多講中國壞處。我說：你們大家儘在那裡講中國壞處，我不得不來多講一些中國的好處。而且中國壞處在我書裡不是沒有，治亂興亡我都講，不是只講治不講亂，只講興不講亡。但在你看來，好像我都是在講中國的好處。但請問，我們在漢、在唐、在宋、在明、在清，各有一段治平極盛的時候，這些處，我們該不該講幾句呢？我們的歷史，直從上古下來，四、五千年一貫直下，到今未斷，這些處又該不該講幾句呢？今天我們的毛病，在乎再不肯講自己好處，只講自己壞處。我請問：我們中國人太壞了，又怎麼在此世界做人呢？今天諸位一出口就是美國好、中國壞，我要向諸位講一句：美國並非全不壞，中國並非全不好。若說我平生講話，多講了中國的好處，也只是因病立方，通其變使不倦。否則儘是說美國好、中國壞，哪個不知？還要我講嗎！諸位懂得要「通其變」，「使人不倦」，那就知教法也該一天天不斷向新。近代的中國人則只說「中國人守舊！」其實有了朱子還來陽明，有了宋儒還來明儒，不也是一番新嗎？此下再來清儒漢學，則又是一番新。梨洲雖承王學傳統，但不抹殺程朱，故說：「理雖一而不得不殊。」

今天諸位縱說美國好，但移到中國來，仍得要殊。梨洲又說：入手雖殊而要歸未嘗不一。中國人雖講孔子，與西方人講耶穌殊了，但何嘗不歸於要愛人。中國雖自秦以下走上了大一統局面，與西方歷史之列國分爭，又是入手殊了，但中國人也何嘗不歸於要講治國平天下，不是要自求亡國呀！今天由美國人講美國，中國人講中國，大家從長處發揚下去，將來還可歸一，何必定要滅了自己來歸他人呢？做學問也是同樣，做人、做國家社會也是同樣。不能把中國人一齊抹殺，硬要學外國。做學問也不能把人文科全抹殺，定要學理科。我們看看今天的美國，理科固是比我們的強，至於他們的政治理論，實在有些不能使人心服。這幾天諸位看報，當知下面去更要荒唐。他們快會承認共產主義，或許中國也就要踢出聯合國，這不是不可能。我們中國人總認美國人話是對，第一就不該反攻大陸，第二便是臺灣獨立。試問，我們要和美國人做朋友，又如何做法？

諸位要做生意，應可學美國人。要殺人，使用核子武器，也可學美國。至於說打仗，未必美國人便打得好。大砲拼命轟，飛機拼命炸，大隊躲在後面不動。南北韓戰爭是如此，南北越戰爭還是如此。轟炸幾天以後，大隊軍人休假去了，一跑就到香港，到臺北。來了怎樣，諸位都知道。有的是美金，吵吵鬧鬧一番又回去。你說世界上哪有這種軍隊。但這些我們哪能批評，只不真實效法便夠好。下面南北越戰爭不知演變如何，但明顯可說的，美國人會厭倦，會比北越人先厭倦。正為美國人在那裡厭倦，所以有「嬉皮」，所以打仗不高興，要講和、要使戰爭越南化。美國當然也有許多好處，但在今天的中國社會上多講幾句美國人的不好處，也所謂通其變，使人不倦。若儘說美國好，老不變，也易使人倦。但若我們講了美國人許多壞話，尋根究底，應該要講到他們的學術思想上去。今天我們的學術界，尤其是文史哲方面，則似乎只想當排長、旅長，而遙奉外國學人認作我們的師長、軍長，乃至大統帥。雖然指揮不詳明，但我們的箭頭刀鋒已儘向自己。所以對中國自己的，總是敵意多，善意少，攻擊勝過了引發。無怪要說我的《國史大綱》是說得中國好處太多，壞處太少。

今天諸位研究史學，其實也都是美國人一套。但話得說回來，美國一套，其間也儘有可效法的。即如做專門之學，挑個小範圍也可以，《明儒學案》不也是在小範圍裡挑個小題目而成了大著作嗎？不是說做學問不該做專門之學，而且哪一人能四面八方兼通。《明儒學案》是我一部很喜歡看的書，實在覺得它是一部很好的書。諸位不要認為不在自己的學問範圍內便置之不理。譬如遊山玩水，遇有閒暇，不妨一試。我們要能養成一種性情，肯到一個未到的地方，看一番未見的天地，那總好。諸位若能抽出一個時間讀一部《明儒學案》，也不失為一種娛樂。要使你能看一點你完全不懂的東西，這也會長本領。鄉下人從來不曾進過城，等於一個城裡人從來不曾到過鄉下。我勸諸位，倘使你是城裡人，有空便該去鄉下一玩。倘使你是鄉下人，有空宜去城裡逛逛。諸位學史學，我意不妨試讀《明儒學案》，就如城裡人不妨去鄉下玩玩。若能多玩幾趟，你這人自然也會慢慢兒變。如此般的通其變，也可使你好學不倦。

我們講到《明儒學案》，便要牽連講到《宋元學案》。《宋元學案》有一百卷，全謝山所編。黃梨洲在寫完了《明儒學案》之後，接著又想寫《宋元學案》。因明代理學都跟宋代來，他們所討論的也多是宋代人討論下來的問題。所以由《明儒學案》往上便應該研究到《宋元學案》。但黃梨洲寫完《明儒學案》已經是七十、八十的人了。我們不再詳細考他此書從那年寫到那年，但已經是在梨洲的晚年，同時再來寫《宋元學案》，沒寫多少，梨洲就死了。他兒子黃百家，又接著來寫，又有梨洲兩個學生：黃開沅與顧諟，相同分輯，但也並不曾完成。到後，就再有全祖望（謝山）來加修補。所以黃本的《宋元學案》是個未成之稿。全謝山的修補，據說得十居六七，是在黃氏原本一大半以上了。但全祖望修補了這部《宋元學案》，也就逝世了。他的這份稿子付刻還在後，擔任此工作的有兩人：一王梓材，一馮雲濠。今本《宋元學案》，皆由此兩人審定。全書分成四部分：一是「黃某原本，全某修定」。所謂黃某，是指梨洲百家父子，再加上梨洲兩個學生，已經是四個人的工作了。修定是有加以修正改定之處的。一是「全某補本」，此是黃本所沒有的。一是「黃某原本，全某次定」，所謂次定，不過是排比次序。一是「黃某原本，全某補定」，這裡面便有全氏的增補。在每一卷下，均由此兩人來分別注明這幾個字。但我們今天說來，只說是「全祖望的《宋元學案》」，不能稱「黃梨洲、黃百家的《宋元學案》」，也不能稱「王梓材、馮雲濠的《宋元學案》」。但這書經過，實際上並不是一手所成。梨洲死在康熙乙亥年，而謝山死在乾隆乙亥年，前後恰恰已經六十年。《明儒學案》在梨洲死的時候也還沒有刻本，梨洲死後，始有一部「賈刻本」，距梨洲死已十八年，此在康熙時。後來又有一部「鄭刻本」，在乾隆時。從賈刻本到鄭刻本，中間也隔了四十六年。梨洲死到有鄭刻本，則已經過六十四年了。我們現在都用的鄭刻本，賈刻本怕有許多靠不住，他把梨洲原本有調動了，至少第一卷第二卷先後次序凡例有調動。全謝山死在乾隆二十年乙亥，自從乾隆十一年到乾隆十九年，八年時間，幾乎是不斷地在修補《宋元學案》。到了二十年謝山死後，他的稿子留在某一人的家裡，後來有一學使去謝山家鄉，問起從前謝山有一部《宋元學案》的稿子在不在？那時有兩個考生，即是王梓材、馮雲濠，聽了這個學使問起，纔來查究這稿子。找到了拿來刻，已經是道光十八年，距離全謝山死已經八十四年。而王梓材、馮雲濠兩人又來作《宋元學案》的補遺。因為全謝山本也是把許多材料來補黃梨洲父子的，他們依此再來加補，此稿在道光二十一年完成，共一百卷。直到民國二十六年，就是七七抗戰那一年，上海光華大學的校長張壽鏞，他是一個銀行家，來刻一部《四明叢書》，把王梓材、馮雲濠的《宋元學案補遺》一百卷刻進了。這一百卷書，從《宋元學案》刻後到這時，前後又隔了九十七年，差不多近一百年。我講這番話，要使諸位知道《宋元學案》一書完成經過不簡單，不容易。第一，諸位不要認為清代一代就是講考據之學，實際上黃梨洲《明儒學案》寫在康熙時，而全謝山《宋元學案》寫在乾隆時。而《宋元學案》之刻本，還是在道光十八年，下面《宋元學案補遺》之傳刻，則已經在我們對日抗戰時。若我們從《明儒學案》開始，講到《宋元學案補遺》，這三書專講宋、元、明三代理學的，差不多就經過了清代整個兩百六十八年的時期。此事有這樣子的不容易，實大值我們的警惕。本來這一段時期，理學已衰微，若使沒有黃、全這一批人這一番努力，今天再有人要來整理這一工作，將更見困難。今天我們又要說復興文化，試問學術不興，文化的靈魂何在？但要復興舊學，那又是談何容易？

我們再試把《宋元學案》和《明儒學案》兩書作一比較，便見此兩書之不同。因《明儒學案》由黃梨洲一手寫出，而梨洲自己又是講陽明學的，明儒理學的最主要中心就是陽明學，所以梨洲此書易見精采。若說到《宋元學案》，主要的當然不在陸象山。由陸王學的梨洲來整理宋元學術，他的見解和批評，就不免有偏。程朱、陸王的門戶，不能融化。而且梨洲《宋元學案》遺稿沒有多少條，下面是他兒子同他兩個學生，他們的意見未必能如梨洲，又未必能一樣。更下來，全謝山在年輕時，就在北京認識了李穆堂，李穆堂是江西人，最喜歡講象山之學，他對理學抱有偏見。象山、朱子講學有異，所謂朱陸異同，李穆堂對此問題，所抱門戶之見太深，未能持平。全謝山在很年輕時就得到李穆堂賞識，他們是忘年之交，謝山不免也要受穆堂的影響。遠溯黃氏父子，本來是講陽明之學，謝山根據黃氏書來補修，而他自己對於理學，也可說本來沒有深入，他那時已經是乾隆時代了，理學已衰，全謝山不免把考據之學來講理學。在整理史料方面，他是用著很大工夫的。諸位若看他的《宋元學案》裡面所收的人物和著作，還講到很多零散事情，真是有他的了不得。因全謝山就是一個博學的人，他所收的材料，還有很多超出於《宋史》之外。因為全謝山本來想修補《宋史》，他在《宋元學案》中每一篇小傳，就有很多遠比《宋史》詳確。他這部書在材料方面實是花著極大工夫的。至於在他書裡還有未盡收的材料，就再收在王梓材、馮雲濠的一百卷《補遺》中間。若我們把全謝山的《宋元學案》再及王、馮二氏的《補遺》仔細用功，就會使我們的興趣脫離了理學思想，而注意到史料方面去。我在年輕時，當然我的知識還不夠，但我很想重寫一部《宋元學案》，因我覺得全氏《宋元學案》裡有關於講思想學術的部分，有不夠，極重要的反而沒有收。我當時很喜歡看歐陽脩的書，歐陽脩雖不是一理學家，但《宋元學案》

裡有歐陽脩。當時我覺得倘使我來重修歐陽脩的學案，就有很多材料應當抄進去。似乎全謝山或許拿了《歐陽脩全集》只看他講經學的，隨便抄幾條，這就不夠觸及歐陽脩本人的思想。我也曾拿了明朝人的集子來同《明儒學案》對看，固然也有我認為很重要的材料而《明儒學案》裡面沒有收的，可是還不多。若把宋朝人集子來同《宋元學案》對看，我便覺得有很多材料應該要的而他都沒有收。我很年輕時就有此想法，要來重寫《宋元學案》，而直到今天沒有下筆來做這個工作。其實要做這個工作，在材料方面，全謝山的書已下了大工夫，其事並不困難，難在識見方面。要對每一家能講出每一家的學術思想之精神所在。而在《宋元學案》裡特別講得不見精彩的就是朱子這一篇。因為朱子的著作太多了，《語類》、《文集》，光是這兩部書，就有兩百幾十卷，隨便在裡面抄幾句，來勉勸我們做學問，這就不易見得朱子講學之宗旨精神所在。所以我到今天再來寫一部《朱子新學案》，這是我很年輕時就有這想法的。我此刻雖然只寫朱子一人，可是對於宋元理學的整體，朱子以前乃至朱子以後，我有一種看法，或許可以補我們看《宋元學案》時所看不到、看不出的，特別是有許多話和《宋元學案》裡的講法根本不相同。但無論如何，《宋元學案》還是我們大家應該要看的一部書。它仍不失為中國像樣的一部學術史，只和梨洲的《明儒學案》取材輕重有所不同而已。

在《宋元學案》裡，每一學案就有一張表，這是《明儒學案》所沒有的。這些表，實不是全謝山所作，乃是王梓材、馮雲濠的工作，根據了全氏書而加進去的。總之，此書實在是一部眾手所成之書，經過了很長的時期。因此我們讀《明儒學案》，可以懂得明學，讀《宋元學案》，我們就不很省力能懂得宋學。固然他書中所抄材料不少，然而還有太多的材料他也無法抄，主要是在對宋代理學之認識不夠，便就說不到所謂擇精語詳了。現在我們只能根據他的材料來自己做學問，而且還有許多材料，為他所未收，而更要的，是我們不能根據他書中的講法來做學問。如黃百家、如全謝山，他們有許多按語和評論，往往會引我們走入岐路。但至少我們可以說，這宋、元、明三朝的《學案》是中國一部大的學術史的結集，而特別我今天要向諸位講的，是講這兩書的寫成到刊行，這個經過，特別如《宋元學案》，要我們知道，一項學問，往往不是能由一個人在一個時期所完成，須有人幫忙，繼續做下去。學術乃是一番共業，至少在這一點上，諸位讀《宋元學案》一書，便大可欣賞。好了，我們今天就講到這裡。

從黃全兩學案講到章實齋文史通義

今天我們接著上次講的《明儒學案》、《宋元學案》，還有一些附帶要講的話。這兩《學案》，一方面收集了很多名家語錄，以及文集裡的東西。另一方面它們都有一篇「小傳」，是很重要的。我們可以說，在中國史學方面，來寫一種學人傳記，這本來很早就有。如《史記》、《漢書》一路下來，都有〈儒林傳〉、〈文苑傳〉這一類。若使其人在歷史上地位很高，便不寫進〈儒林〉、〈文苑〉等分類的傳裡去，而為特立專傳。如《史記》有〈董仲舒傳〉，《後漢書》有〈鄭康成傳〉，皆不併入〈儒林傳〉裡去。〈文苑傳〉也一樣，很多大文學家不列〈文苑傳〉，如《唐書》有〈韓愈傳〉，不入〈文苑傳〉。總之，在中國紀傳體的正史裡，就包括有學者的傳記。又如前面講到過《高僧傳》，那就等於佛學家的傳記，後來如朱子有《伊洛淵源錄》，那就是理學家的傳記。

直到黃梨洲寫《明儒學案》，他為每一人作小傳，也就跟著上面這傳統來。我們可以說，中國史裡有「學人傳」，那是遠有淵源的。而梨洲《明儒學案》中，每一篇傳都是非常重要。上半截講其人之生平行事，下半截講他的學術思想，並都附加作者梨洲評語。再下是全謝山的《宋元學案》，他所作傳，從史學上講來，亦有很高地位，有許多材料為《宋史》所不見。但全氏對每一家思想之衡評則不如黃氏。

今天我所要特別提出者，全氏還有一種大貢獻，在他的文集《鮚埼亭集》裡，有很多文章，都是我所說的學人傳。他多寫明末清初一輩學者，如顧亭林、陸桴亭諸人。文章寫得非常好，此與寫《學案》有相似，而不相干。他純粹是寫他當時的近代學人，有思想、有著作、有行誼、有志節，對後世為學為人可資楷模，有大影響。《鮚埼亭集》裡此類文章頗多，全氏可說是清初康雍時代一個講經史學的人，而愛寫學人傳記。下面到錢大昕（竹汀），其學術途徑，頗與全氏相近。在《錢氏文集》裡，也有很多學人傳記，如他寫〈戴東原傳〉、〈惠定宇傳〉等，都是他當時並世的學人。在那時，學術漸盛，有經學家、有考據學家，或史學家等，他們都有很多著作，在他們的著作裡，也有很多貢獻，為之作傳，須都為之提要鉤玄，加以擇發。此與《宋元學案》、《明儒學案》裡專偏重理學家思想的傳又不同。

我今天特別舉出全謝山、錢竹汀兩人，此下乾嘉盛世，有不斷的學者，便有不斷的學人新傳，有散篇的，也有彙為專書的。如江藩的《漢學師承記》，共有八卷，後附《宋學淵源記》兩卷，這便略如宋元明學案之例，惟體裁稍變，也可看出在當時所謂漢學、宋學，已然分疆劃界，有了兩個門戶。而此書之特別受人重視，則在他的《漢學師承記》。因其講經學，為經學家作傳，必然要一種新文體，與前面舊的，為講理學家的作傳文體有不同。此項文體，固是全謝山、錢竹汀興起在先，但江鄭堂《漢學師承記》為每一人作傳，還是自己重寫，並不抄襲全、錢兩家，只在大體上則跟著全、錢兩家這條路來。

從此以後，有清一代就有很多的「碑」與「傳」，後人拿來集合起來，成為一部《碑傳集》。在《碑傳集》中，每一人每有許多文章，或某人為他作傳，某人為他作碑，而為之作傳者，或不只一人，每一傳內容又或各有不同。在今《碑傳集》中所收，固是包括了各方面的人，但我們今天值得特別提出來的，則還是講學術人物的一類。因為在這一類中，可說是開了史學一個新路向，為從前所沒有。

上面講過，正史裡也有學人傳，像董仲舒、鄭康成之類。可是到了清代，學人傳記就特別盛，而且文體也稍與以前有不同。《碑傳集》之外，又有《碑傳續集》、《三集》、《四集》等。諸位要研究清代學術，經學、史學，乃至文學等等各方面，一切有關史料，這幾部《碑傳集》裡，可說收羅得很詳備。關於這一類的學人傳，可說只有清代特別盛，可稱是清代一代的學術風氣。而此風應是開於全謝山與錢竹汀，這是應該特別提出的。

若再推而上之，則從黃梨洲《明儒學案》來。因全謝山就是跟著黃梨洲而寫《宋元學案》的。我們要治理學，固該看黃全兩《學案》，而我們要治清代人之經史學，則最好要能讀他們的碑、傳。如說諸位要知道錢竹汀一人的學問，他的著作和文集內容都很龐大，不如先讀有關他的幾篇碑傳，你就知竹汀之學為當時所看重的，他對當時學術界所公認為有貢獻的，都扼要有所敘述。你要知道其他各人亦如此。故清代的幾部《碑傳集》，雖不能說是史學名著，而實際上，在當時史學方面，乃是一種極可寶貴的新風氣與新途徑。不幸到了我們民國以來，這一風氣也就斷了。在社會上，一個人死了，也不能有人來為他寫碑、寫傳。有寫的也不像樣，無史學價值。這究是可寫的人少了呢？還是能寫的人少了呢？如清末之有康有為，至少此人在清末民初關係極大，他也算是一個學術界中的人，但沒有人能提綱挈領就其生平與其著述要言不繁、詳而不漏地為他來寫傳和寫碑。又如章太炎、王國維、梁任公諸人，他們死得遲，可是也該有人能像從前《碑傳集》裡所收的那些樣子來為他們寫傳、寫碑。但近人一則無此筆力，又一則無此學力，此項責任擔不起，卻費幾十萬字來為他們寫年譜。年譜並非要不得，然而費了數十萬言為一人寫一年譜，試問教後人要費幾許精力來讀。後人無此精力，則惟有置之不理。若能如清代人，寫一篇碑傳，便能把某一人之一生和其學術著作究竟是什麼一回事，費幾千一萬字，原原本本、提綱挈領寫下，介紹給大家看，那是何等重要的事，而現在已沒有了。你說這是多少危險，而也是多少淒涼的事呀！

如梁任公的朋友丁文江，為梁任公作一年譜，厚厚兩大冊，篇幅之大，固是超前，也當絕後。而且年譜中所寫還是一方面的。當知我們寫書不能這麼寫，史學衰落，不僅專在史學上，也連帶在文學上。我們今天已然沒有了寫史的筆力，而且亦沒有讀史的心力，回視清代人工作，豈不內愧。

我們現在並不要讀史，只要在歷史裡面找材料，東找一點，西找一點，把史書當成一堆材料看。於是只有史料，更無史學，宜乎此下的著史體例也該大變。然而我們並不能從材料中變出學術來，卻要把學術盡變成材料化，這究竟是否該如此變法呢？我們且講學術史，如《史》、《漢》有〈董仲舒傳〉，《後漢書》有〈鄭康成傳〉，固是前史鉅獲，已述如上。又如韓愈為柳宗元作碑，蘇軾為韓愈作碑，此等皆是文學作品，與史傳小有別。又如講朱子生平及其學問，則必讀黃勉齋〈行狀〉，為第一最可考信的資料。又如講程明道，則必讀程伊川〈碑〉，可作為衡評之準則。此等不是在文學上見長，乃是在學術上有其地位。現在人不講究文學，做學問則各鑽一牛角尖，誰也不瞭解誰，各人以專家自命，為他人作傳之事，自就無從談起。所以此下像清代《碑傳集》一類文字會成絕響，不能再續。如此一來，怕會不見再有學者。正如目前風氣，只知讀書，不關心到所讀書的背後之作者一般。而就整個史學言，若不看重傳記，此下的史籍不僅外貌變，內容及其意義也將隨而大大地變。而我們實只是盲目地在變，那是大可憂心的事。

再就整個學術言，亦是只注意學者們所著一部一部的書，讀者則只在他書裡邊去找材料，整個學問只剩有一部部的書與一堆堆的材料，而沒有了一個個的人。但果真在學術界沒有了人，書也會沒有、材料也會沒有，學術到此也就無可再講了。我所以要特別提出來告訴諸位，當知《明儒學案》、《宋元學案》兩書，對史學上實有大貢獻，大影響，因它開了史學上一條極有意義、有價值的新路。可是到了民國以來就衰了，到了今天就斷了，這真是一件很可惋惜的事。

我們再另講一點。自《明儒學案》、《宋元學案》以後，尚有江藩的《漢學師承記》、《宋學淵源記》，後來又有唐鑑的《國朝學案》。上面說過全謝山、錢竹汀以及江藩的《漢學師承記》，乃至《碑傳集》裡所收文章，大體上說，皆是一種學人新傳，而這許多學人則都比較偏於講經史之學的。因於學人不同，所以為他們作傳記，文章體例也有不同。至於重來講理學思想的，則如唐鑑的《國朝學案》。但那時還在道光年間，清朝還有向下一大段，所以此書應該不能算是一部清儒學案。而且此書內容也沒有多大價值，遠不能比以前的《明儒》、《宋元》兩《學案》。待到清代完了，就有人想來寫一部從頭到尾的《清儒學案》，照例也自該有此一部學案的。而且《宋元學案》裡也並不純是講理學的纔收，我們儘可仿《宋元學案》例，來一部《清儒學案》也應該。徐世昌所以做了民國大總統退位後就來寫他的《清儒學案》了。此書雖似比唐鑑的書好些，也實是一部沒有多大價值的書，遠不能和黃、全兩《學案》相比。一則此書似出「眾手為之」，你寫一人，我寫一人，由眾手各自搜集材料，分頭來寫，此如正史中之「設官修史」，出於眾手，便不易見精彩。何況是學術史，更貴能成一家言。要寫學術史，必該有作者自己意見，纔能寫成一體例，有條貫，不僅是零碎材料之堆砌。只是零碎材料堆砌，何成學術，又何足言思想？如說《宋元學案》，全謝山死後留下這份稿子，他下面王梓材、馮雲濠還能完全看重謝山遺稿，忠實地替他編輯出來。中間偶有一些添補或移動，都是極為謹慎，務使不失為全氏的一項著作。寫正史尚貴出一手，寫學術史更該有編者該有的見解。司馬遷所謂成一家之言，貴能由客觀中有主觀，由主觀中有客觀，那能只是一堆材料，由許多人拼來寫。當然像唐鑑，自己並無真知灼見，而主觀甚深，他的《國朝學案》固是要不得，而徐世昌書究不知重義理、重考據、重辭章，於三方面只是一堆材料雜湊，其中也不能說沒有幾篇寫得較好的，而總合起來，則並不見清儒學術之精神所在、得失所在。貌似神非，實不能與黃、全兩書並列。我們寫學術史，至少要知一家之學，必有其來龍去脈，這即是他的學問所走的一條路，所以稱之曰學術。亦可說學派，學必有派，即是言一家學問之源流。言學術、學派則必言師承，但言學派師承，卻並不是主張門戶。門戶之見要不得，而師承傳統則不可無。今人不明此意，如說專家，又言創造，則變成各自走一條路，更無源流師承可言。於是高抬方法，重視材料，一切學問只變成一套「方法」，一堆材料而已，又要說客觀，不許有主見，如是則那些做學問的人轉不佔重要地位。如此往下，恐將會沒有學術可言。

在清代人講學問，當然都是經學最為重要。吳派、皖派，都是講的經學。理學在清代一蹶不振，因此也更沒有程朱、陸王之分。但江藩的《漢學師承記》，究竟主觀太深、太偏了，縱是再寫了一部《宋學淵源記》，只見是分壁壘立門戶，而唐鑑書則入主出奴，更屬門戶之見。而像徐世昌的書，則實是無見。從江書到唐書到徐書，正可見清代中晚期學術之每下愈況。當知搜集材料也須有見。自無見解，所該收的不收，而不該收的反收了。這樣搜集來的材料，即論參考之用，也不很大。

我自己曾寫過一部《近三百年學術史》，此書在北京大學作講義用。那時梁任公剛過世，他就先有一部《近三百年學術史》，是在清華大學的講義。他死後，有書鋪私自把他書出版，他家裡人提出訴訟，說這書版權當屬梁家，書鋪不能隨便出版，於是此書當時就被禁止流通。而此書受大家看重，還是偷偷私賣。但我正在當時又要來重寫一部，諸位只把我書同梁任公書對讀，便知兩書觀點乃至所收材料，竟也可說完全不同。梁任公在他寫《近三百年學術史》以前，又先寫了一部《清代學術概論》。隨後他自己對概論之書不滿意，所以來重寫《近三百年學術史》，而我寫的又與梁書不同。諸位若要研究此一方面，至少如江書、唐書、徐書、梁書和我所寫，都須約略一看。主要在要瞭解在方法與材料之外，尚別有所謂學問，那是極端重要的一件事。我們儘說「述而不作」，但如何「述」法，儘不容易啊！

在抗戰時，國立編譯館要編一部宋元明清四朝學案做普及本，邀我參加來寫清代學案。字數時間都限定，我在成都寫了一年，共成四十卷。因那時生活苦，我沒有能叫人重抄一遍，徑把原稿寄到重慶，可是後來此稿擱置久不印，直到抗戰勝利復員，聽說這稿裝在一個箱內，掉在長江裡了。

最近我在寫《研朱餘瀋》，又在清代寫了陸桴亭、陸稼書、錢竹汀三人。此三人，在我以前所寫《近三百年學術史》裡，只偶爾提到，未有詳寫。而且我此所寫，又與寫《近三百年學術史》作意不同，因此寫法也不同。此三篇，主要是在寫朱子學在清代之展演與傳述，而《近三百年學術史》則主要在寫清代一代學術前後之轉變與遞承。兩書宗旨不同，則運用材料自將不同，而且我的《近三百年學術史》與此最近三篇亦與《明儒學案》、《宋元學案》寫法不同。兩《學案》都在前邊立一篇傳，下面抄列他很多話。我的《近三百年學術史》，前面也有一傳，但並不重要，重要在下面。我卻一氣呵成一篇文章，不是雜抄很多話，偶加案語，如兩《學案》。最近我又寫了一部《朱子新學案》，只寫朱子一人，而寫了一百幾十萬字，書中分八十餘題，每題寫一篇，都是從頭到尾的整篇文章，這又把從前《明儒學案》、《宋元學案》的體例變了，所以我稱此書為《新學案》。下面我們寫學術史，體例會再有變，要之必從我們自己源頭上變下來。我們本可有新的傳記，但卻有人說中國文學裡沒有傳記文學，於是一輩人都要追隨西方來寫傳記文學，一時風起雲湧，如〈秦始皇傳〉啊、〈唐太宗傳〉啊，但此等新作品，較之以前《史》、《漢》、《新》、《舊唐書》寫秦、漢、隋、唐歷史在體例上是否進步了呢，卻沒有人管這些。好像中國固有舊的全不是，只有學西方新的纔是。但我總不免要問，我們作傳記，究該是文學的，抑是史學的，此是首先一大問題。而《宋元學案》下到《碑傳集》一路的變化，無論研究思想、研究文學，此是在中國自己近三百年來文學史學上一大進展，諸位也該拿來仔細一讀，再把來和西方傳記文學作一比較纔是。

我再附帶講到一位錢基博（子泉），這是我同鄉無錫人，又是我本家，他寫了一書名《現代中國文學史》。實際上，這書也很像《明儒學案》、《宋元學案》之類，他把清末民初許多文學家，每人一傳，綜合敘述。他書體裁或許和我的《近三百年學術史》比較更接近。當然還是有不同。他書裡都是現代人，如康有為、章太炎、梁啟超、胡適之、王國維，近代有名學者，他書裡都有，都是很詳細的一篇一篇為他們作傳。在我《近三百年學術史》裡，則只寫到康有為，有一長篇，以下便不再寫。因我此書只寫死了的人，不寫活在這裡的人。稍後，章太炎死了，我時在北平，燕京大學邀我去作一番講演，我為此又把太炎的《章氏叢書》從頭到尾翻讀一過，當然我可為他寫一篇新的傳記，補進《近三百年學術史》裡去，只是我當時沒有做，只用一篇短的文章記我的講演。後來有太炎所講《國學概論》出版，把我這篇講演筆記也附在底下。我那篇講演辭雖很簡單，但我認為已提出了太炎學問長處。我這兩天，正在寫一篇錢基博《現代中國文學史》的介紹文，我又花三天工夫把他的書從頭再看一遍。我講這些話，要諸位知得傳記文學不易寫，尤其是學人傳記更不易寫。寫某人之事，應懂得在那時代與此人此事相關之事，此不易。寫某一學者之學，應懂得其人之學，以及此學之源流地位，更不易。所以史家也未必能寫學人傳記，如太史公《史記》寫〈孟荀列傳〉、〈老莊申韓列傳〉，內容似很簡略，但非有大學問、大見識，便不能如此命題。《明儒學案》之勝過《宋元學案》，正為黃、全兩人自己的理學修養有高下。而徐世昌《清儒學案》之並無學術價值，理由也在此。

諸位天天讀書，其實也可說未讀書，因只是注意或翻查了些書中材料，並未讀其書之內容。諸位認為材料即是內容，豈不大錯！所以我勸諸位，不妨去讀一過黃梨洲的《明儒學案》，這不是要諸位去研求陽明學派，做一理學家，只是在歷史名著中有關學術史方面的，諸位至少應讀此一書而已。

今天我要在黃梨洲、全謝山兩人以後，再特別提到章學誠（實齋）和其書《文史通義》。中國傳統講學問，多只是實事求是，就這一套學問講，卻不講到怎麼來做這一套學問。你讀他的書，如看人繡出的鴛鴦，卻不知他怎麼一針一線地來繡。在中國很少有所謂「概論」般的書，如史學概論、文學概論等。或稱「通論」，此等書極少。我們在史學方面講過一部劉知幾的《史通》，文學上有一部劉勰的《文心雕龍》。在我很看重劉勰《文心雕龍》，更在劉知幾《史通》之上，我已在前講過。第三部書，便是章實齋的《文史通義》，文學、史學兩方都講。近代人常把此三書同稱，我現在講史學名著，應該講《史通》，再講到《文史通義》，卻不去講《文心雕龍》了。

我對章實齋的學術，在《近三百年學術史》裡有一專篇。今天講章實齋，只就史學名著這課程的一面講，當然同在《近三百年學術史》裡所講有些地方會略不同。普通說，章實齋是清代一史學家，較細地講，章實齋的貢獻特別在他講學術史方面。章實齋自己沒有寫過有關歷史的書，只寫了些地方志，雖亦有關史學，但究已是史學旁枝。所以我說章實齋所貢獻最大處應在他講學術史方面。

章實齋講歷史有一更大不可及之處，他不站在史學立場來講史學，而是站在整個的學術史立場來講史學，這是我們應該特別注意的。也等於章實齋講文學，他也並不是站在文學立場來講文學，而是站在一個更大的學術立場來講文學。這是章實齋之眼光卓特處。我也可以說，我同諸位講了一年的史學名著，我自己也並不是只站在史學的地位上來講史學。若如此，這就會像劉知幾。而我是站在一般性的學術地位上來講史學，所以我要特別欣賞章實齋。

章實齋講史學，最重要的，他提出了所謂「六經皆史」之語。這「六經皆史」四個字，陽明也就講過。章實齋自己說，他的學問屬於「浙東學派」，是直從陽明下來的。章實齋又稱顧亭林為「浙西學派」。章實齋這一講法，我並不認為很可靠。首先是陽明學派下邊沒有講史學的人，在整部《明儒學案》中，只有唐荊川一人講史學，可是他不是陽明學派裡一重要的人。其次，章實齋《文史通義》所講的這一套，實也並不接著黃梨洲、全謝山一套來。我很欣賞章實齋從學術史觀點來講學術，但他自己認為他是浙東學派，從陽明之學來，這一點，我實並不很欣賞。那麼該問章實齋的學問究從那裡來？我想他特別是從《漢書．藝文志》來，又兼之以鄭樵《通志》，而創出了章實齋討論古代學術一項重大的創見。章實齋何以能在當時注意到當時人所並不注意的這兩書，在我想，此與清廷編修《四庫全書》一事有關。他因注意分類編目之事，而注意到鄭樵〈校讎略〉與《漢書．藝文志》，而自居為陽明傳統或浙東史學，則是不值我們認真的。

講中國古代學術，章實齋有其極大的創見，可說從來講學術流變沒有講到這一方面去，而他是根據了《漢書．藝文志》，在大家讀的材料中，發明出大家沒有注意的見解來，此實難能可貴。所以我們要研究章實齋的學說，該先看《漢書．藝文志》，卻不是要去讀陽明《傳習錄》與《明儒學案》。這事很簡單，我告訴諸位，諸位要自己有兩隻眼睛，要自己有見解。我今天講章實齋，而第一句像是先駁了章實齋，他提出所謂浙東之學，自己講他學問傳統來源，而我就有些不信。在我認為，研究他的學問，該看重他講古代學術史，從《漢書．藝文志》入門，然後纔有「六經皆史」一語。他說：「六經皆先王得位行道、經綸世宙之迹，而非託於空言。」這是說，六經只是古代在政治一切實際作為上所遺下的一些東西，並不是幾部「空言」義理的書。我們也可以改說，六經都是「官書」。也可說，六經都是當時衙門裡的檔案。或說是當時各衙門官吏的必讀書。這幾句話，也就是《漢書・藝文志》所謂的「王官之學」。〈六藝略〉是王官之學，也即可稱是貴族之學。這些學問，後來慢慢兒流到民間，才有諸子百家。《漢書・藝文志》就是特別講了這一點，而我們近代學人如胡適之，他就最先寫了一篇〈諸子不出於王官論〉。他沒有想到僅憑幾年外國留學所得的新觀念，無法便把來推翻兩千年前的舊說法。而且如此一來，古代學術史也就無法講。所以民初以來，講古代學術思想的只從春秋末老子、孔子講起，上面便不再提。胡氏又寫了一部《章實齋年譜》，來提倡章氏史學。他不想，既是主張諸子不出於王官，則章實齋六經皆史一語又就無法講。他既要提倡章實齋史學，而又要推翻《漢書・藝文志》，實把章實齋最有心得的在古代學術史上提出的精要地方忽略了。

章實齋根據《漢書・藝文志》，而對經學與百家言則顯有軒輊。他說：「不衷大道，其所以持之有故而言之成理者，則以本原所出，皆不外於周官之典守。其支離而不合於道者，師失官守，末流之學各以私意恣其說爾。非於先王之道全無所得，而自樹一家之學也。」這樣講法，實是章實齋的不是。我們是現代人，學術眼光放大了，並不定要尊經抑子。但近人又震於章實齋之名，反而對此無駁辭，卻來駁《漢書・藝文志》的諸子出王官論，那真是太無是非別擇了。關於此問題，我們應該分兩方面講：一方面講他的六經皆史。此四字中的這個「史」字，我們近代學者如梁任公，如胡適之，都看錯了。他們都很看重章實齋，但他們對實齋所說「六經皆史」這一個「史」字，都看不正。梁任公曾說：賣豬肉鋪櫃上的帳簿也可作史料，用來研究當時的社會經濟或其他情況。這豈是章實齋立說之原義？章實齋《文史通義》裡所謂的「六經皆史」這個「史」字，明明有一個講法，即在《文史通義》裡就特寫了一篇文章名〈史釋〉，正是來解釋這「史」字，並不像我們近人梁、胡諸氏之所說。所以我要勸諸位，讀書定要讀原書，不要輕信別人講他書的。如諸位要研究陽明學，定要讀陽明自己的書，不要只去看黃梨洲《明儒學案》。當然梨洲是一代大師，《明儒學案》是傳世名著，讀了也可有個入門。可是今天我們的學術界，就並不能根據我們的當代大師一句話來做我們的入門，反恐將無門可入。因我們現代學術界很多話都像是不負責任的，經不過再拿原書來一翻，便見毛病百出，你自然會知道實在並不是這樣一回事。章實齋明明說：「法顯而易守，書吏所存之掌故，實國家制度所存，亦即堯湯以來因革損益之實迹。苟有志於學，則必求當代典章，以切於人倫日用。必求官司掌故，而通於經術精微。則學為實事而文非空言。」他是說六經都是古代的「官司掌故」，如我們說現在教育部、外交部多存有許多檔案，有些是教育部、外交部的職官必須時時繙閱的，此等檔案叫做「史」，掌管這些檔案的人也就叫做「史」。此「史」字猶如說「書吏」，他所掌管的這許多檔案也叫「史」，這即是「掌故」，猶說老東西叫你管著。六經在古代，便是各衙門所掌的一些文件，所以說是王官之學。那麼我們真要懂得經學，也要懂得從自身現代政府的官司掌故中去求，不要專在古經書的文字訓詁故紙堆中去求。這是章實齋一番大理論。清代人講經學卻都是講錯了路，避去現實政治不講，專在考據古經典上作工夫，與自己身世渺不相涉，那豈得謂是經學？這一個大問題，諸位讀我《近三百年學術史》便知。我說清代下面的今文學家主張經世致用，就從章實齋六經皆史論衍出，故從章實齋接下到龔定庵，這一層，從來沒有人這樣講。今天我也不再詳細講，但將慢慢兒向下專講他的史學方面。

章實齋所謂六經皆史之「史」字，近人只有王國維有篇文章叫〈釋史〉，闡發甚是。王國維說史字篆文作「𠬞」，上面「中」是一枝筆，下面「又」是一隻手，一隻手裡拿著一枝筆，就是個書記。只有王國維這樣講法，纔講正了章實齋「六經皆史」的「史」字。所以諸位要讀書，我告訴諸位一句話，首要在真讀本書，不要追隨時代，人云亦云。胡適之怎麼講、梁任公怎麼講，這是時代聞人。追隨時代聞人，那是時代風氣。章實齋勸人做學問，即千萬教人不要追隨時代風氣。在章實齋那時的時代風氣便是講經學。如惠定宇、戴東原在經學上的一些考據、訓詁，依章實齋意見說來，這不算是經學。他說古代真經學都是王官之學，主要在衙門裡實際政治上，故說六經皆史。今天諸位講史學，也還是空言。諸位研究史學，而絕對與現實政治、外交、國家、社會、民生沒有絲毫關係，只在書本上去找材料來拼湊，認為那就是史學了，章實齋就要反對這一層。

章實齋時代的風氣和今天我們的時代風氣又不同，但為學不該追隨時代風氣則總一樣。然則章實齋又如何告訴我們做學問究該從何處做起呢？他說學問應該從自己性情上做起。他又說，他的學問從浙東從王學來，王學就是講自己性情的，講我心之所好。他又說：他年輕時先生教他讀訓詁、考據書，他都不喜歡。待他讀到史學，就喜歡。任何人做學問，都該要在自己性情上有自得，這就開了我們學問之門，不要在外面追摹時代風氣。我想對章學誠的史學暫緩不講，只就這一番話，便可做我們的教訓。其實每個時代都一樣，這一層，我在《近三百年學術史》裡曾詳細發揮過。在他以前，人多講經學，在他以後，像是沒有人來講史學，仍還講經學，然而講法不同了，就講出了龔定庵這許多人來。但是愈講愈壞，講出了康有為的《新學偽經考》。那時的今文學派，便是考據經學走上了絕路，但這是另外一件事。

以上是我講他關於「六經皆史」的理論，下面將對章實齋史學方面多講幾句。在我的《近三百年學術史》裡，則注重在他反經學方面、反時代方面講，我在那書裡並不是要提倡講某一種學問，只在近三百年學術史這條路上指出其趨勢與缺點，自然該和我現在所講有不同。好了，我們今天只講到這裡。

章實齋文史通義

現在我們接講章實齋《文史通義》。上一堂講到章實齋所講的「六經皆史」，章實齋認為講學問不是一種「空言」，都要明道經世的，即是諸子百家也跟著前人這個大傳統來。他遂在六經中特地提出《易》、《春秋》說：「《易》以天道而切人事，《春秋》以人事而協天道。」天道人事兩頭並重，而章實齋所更加重視的，則實在人事方面。章實齋主張六經都是講的人事，六經中講人事更重要的，應該第一部是《尚書》，第二部是《春秋》，而《文史通義》裡分述諸經，卻單單沒有一篇專講《春秋》的，這不能不說是章實齋《文史通義》裡一個大缺點。關於這一層，我在一篇〈孔子與春秋〉的文章裡面提到，此文收在《兩漢經學今古文平議》一書中，今天不再詳講。

今天我且把他有關於《尚書》的話略講一下。他說：「三代以上之為史，與三代以下之為史，其同異之故可知。」章實齋《文史通義》所最有價值的地方，正在他能從一個學術之整體方面來講一切學術。他講史學、文學，他的著眼點都能在整個學術的一體中講起，這是他第一點長處。第二點，章實齋論學術，定要講到學術之「流變」。所以他說，三代以上之史與三代以下之史，有不同，而又要求其同異之故。下面說：「三代以上，記注有成法，而撰述無定名。三代以下，撰述有定名，而記注無成法。」他把史書分成兩大部分：一部分叫做「記注」，另一部分叫做「撰述」。「記注」亦就是如我們今天所說的史料，只有人把經過的一切事實記載下來便是。若論「撰述」，則是一種著作，根據一切史料的記注來發揮作者對這一段歷史的一種「專家之學」。此兩項絕不同。若照我們當前人意見，則記注便是撰述，兩者間更無分別了。他只說，三代以上記載歷史有一定的「成法」，而所寫的歷史書，則並無一定的「名稱」。如《書》與《春秋》名便不同，但各是一種撰述。而且六經皆史，有《詩》、有《易》、有《禮》，也是無定名而更不同。到了三代以下，便成為撰述有定名，如《史記》、《漢書》、二十四史，皆所謂「史」，便有了一個「定名」了，然而各項材料記注則失掉了一個一定的方法。這一層，我們也可說是章實齋講古今史學變遷一個極大的見解。他認為，如何把一切史料保存下來，該有一個一定的方案，而後來沒有了。至於根據這些保存下來的一切史料而來寫歷史，這就不該有一定的體裁，主要該是各有一套專家之學，而後來則反而人人相因，都變成了好像有一個定規了。他這一講法，是非常重要的。特別到了我們今天，已不懂得史學有「著作」，成為一個史學家，必該寫歷史，此一層，現在我們不懂了，更亦是不會了。歷史有兩種，一是「著作」，要寫一部歷史，應有作者自己一種「學」在裡面，所以成為專家之業。而另一方面，則在把事情記下來，這層更重要，而我們今天也不懂。古人已經有的，如歷朝來的「國史館」，專在記載當時歷史，在方法上已經是不很嚴格，然而到底是有。到我們今天，民國六十年來的史料，似乎沒有按年好好記下，既不注重記載，又不注重撰著，卻專要來「考史」，這應是學的西方人。因西方人本先沒有歷史，遠從希臘、羅馬一路下來，到中古時期，悠長年代中，並沒有真像樣的歷史。到了現代的西方人，才要來寫歷史，但材料在哪裡呢？他們的材料，零零碎碎，這裡找，那裡找，還要鑑別真偽，考訂異同。如諸位讀英國人寫的《羅馬衰亡史》，羅馬帝國究是怎麼般衰亡了，不得不經詳細考查。但若要寫一部《西漢衰亡史》便不同，因這些歷史都存在那裡。既有材料，又有組織，不煩我們再來寫。苟非你有特別見解，特別發現，則不易來寫一部《西漢衰亡史》或《唐代衰亡史》。而在西方則不然。西方人開始有像樣的史學，這是現代的事。而我們現代的中國人則什麼都要學西方，西方人注重考據史料，我們也得來考據。我請問，司馬遷寫《史記》，對有關史料有沒有考據過？班固寫《漢書》，對有關史料有沒有考據過？他們都曾看見了很多史料，他們所看見的史料，不可能全在他們書裡找到。他們看見了一百份材料，只寫下了十份、二十份。今天我們要在這十份、二十份材料裡來考他們的錯誤，也並非不可考。歷代以來，考辨工夫也曾用過不少。但總是史學的小節目，並不是大綱領所在。而我們今天則偏要來提倡「疑古」。所以我們今天來講歷史，則只能講上古史，講沒有歷史以前的歷史。因為如此，我們纔可以學西洋方法來疑、來考。若是已經有了歷史書以後的歷史，我們也來用這方法，便會覺得無可下手。結果只有把司馬遷、班固所寫這兩百幾十年的漢代史，都不理會，不留心去讀全史，卻只在裡邊找一個小題目，尋出一些小錯誤，說：這裡班固講錯了，司馬遷講錯了。當知這事也並不容易，而且從前人已講得很多，如《廿二史箚記》、《十七史商榷》、《廿二史考異》之類，他們並不曾作長篇大文章，只一條條寫下便得。而現在我們又是要寫長篇大論，這就更不易了。總之，是我們治史的基本道路就走錯了。我們要懂得如何收集史料，如何保存、如何編輯，先要懂得章氏所說的「記注」成法。有了記注，纔可憑以撰述，這都是有關為當代寫新史的事。現在我們研究史學，則多來翻古史。我們現在既重在學外國，外國人也看重檔案，我們近來也漸知看重檔案了。但多少年來，檔案發表了不少，但我們不能根據檔案來寫文章，又是只寫小文章，還是在考據小節目，沒有人來寫大文章，寫一部史書，這才是「撰述」。撰述須有獨家之見。同樣材料，我用著，你再用，可以各不同。如班固寫了《漢書》，荀悅還來寫《漢紀》，司馬光還來寫《資治通鑑》裡的〈漢紀〉。杜佑、馬端臨還來寫《通典》、《文獻通考》有關兩漢時代之各項制度。此因章實齋之所謂記注，乃屬官方的。而中國人看重史學，一向記載下來的材料，零零碎碎，這裡那裡，正所謂記注無成法，由此編造成正史以後，還有各種野史、雜史。記注既多，撰述也多。則不僅撰述，即是記注，也都寓有各家的特殊情趣、特殊目標在內。而在我們這時代，則全把撰述當作記注看，全把前人已成史書當作一堆材料看，若使章氏生在今代，更不知當作何感想了。

章實齋又說：「記注藏往，似智。撰述知來，似神。藏往欲其賅備無遺，故體有一定，而其德為方。知來欲其抉擇去取，故例不拘常，而其德為圓。」這是說，記注是把已經過去的事情善為保藏起來，這個僅似乎我們人的「智」。撰述則是要我們因過去而知未來，把過去成為我們一個教訓，這樣興，這樣亡，這樣治，這樣亂，我們要在歷史裡知得將來，這個擬於我們人的「神」。「智」僅是把從前的藏在腦子裡。「神」是把我的知識前窺將來。如司馬遷《史記》寫〈孔子世家〉、〈孟子荀卿列傳〉、〈老莊申韓列傳〉，好像把此下中國學術思想史之展演都給他預先看到了，那不是神乎其神嗎？必如此，纔真當得為一家之言。當知此等處，正見司馬遷不僅在記述過去，更不啻如在預測將來了。收羅過去一切，保存下來，這是一個「體」，有其一定的客觀標準，並有一定的規矩。凡是以往事都要收羅，所以其德為方，它是一個沒有變化的。待我們用此材料來抉擇，那許多有用，那許多無用，有用者取，無用者去，這就看各人的眼光。這是一種主觀的，因於人而不同，更亦因於時代而不同，這是可以變動的，所以說其德是圓。一個圓的東西放在此地，它可以變動不常。一個方的東西放在這裡，則是安安頓頓放在這裡了。我們把他的話，用我們今天的意見來講，則我們一部二十四史，也可當它是藏往。以前中國人的歷史，大體都在裡面了。今天時代不同了，我們今天要想知道明天，我們該再來把過去歷史作研究。研究所得，輕重取捨不同，我們自可把舊史新寫，不斷來寫新歷史，對歷史有新撰述。至於所根據的，則只是以前的舊材料。所以歷史可以不是一成不變的，我在《國史大綱》的〈序〉裡就講到。今天我們要來寫新歷史，因為時代新了，我們所需要的歷史知識不同，但我們仍得要照舊歷史來開發我們的新智慧。我去年在成功大學曾講了四次，合成一書，名《史學導言》。其中最重要的，是要諸位先做一個「時代的人」。諸位已不是春秋時代的人了，也不是漢武帝時代的人了，諸位是中華民國六十年來，特別是民國開創以來的人了。諸位今天又是在臺灣，在這裡經歷了千辛萬苦，明天世局怎樣，誰也不知。我們學史學者的任務，正要藏往而後可以知來。我知道這杯茶可以喝，因我曾喝過。若我從來沒有見過這杯茶，從來沒有喝過茶，又怎能知道這杯茶可以喝？治史學的責任就在這地方。所以先要關心國家、關心民族、關心此國家民族以往的治、亂、興、亡，你才能來研究歷史。若諸位只關心四年拿張文憑，這怎能來研究史學呢？諸位應知這是個根本問題。從古以來，科舉制度早有了，不是從今天起。現在是洋八股、洋科舉，其實還不是大同小異？漢朝就有選舉，若專是預備考試、找出路，這不是做學問，也沒有做成學問的。我不是要借章實齋話來教訓諸位，諸位讀書當具有這樣的眼光，不要說這是清代人的話，時代已過去。諸位要做學問，讀舊書，當能覺得它句句話配合上現代，這纔有價值。治史學更如此。倘使照諸位想法，讀書只有一個價值，就是在寫博士論文時，這些材料用得到，在這種觀念下，諸位聽我講一年，最多長一些知識，不會成學問。要做學問，須要做活的學問，要能在死材料裡發出活的眼光、活的知識來。

章實齋又說：「遷書體圓而用神，得《尚書》之遺。班書體方而用智，得官禮之意。」體圓用神，算得是一種撰述的標準，他說《史記》可算是得《尚書》之遺。班固書，體方用智，多得官禮之意。此處所謂「官禮」，並不是指《周官》，或《周禮》那一部書。我上一堂講〈史釋〉篇，在每一個衙門裡，有一個專掌檔案的書記官，此一個官所保留的一切檔案，就是所謂官禮。章氏說：班固的書，其實只是得到古代一官保留一批檔案的成法。此下的史學，學《漢書》的多，學《史記》的少。因《漢書》易學，《史記》難學。《史記》成一家言，而孟堅《漢書》則僅是遵循著一套格式而寫成。這一番意見，我已經在這一年裡講得不少，諸位可以自己再回想，再細體會。

現在另有一問題。章氏說司馬遷的書得《尚書》之遺這句話，我曾為諸位講《尚書》，又講《春秋》，再講《史記》。在我之意，則認為《史記》乃是接著《春秋》而來，這層我已詳細講過。但章氏又怎認為《史記》是跟著《尚書》而來呢？這裡乃是實齋和我看法不同，所以說法也不同。前人總說《史記》法疏、《漢書》法密，實齋正在欣賞《史記》之法疏，所以說《史記》近《尚書》。但實齋並未能對孔子《春秋》特有發揮，又未能於《尚書》成書經過有一番考訂，此是實齋立說之缺點。

諸位當知，學問要一部書一部書研究，不能專從一條一條的材料來講。一杯茶亦要好多片茶葉沖上開水，始成一杯茶。若把茶葉一片一片分開，單獨泡，便不能泡出茶味來。諸位做學問，只懂分，不懂合。諸位說：這是科學方法之分析，其實哪有這回事。科學方法，有分也有合。研究生物學和研究化學，那是分了。生物學裡面有植物學，有動物學，又是分了。但說化學，說生物學，說植物、動物學，不都是合而言之嗎？知分不知合，便不會有科學。而且史學與自然科學不也是有分的嗎？諸位又如何定要用自然科學方法來研究史學呢？諸位若要儘羡慕科學方法，要懂科學方法，先該自己去學科學，不要只聽人家隨便講，只是時髦，不即是真理。又如說成一家之言，要能創造，其實大家這樣講，你也跟著這樣講，怎麼是一家之言呢？做學問必要遵循科學方法，這是時代之言。學史學必要考據材料，這也是時代之言。大家只是跟在人家後面在那裡鬨。今天我們的學術界，遂成了「一鬨之市」。我們真要講學問，須能避開此一鬨之市。關著門，獨自尋求，別有會心，纔能成一家言，有創造。縱不說是科學方法，也是做學問一正法。耐得寂寞，才可做一人物。太愛熱鬧是不成的。其實做學問也不覺寂寞，如從周公、孔子直看到司馬遷，乃至章實齋，尚友古人，轉益多師，更何寂寞之有。

現在再講到章實齋。我在上面直從黃梨洲、全謝山而講到章實齋，這就是學術流變，這裡有一傳統，又有一創新。傳統不是儘要你守舊，真能承接傳統，自然會有創新。中華民國的學術界，創了六十年來，大家要創，高呼打倒傳統，便成一無所有，創了一個空。我同諸位講了一年中國史學名著，今天等於講到最後一課，其實就是講一個傳統。要能在傳統中求創新，則待諸位自己努力。諸位若一意抹殺傳統，來求創新，則我一年所講，全成了廢話。

現在再試講《尚書》。我講《尚書》，說它是記言體，《尚書》最先開始是周公以後的〈西周書〉，那是當時有關朝廷的許多訓誥戒命，都是記言的，那一層後來劉知幾《史通》是講正了。但章實齋是講錯了。章實齋卻來駁劉知幾，說《尚書》不專是記言。但劉知幾說：〈堯典〉、〈禹貢〉這許多篇，都是為體不純，我則逕認為這許多篇只是晚周偽書。最開始的《尚書》，應是周公以下的〈西周書〉，所以《尚書》最先是記言的。其實記言、記事也沒有大分別。記事之中可以夾著記言，記言之中也必夾著記事。但也仍可說有分別。《尚書》主要是在記言，這個我在一開始便講了。章實齋認為《尚書》是記事的，《春秋》是編年的，而《史記》則是傳人的，紀傳體以人為主。章實齋的意思，似乎認為歷史更應以事為主。以事命篇，則其法鬆動。以年以人，則其法拘擬。《史記》雖是紀傳體，以人為主，而尚鬆動，不如《漢書》漸成拘擬，故說《史記》是跟著《尚書》來。他又講到袁樞《通鑑紀事本末》那一部書，他說：「本末之為體，因事命篇，不為常格，非深知古今大體、天下經綸，不能網羅隱括，無遺無濫。文省於紀傳，事豁於編年。決斷去取，體圓用神，斯真《尚書》之遺也。」可見他論史書，在三體中，特重記事一體。記事體只就一事之本末為文，有一件事就作為一篇文，似乎實齋認為分年分人則有一定格式，故稱之為常格。而分事則有一去取抉擇。哪件事要寫，哪件事不要寫，此處可表現出史家之獨見。論其文字，則比紀傳體為省。如寫赤壁之戰，從紀傳體寫，又要寫曹操，又要寫周瑜，寫諸葛亮，寫很多人，文便煩了。若編年體，一件事又得連亙多年，今年有、明年有、後年還有，牽連下去，不易驟得其事之始終。故實齋說記事一體，文省於紀傳，事豁於編年。照他意思，紀事本末一體是史法中最好的了。《史記》雖得《尚書》之遺，而究是以紀傳為體，故終不如紀事本末。但說到袁樞的《紀事本末》那部書，實齋則並不讚許，他說：「袁氏初無其意，其學亦未足與此，但即其成法，沉思冥索，加以神明變化，則古史之原，隱然可見。」他是說袁樞並沒有像他講的那段意思，也並沒有與此相稱的一套學問。袁樞的學問不到此程度，也不到此境界，可是其書體裁則有可取。故要人即其成法，加以神明變化以重回到古史之原上去。我在前面也曾批評過袁樞的《通鑑紀事本末》，或許有些處可與章實齋意思相同。只章實齋函括地說：「袁樞初無其意。」又說：「其學亦未足與此。」諸位當知，這兩句話裡包藏著甚多深義。可見讀書不易，即讀兩百年左右以前書，如章實齋《文史通義》之類已不易，更不論更遠更大的書，不該輕心忽略看過，也就不言可知了。

章實齋論史書，主要在提倡紀事本末體，那時是在前清嘉慶年間，後來西方學問逐漸傳來，他們的歷史卻就是紀事本末體，所以清末一輩學人，大家更推尊章實齋。民初學人也沿著推重章氏，可是實不懂得章氏為學之真。如梁任公、胡適之，沒有得要領，這是很可惜的事。

再說從前劉知幾講史學要有三本領：一曰「才」，二曰「學」，三曰「識」，此三項實是一項更難過一項。若使沒有史才，就不該去研究史學。才是天生的，有了才，再加以學，在學問中始長出見識來。故「才」、「學」、「識」三者，應是依次遞進的。近代學人中，我認為梁任公有史才。看他寫的幾部書，如《中國六大政治家》中的王荊公，他書中意見我並不贊成，可是寫法極好。又如他寫《歐洲戰役史論》，寫《清代學術概論》，都見得任公寫書有史「才」。可惜是「學」不足。專論任公史學是不夠的，他一輩子太忙，沒有真用功做學問。至於他的史「識」，我們且不多講。章實齋則在劉知幾三項以外，又提出一項為「史德」。他說：「德者，著書之心術。」這在一人寫書的內心上。我為諸位一路講史學名著，也常常講到各家寫書的心術方面，此即他們德的方面。司馬遷、班固之大不同，也可說是在他們著書的心術上便有不同。關於這層，且再聽章實齋講法。他說：「欲為良史，當慎辨於天人之際，盡其天而不益以人。」這「天人之際」四字，是司馬遷《史記》裡所提出。章實齋也來講天人之際，而他所講並不與司馬遷相同。何者為天，何者為人，何者始為「盡其天而不益以人」，這裡又有甚深大義。平淺說之，寫史應一本原來事實，不要把作書者人的成分添進去。拿現在話來講，只是要客觀地把事實真相寫出，這即是「天」了。

但不要把自己人的方面加進去，這事極不容易。司馬遷寫《史記》，自負能成一家之言，我們看重他也在此。但成為一家之言，是否即加進了人呢？這層就值得諸位細為辨認，細加思考。今天我們講史學，更多是加進了人，如說中國二千年是帝王專制，中國二千年是封建，又說中國文化全要不得。實際則一應史書從未過目，全不理會，不問其天，全是我們自己的私人觀點加進去。今天提到章實齋盡其天而不益以人這兩句話，豈不使我們慚愧。章實齋所寫，只是不到兩百年前的文章，而實不易讀，不易瞭解，如何是「盡其天而不益以人」，此要諸位自去體會。可見讀書不容易，其實「盡其天而不益以人」這也就是一種史德。退言之，亦是一種史識。若果無識，又如何來辨天人之際呢？

他又說：「史所載事者，事必藉於文而傳，故良史莫不工文。」這裡又從史學轉進到文學。諸位要學歷史，首先宜注重文學。文字通了，才能寫書。現在只講科學方法，不通文，不通書，只取一堆材料來做分析考據工夫，認為這便是科學方法了，然而史學則不就如此而止。如此風氣，真將使「學絕道喪」。學問斷了，大道喪失了，哪裡再來有人。不知到那一時真出一位大師，又有很多承學的人，纔能興學興道。講史學，不僅要史才、史學、史識、史德，而更又講到要文章，這又是章實齋之深見。所以章實齋著書，取名《文史通義》。而我覺得他講文章，有些處比講史更好。此刻再把他的文學史眼光來講。在《文史通義》裡，有很多極好的見解。如他說：「文所以動人者氣，所以入人者情。」這是說，我們寫文章要有兩要項：要有氣，文章才能動人。要有情，文章才能跑入人家心裡去感動他。今天我們多寫白話文，字句不熟練，不易有氣，僅供看，不供讀，文章何以動人？並且是沒有情感。所謂的新文學，縱多情感，但那些只是不足動人的情感，一遍看完便罷。所以我們今天有了新文學，但沒有出一個新文學家。成了家，可以五十年、一百年、五百年傳下去。此刻的我們，則只是不斷地在推陳出新，很少能傳五十年。實齋又說：「氣貴於平。」「情貴於正。」「氣勝而情偏，猶曰動於天而參於人。」文章不能無氣，然氣要平。氣從情來，「情」則「貴於正」。「氣勝而情偏」，正如今天的文學，以嬉笑怒罵、尖酸刻薄為能事，魯迅則奉為一代之宗匠。但是氣過了分，情不歸正，其流風餘韻，尚可影響全社會，這哪裡是能「盡其天而不益以人」之所為。論文到這種地方，很難講，有一番很深的人心修養問題在內。或許諸位會認為這是宋明理學家講法，但我問哪裡有真是一位史學家，而於理學上面的精要處，一點也不知道，不領略的？章氏論文，正見他的學養深處。

再說，章氏對史學，看重紀事本末體，他對於以前的史學家中間，又特別看重鄭樵。《文史通義》裡，特別有一篇〈申鄭〉，他說：「鄭氏所振在宏綱，末學欣求在末節。」從來批評鄭樵的，其實也都批評在末節上。我上面講鄭樵《通志》，下了很多批評，也不能說不是批評在末節上。至於大綱方面，鄭樵確有他的特長。鄭樵說過：「史遷絕學，《春秋》以後一人而已，其範圍千古，牢寵百家者，唯創例發凡，卓見絕識，有以追古作者之原，自具《春秋》家學耳。」鄭樵如此推重司馬遷，說他能「創例發凡，卓見絕識」，為孔子《春秋》以後一人。而章氏則說：「史家著述之道，豈可不求義意所歸。自遷、固而後，史家既無別識心裁，所求者徒在其事其文，惟鄭樵有志乎求義。」他說史家著述自遷、固以下，只知兩事。一是歷史上的事情，一是他敘述事情的文章。惟鄭樵還懂得求史學之「義」。他在〈申鄭〉篇後，又有一篇〈答客問〉，當時人對他提出鄭樵感到很特別，所以他在〈答客問〉篇裡有一段話說：「守先待後之故事，筆削獨斷之專家，功用足以相資，流別不能相混。」此說在史家中，一種是「守先待後之故事」，一種是「筆削獨斷之專家」。這兩種功用足以相資，都有用，可以互相為用，而「流別不能相混」。不能把專家之獨斷也和一些故事混合看了，不加分別。有些人只能網羅故事加以排比，此固是史，但治史更貴有能筆削獨斷之專家。章氏又說：「有比次之書，有獨斷之學，有考索之功。高明者多獨斷之學，沉潛者尚考索之功。」所謂比次者，把許多材料排比在一起，這也近於記注。能有獨斷能筆削，此則成專家，此則近撰述。考索則是考據。普通說來，高明者多獨斷之學，沉潛者尚考索之功，此乃就其性之所近而各有其成就。他說，鄭樵「無考索之功」。在《通志》裡就有很多錯誤，我也在上面指出了一些。而《通志》這部書，「足以明獨斷之學」，這是在宏綱處有貢獻。所以他又說：「馬貴與無獨斷之學，而《通考》不足以成比次之功。」章實齋很看不起《文獻通考》，而很看重

《通志》。但他說「《通考》不足以成比次之功」，這話似乎對馬端臨的《文獻通考》太看輕了。他又有一條說：「整輯排比謂之史纂，參互搜討謂之史考，皆非史學。」這也把史學看成太狹義。但史纂、史考究也該是史學，只不該只知纂輯搜討，而不知有專家之獨斷，更是在史學之深處。就今日學風言，則章氏之說實足發人深省。

《文史通義》之外，章氏又有《校讎通義》，即是根據鄭樵《通志》二十〈略〉裡的〈校讎略〉而取名。章氏把鄭樵的〈校讎略〉回溯到前面劉向、劉歆的《七略》，即是《漢書・藝文志》之原本，而提出他所謂「辨章學術，考鏡源流」這八個字來。這裡我們可以說是章氏《文史通義》裡最大的貢獻所在。我們要從全體學術中來辨別章明，如這是經學，這是史學，這是子學等。又要「考鏡源流」，每一項學問，其開始怎樣，後來怎樣。這「辨章學術，考鏡源流」八字，我們今天要來講求學術史，都該從此下工夫。如要講史學，便要在全部學術大體中來懂得史學，要從三千年的史學演變裡來懂得史學究是什麼一回事，這就是章氏所謂「辨章學術，考鏡源流」。當然不止史學如此，別的學術亦然。如要研究文學，也該懂得文學在整個學術裡的地位，又要懂得文學從頭到尾的演變。他又有兩句話說：「家法不明，著作之所以日下。部次不精，學術之所以日散。」凡做學問，都要明家法，清代經學家都講家法，但章氏所謂家法又不同。如經學家、史學家，各有家法。史學裡邊，這一家那一家又有家法。家法不明，著作就會一天一天差下去。「部次」是說編書，如這本書編在哪一類，那本書編在哪一類，這亦是「辨章學術」。若部次不精，學術也會日散。這些話，都是討論到整個學術一番極重要的話。我們要在整個學術，即學術之整體裡面，來講各種學術。每一種學術裡，又該從頭到尾在其演變中分出各家之相異來。

今天我所提出特別講的，因為我是在「史學名著」這一課裡講，所以提出了以上這幾點。章實齋在他當時及其身後，並不曾特別得人重視。但近代學人大家都很看重他，但也僅是震於其名，而並沒有去深究其實。四川有一位劉咸炘，他著書幾十種，可惜他沒有跑出四川省一步，年齡大概和我差不多。他每寫一書，幾乎都送我一部，但我和他不相識。抗戰時期，我到四川，認識了他的父親，而他則早已過世了。他死或許還不到四十歲，他是近代能欣賞章實齋而來講求史學的。可惜他無師友講論，又是年壽太短，不到四十就死。若使他到今天還在的話，定可有更大的成就。現在我手邊沒有他書，倘諸位有便，見到他書，應仔細翻看。

章實齋在《文史通義》、《校讎通義》以外很用力於寫地方志。一部分也算是他的職業，他沒有做大官，到處修地方志，藉以為生。他說：有一代之史，有一家之史，有一人之史。至於地方志，在他認為這是一地之史。一省一府一縣一鄉一邑，都該有史。在這方面，他和戴東原意見不同。戴東原注重考據，考論地理沿革。章實齋注重在寫史，寫每一個地方的歷史。如我們現在在臺灣，能寫一部《臺灣通志》，這應即是一部臺灣的歷史。地理沿革、地名變遷，這只是其中之一部分。關於這一問題，將來諸位有興趣，要研究中國志書，這裡也有大研究。但現在情況又不同了，地方志應該不斷地增寫改寫，而今天則少人注意，反而在舊的地方志裡去找材料，做考據。只此「考據」二字，怕要害盡了今天中國的學術界。只看重材料，只在舊書裡邊去找，但沒有能創新。更壞的是要在舊材料裡找錯處。找到一點錯處，別人不知，給我發現了，便自謂了不得。但這怎能成學問？實也不須學，不須問，只肯埋頭找便得。但存心不良，動機不正，這樣只是「喪德」，壞了自己心術。諸位若能退一步想，不要做一個史學家，也不要做任何一種學者，讀書教書，只當是我本分職業。守先待後，尋求一些我自己想要尋求的，講一些我懂得會講的，如此般也可為將來學術界培養元氣。不要儘想表現，「標新立異」，「著作成名」，還要發高論，推翻舊傳，再來領導我們後面一輩人再走錯路。如此更錯下去，如何是了。我老實說，諸位已是由人引導走了錯路。到今天，諸位研究史學，只要能照著前人步伐，能謹守，能好學，慢慢兒自會有興趣，能漸多知，這樣就是成就。孔子說：「述而不作，信而好古。」我們若能學孔子，豈不很夠。從前章實齋怎麼講，黃梨洲怎麼講，如此逐步向前，我只述而不作，信而好古，那豈不早已走上了一條正路？諸位不要認為我又是離開了正題來講空話，我們這個時代實是這樣。諸位總不要認為今天我們已超出了前人，我們既懂得科學方法，又有新思想，前人那能及得我。這種只是自我陶醉。每一個時代，短短幾十年、一百年，自會過去。難道我們這一時代便是登峰造極，再不有變嗎？時代變，學風又怎會不變？我此一年所講的這許多人，這幾部書，希望諸位能慢慢兒仔細研尋。講史學，這幾部書總該能從頭用功一下，自見大道。特別我希望諸位不要把眼光心胸專限在史學上。史學並不能獨立成為史學，其他學問都一樣，都不能獨立自成一套。學問與學問間，都有其相通互足處。諸位該懂得從通學中來成專家。從來專家都從通學中來。諸位即只回想我一年所講，自知其中道理。

我此一年的史學名著課程，到此將告一結束，下面不再講下，其實也更無合標準的史學名著可講。我將依照章實齋《文史通義》，從學術全體的大流變下來一談此下的史學。說到中國學術全體，自當以儒學為主幹，為中心。史學從經學中衍出，亦即是從儒學中衍出。儒學應有兩大主幹，一為治平學，一為心性學。心性是內聖之學，治平是外王之學。兩漢經學主要在治平之學上，關於心性之學方面，不免差些。即是魏晉南北朝乃至隋唐一段，老釋之學迭起並盛，他們都偏講心性方面，而治平之學則仍沿漢儒路子。故自東漢以下史學大盛，正為儒學未盡衰絕之證。宋、元、明三代理學興起，在講心性學方面已超過老釋。因老釋離治平而講心性，終不如理學家即治平之道而談心性之更為圓滿，更為重要。故自宋以下之史學，亦特見隆興。至於清儒，在晚明遺老如顧亭林考史，船山論史，黃梨洲寫史，皆極卓越。但後來史學衰而經學盛，乾嘉時代自稱其經學為漢學，其實漢儒經學，用心在治平實事上，乾嘉經學用心在訓詁考據上，遠不相侔。所以論儒學，當以清代乾嘉以下為最衰。因其既不講心性，又不講治平，而只在故紙堆中做考據工夫，又抱很深的門戶見解，貢獻少過了損傷。其時的史學，最多也只能考史、注史。道咸以下諸儒，因受章實齋影響，卻轉過頭來講經世實用，但仍走錯了路，來專講《公羊春秋》，仍在故紙堆中立門戶。到康有為的《孔子改制考》、《新學偽經考》，真是一派胡言。既非經學，亦非史學。既非心性義理，又無當於治平實蹟。即論考據，亦是偽襲考據之貌，無當考據之實。乾嘉以來之考據學，至此也復之掃地以盡。民初以來之學術界，則大抵沿習晚清，以今文學家末流氣燄，而藉乾嘉時代之考據訓詁為掩護，其距離儒學大統更遠。而猖狂妄言則較康氏更甚。今天諸位要有志研治中國史學，至少應跳出自清代道咸以下直至目前，這一番遞變遞下的學風，而游神放眼於章實齋以前，又當約略瞭解儒學之大體。於心性治平兩面，都知用心，庶可於將來史學前途開展出光明。任重道遠，我此一年所講，一面是為諸位指出道路，一面是為諸位打氣添油。雖是粗枝大葉，但我自信，將來中國史學重光，與我此一年所講，決不至大相河漢。

中國歷代政治得失

錢穆　著

本書提要鉤玄，專就漢、唐、宋、明、清五代治法方面，有關政府組織、百官職權、考試監察、財經賦稅、兵役義務，種種大經大法，敘述其因革演變，指陳其利害得失，要言不煩，將歷史上許多專門知識，簡化為現代國民之普通常識，實為現代知識分子所必讀。

中國歷史精神

錢穆　著

中國的歷史源遠流長，其間治亂興替，波譎雲詭，常令治史的人望洋興嘆，無從下手，讀史的人望而卻步，把握不住重點。本書作者錢穆先生，以其淵博的史學涵養，敏銳的剖析能力，將這個難題解開了，使人得窺中國歷史文化的堂奧。

黃帝

錢穆　著

司馬遷《史記》敘述中國古代史，遠始黃帝，惟百家言黃帝，何者可定為真古史，司馬遷亦難判別。然古人言黃帝亦異於神話，蓋為各種傳說之總彙，本書即以此態度寫黃帝，以黃帝為始，彙集許多故事，接言堯、舜、禹、湯、文、武、周公，一脈相傳，透過古史傳說，勾勒其不凡的生命風貌。讀者不必據此為信史，然誠可以此推考中國古史真相，一探古代聖哲之精神。

論語新解

錢穆 著

自西漢獨尊儒術以來，《論語》便是中國歷代學者必讀之作，諸儒為之注釋不絕，習《論語》者亦必兼讀其注。然而，學者往往囿於門戶之見而刻意立異，眾說多歧，未歸一是，致使讀者如入大海，汗漫而不知所歸。

賓四先生因此為之新解。「新解」之新，乃方法、觀念、語言之新，非欲破棄舊注以為新。一則備采眾說，折衷於是，以廣開讀者之思路，見《論語》義理之無窮；二則兼顧文言頗析之平易，與白話語譯之通暢，以求擺脫俗套，收今古相濟之效。讀者藉由本書之助，庶幾能得《論語》之真義。

孔子傳

錢穆 著

儒學影響中華文化至深，討論孔子生平言論行事之著作，實繁有徒，說法龐雜，本書為錢穆先生以《論語》為中心底本、綜合司馬遷後以下各家考訂所得，也是深入剖析孔子生平、言論、行事後，重為孔子所作的傳記。

作者從孔子的先祖談起，及至孔子的早年、中年、晚年。詳列一生行跡，並針對古今雜說，從文化脈絡推論考辨，以務實的治學態度辨明真偽，力求貼近真實的孔子。

朱子學提綱

錢穆 著

本書為《朱子新學案》一書之首部。中國宋元明三代之理學，朱子為其重要一中心。儻論全部中國學術思想史，則孔子為上古一中心，朱子乃為近古一中心。《朱子新學案》乃就朱子學全部內容來發揮理學之意義與價值，但過屬專門，學者宜先讀《宋元學案》等書，乃可入門。此編則從全部中國學術思想之演變來闡述朱子學，範圍較廣，但易領略，故宜先讀此編，再讀《朱子新學案》全部，乃易有得。

中國學術思想史論叢

錢穆 著

本套書凡三編，共分八冊，彙集了賓四先生六十年來，討論中國歷代學術思想，而未收入各專書之單篇散論。上編（一～二冊）自上古迄先秦，中編（三～四冊）自兩漢迄隋唐五代，下編（五～八冊）自兩宋迄晚清。先生治學主通不主專，是以能於歷代諸子百家中，梳理其學術流變，闡發其思想精微。三編一貫而下，中國歷代學術思想之脈絡自然呈現。

中華文化十二講

錢穆 著

本書乃賓四先生初定居臺灣期間，在各軍事基地之演講辭，共十二篇，大體討論中國文化問題。賓四先生認為中國文化有其特殊之成就、意義與價值，縱使一時受人輕鄙，但就人類生命全體之前途而言，中國文化必有其再見光輝與發揚之一日。或許賓四先生頌讚或有過分處，批評他人或有偏激處，要之讀此一集，即可見中國文化影響之悠久偉大。

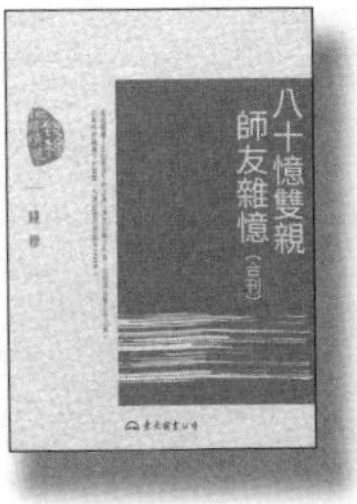

八十憶雙親、師友雜憶（合刊）

錢穆 著

本書為《八十憶雙親》、《師友雜憶》二書之合編，皆為錢賓四先生對自己生平所作的記敘。《八十憶雙親》為先生八旬所誌，概述其成長的家族環境、父親的影響和母親的護恃。後著《師友雜憶》，繼述其生平經歷，以饗並世。不僅補前書之不足，歷數了先生的求學進程、於各地的工作經驗、做學問的契機、撰著寫就的過程以及師友間的往事等，使讀者對賓四先生有更完整、更深刻的認識；亦可藉由先生的回憶，了解其時代背景，追仰前世風範。

國家圖書館出版品預行編目資料

中國史學名著／錢穆著.——初版一刷.——臺北市:
三民，2023
面；　公分.——（錢穆作品精萃）

ISBN 978-957-14-7421-2（精裝）
1. 中國史 2. 目錄 3. 書評

016.61　　111003047

中國史學名著

作　　者	錢　穆
發 行 人	劉振強
出 版 者	三民書局股份有限公司
地　　址	臺北市復興北路 386 號 (復北門市)
	臺北市重慶南路一段 61 號 (重南門市)
電　　話	(02)25006600
網　　址	三民網路書店 https://www.sanmin.com.tw
出版日期	初版一刷 2023 年 1 月
書籍編號	S600221
I S B N	978-957-14-7421-2